本书为河北省专业学位研究生案例库项目“新闻传播法规经典案例”（KCJSZ2018007）成果。

网络媒介伦理与法规经典案例解读

彭焕萍　宋伟龙　李小品　主编

河北大学出版社·保定

网络媒介伦理与法规经典案例解读

WANGLUO MEIJIE LUNLI YU FAGUI JINGDIAN ANLI JIEDU

出 版 人：朱文富
选题策划：杨显硕
责任编辑：韩立霞
装帧设计：杨艳霞
责任校对：赵　麟
责任印制：闻　利

图书在版编目（CIP）数据

网络媒介伦理与法规经典案例解读 / 彭焕萍，宋伟龙，李小品主编．-- 保定 ：河北大学出版社，2020.7
ISBN 978-7-5666-1661-6

Ⅰ．①网… Ⅱ．①彭… ②宋… ③李… Ⅲ．①互联网络－传播媒介－伦理学－案例－中国②互联网络－传播媒介－传媒法－案例－中国 Ⅳ．①G206.2 ②D922.85

中国版本图书馆 CIP 数据核字（2020）第 102248 号

出版发行：河北大学出版社
地址：河北省保定市七一东路 2666 号　邮编：071000
电话：0312-5073033　0312-5073029
邮箱：hbdxcbs818@163.com　网址：www.hbdxcbs.com
经　　销：全国新华书店
印　　刷：保定市北方胶印有限公司
幅面尺寸：185 mm × 260 mm
印　　张：14.5
字　　数：250 千字
版　　次：2020 年 7 月第 1 版
印　　次：2020 年 7 月第 1 次印刷
书　　号：ISBN 978-7-5666-1661-6
定　　价：48.00 元

编选说明

精选案例是成功实施案例教学的前提。本书所选案例是在中国网络媒体发展史上产生过重大影响、具有代表性意义的经典案例，其从不同角度、不同侧面反映了互联网大发展环境下媒介伦理与法规的相关议题，促进读者反思，给人启迪。本书内容丰富，阐释清晰有条理，注重材料的可靠性与案例分析的客观性，力求做到全面搜集、多源求证，避免望文生义、以讹传讹和仓促定论。

每个案例主要由以下四部分构成。（一）案例概述。介绍案例内容，包括背景介绍、案例梗概、形成的社会影响等。（二）案例分析。坚持实事求是、客观公正的学术态度，对案例进行深入剖析，准确、深刻阐述案例所涉及的媒介伦理原则和法律规范；总结经验、指出不足，在教学使用中起到示范作用，引发思考。（三）延伸阅读。本部分主要通过两种方式呈现：一是理论、知识和规范的延伸，并附以相关研究成果；二是作品和案例的延伸，适当引入中西方相关典型案例，对比说明。目的在于提供相关材料让读者参考和进一步研究。（四）思考与讨论。根据案例分析，一般有针对性地设置 2—3 个问题。思考问题的设计秉承开放性原则，从而激发读者讨论，引导大家深入思考研究。

网络媒介伦理与法规问题既有分殊又有紧密联系，让读者用伦理和法律两只眼睛来看待与分析网络媒介的失范表现是本书的归旨之一。与传统的纯理论教材不同，本书以焦点或问题为导向，关注现实生活，力图促进读者专业知识和行为技能的发展。希望本书的案例解读能为各位读者在网络媒介伦理与法规领域的学习、研究中增添助力。

前　　言

1994 年，通过一条 64K 的国际专线，中国实现了与国际互联网的全功能连接，网络时代由此开启。自此，互联网逐渐成为继报纸、杂志、广播和电视等传统媒体之后的新兴“网络媒体”。二十余年来，网络媒体的地位不断提升、影响不断扩大，中国信息传播格局迎来史无前例的变革与重构。

网络媒体迄今为止经历了四个发展阶段：初始阶段（1994—1998 年）以传统媒体的电子版、网络版为主；第二阶段（1999—2004 年）以门户网站、新闻网站为代表，社区、论坛、搜索引擎等也走向成熟，初步奠定了网络媒体的地位，公众使用媒介的自主性提高；第三阶段（2005—2009 年）以博客、播客为代表的自媒体崛起，视频网站纷纷上线，社区、论坛持续活跃，网络传播的多媒体性、互动性凸显出来；第四阶段（2010 年至今）以微博、微信、移动客户端为代表的兼具新闻性与社交性的媒介形式风靡中国，网络媒体影响力进一步增大。与此同时，门户网站、新闻网站、视频网站等组织化媒体形式虽然有所式微，但依然在互联网传播场域占有一席之地。

中国互联网络信息中心（CNNIC）发布的《第 44 次中国互联网络发展状况统计报告》显示，截至 2019 年 6 月，我国网民规模为 8.54 亿，较 2018 年底增长 2598 万，互联网普及率达 61.2%，较 2018 年底提升 1.6 个百分点。其中，我国手机网民规模达 8.47 亿，较 2018 年底增长 2984 万，网民使用手机上网的比例达 99.1%，手机上网已成为网民最常用的上网渠道之一。[①] 然而，网络媒介在迅猛发展的同时，也出现了诸多违背媒介伦理和法律法规的失范行为。这些现象呈现出多元化、复杂化特点，表现在不同的媒介平台和传播环节，大体可分为以下几类：虚假信息泛滥，客观失实和主观造谣并行，真相越来越难以把握；抄袭现象

---

① 中国互联网络信息中心：《第 44 次中国互联网络发展状况统计报告》，http://cnnic.cn/hlwfzyj/hlwxzbg/hlwtjbg/201908/t20190830_70800.htm(2019-8-30)。

严重，微信公众号上的内容甚至被形容为“1 人原创，99 人抄袭”；炒作之风盛行，标题党和低俗恶俗炒作成为吸引受众眼球的“利器”；由刻板印象和情绪宣泄带来的网络暴力司空见惯，具体表现为人肉搜索、网络恶搞、舆论审判、谩骂攻讦等；不良信息泛滥，淫秽色情信息与血腥暴力信息冲击人们的感官神经；侵犯相关权利主体著作权、隐私权、名誉权、肖像权等一系列侵权传播行为层出不穷；新闻敲诈、有偿删帖、恶意诽谤、传播淫秽物品牟利等涉嫌刑事犯罪的行为时有发生。

美国媒介伦理学家克里福德·克里斯蒂安曾指出，在理论传统和技术现实的基础上，媒介伦理中的热点议题主要包括社会公正、真实、非暴力与人格尊严。① 这里的公正和真实是指新闻从业主体对新闻客观性的追求，非暴力和人格尊严则涉及信息传播者的良知以及媒体自我约束的准则。媒介伦理的理想目标是追求社会真相和对个人的“不伤害”。简言之，媒介伦理是新闻界对媒介传播的自我要求、道德审视和行为约束。但是令人遗憾的是，在社会转型、媒介融合发展的大背景下，网络媒体机构及其从业人员屡屡突破伦理底线，罔顾社会责任，给网络传播生态带来了恶劣影响。

除了专业的网络媒介组织及其从业者以外，网络传播主体还包括数以亿计的自媒体使用者。大量网民的媒介素养并不令人满意，作为个人发声工具的自媒体本身并没有专业意义上的规范和把关可言，这是“众声喧哗”的基本面，甚至有人这样形容人们在网络上的状态：“听一半，理解四分之一，零思考，双倍反应”。于是，谣言遍布、抄袭盛行、情绪极化、围观窥私等现象成了自媒体传播的鲜明特征。其实，公民在个人表达权有所扩大的同时，也应履行自律义务，即使不必依从新闻职业伦理规范，也应做到诚实、公正、善良等社会基本伦理要求，从而助力网络媒介生态的改善。

而伦理之外，现代社会的法律规范则可称为“伦理底线的底线”。如果网络传播主体不能自觉遵循伦理规范，那么只能被迫退到以法律作为最后的强制准绳。遵守法律法规，可以说是网络媒介传播的最后底线了。不过现实情况却是：曾经的主流网络财经媒体“21 世纪网”以发布负面新闻为由要挟百余家企业投放广告或签订合作协议，进而使其机构自身及内部人员从中牟取大量广告费或好处费；

---

① ［美］克里福德·克里斯蒂安：《媒介伦理研究——热点议题与研究方法》，《全球传媒评论》，清华大学出版社 2012 年版，第 33—44 页。

而对于已经交了“保护费”的公司，网站则会删除其负面消息，并进行夸大正面事实、隐瞒负面问题的“宣传报道”。这起震惊全国的新闻敲诈事件对新闻媒体尤其是网络媒体的公信力造成重创，而最终的结果是21世纪网被责令停办，曾写出“总有一种力量让我们泪流满面”“即使新闻死了，也会留下圣徒无数”这样经典语句的21世纪传媒股份有限公司总裁沈灏被判处有期徒刑四年，其余相关责任人分别被处以一年六个月至十年六个月不等有期徒刑。

如何将网络媒介置于伦理约束与法律规范之下，是当前中国迫切而实际需要面对和解决的问题。网络媒介伦理与法规作为一门新闻传播学与伦理学、法学的交叉学科，具有很强的实践性。引入经典案例的价值不仅在于拓展读者的专业视野，让大家形成对现实网络传播实践的理性观察与认识，更重要的是使读者产生心灵和情感上的震撼和共鸣。本书通过对经典案例的分析与解读，将抽象的伦理原则与繁复的法律条文有效阐释出来，以期促使读者更直观地体会和思考网络媒介传播过程中的伦理法规问题，提升个人的媒介伦理意识和法治观念，并将其内化于心，外化于行。

目　　录

伦　理　篇

法　规　篇

伦 理 篇

案例1　大学生掏鸟窝被判十年半

——新闻炒作误导受众

【案例概述】

2015年12月1日，《郑州晚报》刊登了一篇题为《掏鸟16只，获刑10年半——啥鸟这么宝贵？燕隼，国家二级保护动物》的新闻。文章对于大学生掏鸟窝如此表述："90后小闫，原本是郑州某职业学院的在校大学生。……7月14日，小闫和朋友小王发现自家大门外有一个鸟窝。于是二人拿梯子攀爬上去掏了一窝小鸟共12只。……7月27日二人又发现一个鸟窝，又掏了4只鸟。不过这4只鸟刚到小闫家就引来了辉县市森林公安局。"因为他们掏的鸟是燕隼，是国家二级保护动物。第二天，二人被刑事拘留。同年9月3日，二人被逮捕。

大学生掏鸟窝这一事件其实不是"新闻"，而是发生在2014年7月，距离这篇报道刊载有一年多的时间。案件的一审、二审在2015年5月。之所以旧事重提，是因为涉案人家属希望能够启动再审程序。通过网络搜索发现，《郑州晚报》刊登这则新闻的当天，即12月1日，人民网、新华网、中新网、新浪、搜狐等权威媒体纷纷转载。随后更多线上、线下媒体亦纷纷加入转载或讨论行列。腾讯网转载该新闻时开设了网友投票，从投票情况来看，92.65%的网友都认为"判刑过重"，只有5.03%的网友认为"判刑不重"。

大学生掏鸟窝被判刑的事件被报道之后，很多人在网络上留言。一些人感叹"人不如鸟"，认为法院量刑过重；有些网友甚至认为一些贪官所受刑罚和大学生掏鸟窝所受刑罚差不多，只是掏了几只鸟就被判刑十年半，惩罚太重了；还有网友认为，森林警察了解鸟的珍贵很正常，但是一般的村民可能并不了解，所以对村民来说掏鸟窝也许只是为了吃几口野味，学生的做法并不能说是罪大恶极的，他也许因为不知道鸟的珍贵才会去掏鸟窝，也不知道这么做可能带来的法律后果……对掏鸟的大学生被判刑十年半这件事，公众似乎普遍持有不能理解的情绪和态度。

然而几天之后，舆论发生了反转。新闻当事人闫某长期猎杀、贩卖珍禽的信息遭网友曝光：他是“河南鹰猎兴趣交流群”的成员，网上兜售所掏之鸟时标注了这是“阿穆尔隼”。从他的聊天记录、手机信息等相关材料可以看出，他明知这些隼属于国家保护动物却仍然出售。检察机关掌握的证据可以证明，掏鸟的大学生具有明知故意的嫌疑。一些法律专家也站出来，支持法院的量刑。根据《刑法》第三百四十一条规定，非法猎捕、杀害国家重点保护的珍贵、濒危野生动物的，或者非法收购、运输、出售国家重点保护的珍贵、濒危野生动物及其制品的，处五年以下有期徒刑或者拘役，并处罚金；情节严重的，处五年以上十年以下有期徒刑，并处罚金；情节特别严重的，处十年以上有期徒刑，并处罚金或者没收财产。

从法律的角度来说，闫某的情节是属于特别严重的。辉县市人民法院的判决书认为，“被告人闫某在判决宣告以前犯有数罪，应予数罪并罚”。

【案例分析】

“大学生掏鸟窝被判十年半”一经报道，就在网络上闹得沸沸扬扬，舆论也由同情大学生转为对媒体的质疑。这一事件反映出媒体在报道中存在盲目跟风、新闻炒作的现象。

一、新闻炒作误导受众

新闻炒作一般是指在新闻发生和传播过程中，新闻传播者有意识地引导、强化部分新闻要素，甚至忽略主要要素，以达到吸引受众注意、获取直接或间接商业利益的一种新闻运作手段。它的基本特点是预谋性、轰动性和商业化。由此来看，“大学生掏鸟窝被判十年半”的报道显然是部分媒体为追逐经济利益而进行的新闻炒作。

媒体的新闻炒作一般是为了获得经济利益。根据炒作内容的不同，新闻炒作也可以分成两类：一种是炒传媒所需要的新闻，多为“五花八门的男欢女爱，生生不息的恩怨情仇”；另一种是被“炒”者所需要的新闻，这类新闻可以为被炒者提高知名度，从而带来巨大的经济收益。①

新闻炒作又是如何得逞的呢？众所周知，新闻价值是媒体选择新闻进行报道的一个重要依据，但是在媒体市场化的大潮中，媒体与受众的关系变成了买和卖的关系，媒体选择新闻时往往会考虑到受众的需要。尽管受众的性别、年龄、地

---

① 吴飞：《传媒批判力》，中国传媒大学出版社2005年版，第13—14页。

域、职业等都有所不同，但是喜欢新奇、刺激、娱乐是大家的共同点，于是有些媒体完全忘记了自身的职责，为了迎合受众需要而不遗余力地大肆进行新闻炒作。新闻炒作确实会在短时间里攫取受众的关注并带来一时的经济利益，但是它违背了新闻的真实性原则，终将带来严重后果：它使受众接收不到真实的信息，与大众传媒所具有的引导舆论、传播知识、教化民众的责任相违背；它使媒体的公信力下降，引发人们对媒体的信任危机。

在“大学生掏鸟窝被判刑十年半”这一事件的报道中，《郑州晚报》的新闻报道主标题为“掏鸟 16 只，获刑 10 年半”，副标题为“啥鸟这么宝贵？燕隼，国家二级保护动物”。题目交代了新闻的主要事实：新闻当事人、事件以及结果，强调了“掏鸟”这一看似平常的行为与其后果“获刑 10 年半”之间的强烈反差，弱化了鸟是国家二级保护动物这一事实，突出了事件的反常性，非常吸引受众的眼球。同时使用“掏鸟窝”这种随意的、娱乐性的表述方式，这与“猎捕国家二级保护动物”这种表述正好相反，后者喻示着相关行为的公共性、重要性以及违法属性。

把新闻的主标题和副标题结合起来看，标题其实从反常和正常两个角度描述了事件。这种方式，其实也是现在新闻媒介经常使用的一种吸引受众注意力的方式，但是前者往往吸引注意力取得成功，而后者的解释则往往被人们忽视。这则新闻所导致的舆情之烈，恐怕也是原作者没有想到的。

如果说报纸中的标题还算客观，那么网络媒体的标题就更加简单粗暴了。腾讯网在转载新闻时，直接把标题写成《河南一大学生在家闲着没事掏鸟 16 只被判 10 年半》，网易新闻的标题则变为《大学生掏鸟 16 只获刑 10 年半，你怎么看?》，对受众的误导尤甚。同时，部分媒体主动忽略了这位大学生所掏之鸟是国家二级保护动物以及他此前曾多次在网上发帖说自己经常掏鸟窝的事实。为了吸引受众的眼球，这些网络媒体不惜运用炒作的方式，一味迎合受众求新、猎奇的心理。

要解决新闻炒作的问题，新闻工作者必须加强自律，强化自己的责任意识。哈钦斯委员会曾在《一个自由而负责的新闻界》中指出：“对于整个社会的价值观和目标，新闻界有一种相似的责任……然而，我们必须承认，大众传播机构是一种教育工具，而且也许是最强大的；它们必须在陈述和阐明本共同体应该为之奋斗的理想中，承担起教育者那样的责任。”① 新闻媒体具有提供信息、进行宣传、

① ［美］新闻自由委员会，展江、王征、王涛译：《一个自由而负责的新闻界》，中国人民大学出版社 2004 年版，第 15 页。

实施舆论监督等多方面的社会责任。新闻工作者在新闻采写过程中要秉持真实性原则，不能为了迎合受众使用炒作的方法。新闻工作者在工作中要坚持社会效益和经济效益的统一，不能为了经济效益而忽略自己的社会责任。

新闻工作者要增强对事实的辨别能力，面对新闻炒作，不能盲目跟风，而要在认真判断事实的基础之上进行合理的报道；要对新闻事实进行去伪存真地分析，不能偏听偏信，枉顾新闻的真实性。

二、传媒从业者法律素养缺失

2015 年 12 月 3 日，《新京报》新媒体即时新闻发布了题为《掏鸟获利千元为何与受贿千万同罚?》的报道；12 月 4 日，搜狐新闻则发表了题为《掏鸟都判 10 年，为啥副省长受贿 1600 万只判 12 年》的文章。两篇文章都把掏鸟案和高官贪腐案相比较，进而引发人们对掏鸟案量刑是否过重，而官员贪腐量刑是否较轻的质疑。

那么，“大学生掏鸟窝”的量刑合法吗？根据《中华人民共和国刑法》第三百四十一条规定：非法猎捕、杀害国家重点保护的珍贵、濒危野生动物的，或者非法收购、运输、出售国家重点保护的珍贵、濒危野生动物及其制品的，处五年以下有期徒刑或者拘役，并处罚金；情节严重的，处五年以上十年以下有期徒刑，并处罚金；情节特别严重的，处十年以上有期徒刑，并处罚金或者没收财产。从该案一审判决来看，闫某动机明确，其猎捕、收购的燕隼、凤头鹰均属于国家二级保护动物，该行为构成非法猎捕珍贵、濒危野生动物罪和非法收购珍贵、濒危野生动物罪。此外，根据《最高人民法院关于审理破坏野生动物资源刑事案件具体应用法律若干问题的解释》第三条规定，猎捕、收购隼类动物达到 10 只以上，即属于“情节特别严重”。闫某猎捕燕隼 16 只，判处有期徒刑十年；收购凤头鹰 1 只，判处有期徒刑一年；数罪并罚合并刑期有期徒刑十一年，决定执行有期徒刑十年六个月，有理有据，并无不妥之处。

普通民众对燕隼、凤头鹰属于国家二级保护动物可能并不了解，对国家有关动物保护的相关法律也所知较少，倾向于认为贪官理应受到重判重罚，而一个刚刚接触社会的大学生掏了几只鸟就被判刑十年半于法于理都说不过去。在对“大学生掏鸟窝”的报道中，部分媒体也缺乏相应的法律素养，甚至裹挟民意、质疑法院判决过重，在报道之前并没有查找相关法律条文或者咨询法律专家，只是想当然地报道。结果几天之后舆论反转，自己打了自己的脸。简单地把“掏鸟窝”和“官员贪腐”相比较，容易引发人们的“仇官”心理，引起司法信任危机。

造成传媒法律素养缺失的原因主要有以下两点。一是媒介市场化的影响。20世纪 90 年代初期，我国媒体走上市场化改革的道路，媒体数量激增，媒体之间的竞争越来越激烈。在媒体竞争的巨大压力下，一些媒体的记者和编辑片面追逐经济利益，放弃了职业操守。另外，在市场经济冲击下，部分新闻工作者的思维方式、道德理念都发生了改变。在市场经济制度下，部分媒体工作者利用职务之便，大搞权钱交易，以笔、稿谋私，进而丧失了写作法律事件报道时的专业素养。二是记者法律知识不足。媒体的分众化对记者、编辑提出了更高的要求，如采写财经新闻、法制新闻、体育新闻等都需要相关的记者具有相应的专业知识。如果对这些领域的知识不了解、不熟悉的话，就很有可能出现纰漏，难以完成高质量的报道。就法制新闻的报道而言，需要记者具备一定的法律知识、法制素养，然而，在实际工作中，一些记者或许是因为自身专业知识不够，或许是为了吸引受众注意，出现了很多不够客观、公正的报道，甚至误导了舆论。

三、媒体片面迎合受众心理

在大众传播领域，“传者中心论”曾盛行了很长一段时间，其中最具代表性的就是“魔弹论”。该理论认为大众传媒具有很强的传播效果，传媒的新闻报道对于受众就像子弹击中躯体，能够引起直接速效的反应。但是，随着媒介市场化的发展，传媒逐渐认识到受众在信息传播中的重要作用，“传者中心论”向“受者中心论”转变。不过在转变的过程中也出现了部分媒体片面迎合受众心理的问题。

在“大学生掏鸟窝”事件报道中，媒体一味迎合受众猎奇、尚怪的低层次心理需要，强调闫某的“大学生”身份，并且给受众造成了大学生只是掏了几只鸟窝、抓了几只鸟就被判重刑的假象。此外，一些网络媒介还利用“学生”在人们印象中的天真来掩盖其“明知是国家保护动物，而非法猎捕、出售”的行为，报道中“在家没事掏鸟窝”的措辞也淡化了“非法猎捕、出售”的牟利目的。上述表述在很大程度上强化了受众心中大学生年幼无知、只是一时好奇才去掏鸟窝的刻板印象。

网络媒介应当合理引导受众，避免片面迎合受众而带来负效应。在进行报道时，媒体可以合理满足受众不同层次的需求，但不能尚奇尚怪。同时，也要重视受众的高层次心理需求，在内容中融入有教育意义的内容，防止因刻板印象而引起的不必要误解。此外，要引导受众避免错误归因。在“大学生掏鸟窝”事件的报道中，人们把事件归因为法院判决过重，反映出目前涉及公职人员的报道非常容易引起受众关注。因此，媒体在报道这类事件时更应该谨慎，避免主观片面归因，谨防为迎合受众的需要而失去应有的引导功能。

【延伸阅读】

一、刻板印象

刻板印象是指社会上对某一个群体的特征所做的归纳、概括的总和，它是一种使人产生偏见的社会心理效应。美国新闻评论家李普曼曾在《公众舆论》一书中指出，关于民族和种族的刻板印象是错误的，是一种过分简单的宣传，刻板定型地说犹太人、黑人或拉丁美洲人为什么会有某种个性，这不仅不合理而且是有潜在危险的。

刻板印象严重影响着人们的认知方式。常见的刻板印象主要有以下种类：

1. 性别刻板印象

有美国学者认为，性别刻板印象同认知有关；它是由一组看法构成；它的内容是大多数人分别怎么看男人和女人；它被某个团体的所有成员共有。[①] 传统的性别角色观念都具有刻板的性质，是性别刻板印象的重要组成部分。例如，传统的刻板印象认为应该“男主外，女主内”，认为男性事业心更强，适应能力更强；相对地认为女性对家庭责任感更强，群体归属感更强。

2. 容貌刻板印象

容貌刻板印象是用来描述人们倾向于认为那些拥有较高容貌吸引力的个体同时也拥有其他积极人格品质的名词。研究表明，很多人倾向于认为一个人的容貌和他的性格、社会地位等有关，更倾向于认为一个面容姣好的人，具有积极、乐观、成功等正向人格特质。

3. 地域刻板印象

地域刻板印象是一种涉及知觉者的关于某个地区人群群体的知识、观念与预期的认知结构。

二、“杨丽娟事件”中的新闻炒作

2006 年 3 月 22 日《兰州晨报》发表《兰州女孩林娟苦追刘德华 12 年》一文，报道了真实姓名为杨丽娟的女孩追星 12 年的故事。文章称杨的父母为了满足她的追星愿望，甚至不惜卖掉房子、背负债务。此报道在全国引起了很大的反响，中

---

① Sines J. O, Measuring Sex Stereotypes—A Multination Study, *Archives of Sexual Behavior*, Vol. 24, No. 4, 1995, pp. 478-483.

央电视台、《北京青年报》、《南方都市报》等多家媒体纷纷前往兰州采访，而且多家媒体表示愿意帮助杨丽娟实现她的愿望。

北京的某家媒体多次承诺帮助杨丽娟见到刘德华，但是由于种种原因没有成行。杨丽娟的父亲因此在电视台门口举起“揭露电视台的欺诈行为”的牌子。后来，该媒体记者支付了 2000 元路费给杨丽娟作为补偿。

对于这种新闻炒作现象，《兰州晨报》不仅没有意识到错误，还对此行为津津乐道，称全国绝大多数城市强势媒体都已转载了该报对痴狂“追星女”的连续报道，并对该报长期以来对弱势群体的关心和帮助给予了肯定和赞扬。

在“杨丽娟事件”中，媒体不仅是报道者，还成为事件的参与者和推动者——对于杨丽娟疯狂追星的行为推波助澜，积极帮助她实现这一不正常的愿望，最终导致了悲剧的发生。杨丽娟虽然见到了刘德华，但是未能与他单独相处，而这也成为杨父自杀的诱因。

复旦大学新闻学教授李良荣表示，“杨丽娟事件”本身就是炒作行为。他提请大家思考：大众媒体要公开《请愿书》，到底想要干什么？杨丽娟见不见刘德华，对媒体来说有这么重要吗？那么多国计民生问题媒体不关注，却加入了杨丽娟纵容者的行列。

【思考与讨论】

1. 记者的职业角色使其拥有了某些因为这种职业而附有的特殊“权力”，记者的社会角色又要求其在社会大系统中承担作为社会人的义务与责任。那么记者是应当以职业活动为中心，不顾一切地抢新闻，还是应当以社会良知为行为的先导，维护新闻采访客体的人格尊严与个体利益？

2. 新闻策划和新闻炒作的区别有哪些？

案例2　杨达才事件

——网络舆论监督的正效应

【案例概述】

2012年8月下旬，陕西延安发生了一起特大交通事故，造成36人遇难。8月26日，在翻看各大媒体从该事故现场发来的照片时，微博网友“@Decorating”发现了有位官员面带微笑的照片，随手发出了“事故现场官员满面笑容，情绪稳定——延安市境内的包茂高速公路发生卧铺客车与罐车追尾事故，致36人死亡”的微博，并附上照片截图。这条微博激起网友的不满和愤怒，被转发六千多次，不少网友表示要“查查他”。

8月26日傍晚开始，网友对该官员展开人肉搜索，相关的信息不断被挖掘出来。到晚上11时，杨达才在不同场合佩戴的五块手表的照片被贴出。照片中这位局长戴的手表看起来都很值钱，这激发了网民的好奇心，掀起了鉴表热潮，有网友称这些表的价值在20万左右，因此杨达才被称为“表哥”。

8月27日开始，多家媒体对此事进行报道，《法制日报》《南方都市报》《钱江晚报》《新民晚报》等媒体快速跟进。8月28日，《南方都市报》以《事故现场官员笑 事后被扒出好多表》为新闻标题报道了该事件；《钱江晚报》以《车祸现场官员傻笑 网友质问你笑啥》为标题进行了报道。之后中央电视台《新闻“1＋1”》栏目以《局长的“微笑”！局长的“表”?》为新闻标题播出关于“表哥”事件的报道。随之，网络媒体也纷纷介入，如凤凰网发表《延安车祸现场：官员张口笑惹网友不满（图）》、财讯网发表《延安车祸现场，安监局长一笑惹众怒》等报道，舆论影响进一步扩大。

8月29日，杨达才在新浪微博上和网友互动。在访谈中，杨局长就“微笑”和“手表”予以回应，称自己只是“表情有点轻松”，并未微笑。尽管杨达才的主动回应行为赢得了一些专家、媒体和网友的支持，但却不能让所有人信服。在微访谈中，一位网友质疑杨达才第六块名表的来历，杨局长直接回避，这一回避更引起人们的质疑。之后，杨达才的名表不断被网友挖出，知名鉴表人士也站出来发挥专长。此外，网友还扒出杨达才身上所系为名牌腰带。微博名为“延庆老农”的网友用一组图片证明“表哥全身都是宝”：除了手表和手镯之外，他还佩戴各种名牌腰带。另有网友指出“表哥”的一副眼镜价值10多万元，这位局长又陷入“眼镜门”。“表哥”在微访谈中的回应被颠覆，网友纷纷质疑，仅凭杨达才的合法收入，怎么能买得起这些东西。

8月30日，陕西省纪委在秦风网宣布已经展开调查，如确有违纪或腐败问题，将依照有关规定严肃处理。9月21日，该省纪委对外公布结果，认定杨达才任职期间严重违纪并涉嫌犯罪，做出开除杨达才党籍的处分，对其涉嫌犯罪问题移送司法机关依法处理。

【案例分析】

一、体现了网络舆论监督在反腐上的正效应

舆论监督是一个主谓结构的词组，主语是舆论，谓语是监督，意思是公众通过舆论这种意见形态，对各种权力组织和其工作人员，以及社会公众人物自由表达看法所产生的一种客观效果。这是一种自然存在的客观的无形的监督形式。由此可见，舆论监督的主体是人民群众，但是由于现代社会的复杂化和庞大化，作为分散存在的公众对监督的前提——信息获取存在较大难度，因而现代社会的舆论监督在很多情况下是借助大众传媒，通过传媒形成关于某个问题的舆论，而大众传播媒介以其突出的传播优势正可承当此重任。所以，现实操作中大众传媒通常被视为舆论监督的主体。[①] 不过，网络的发展为很多普通网民参与舆论监督提供了一条新途径，也激发了公众舆论监督的热情。不论是接受信息、发表言论还是制造舆论，人们都不约而同地选择使用新媒体。从南京的“天价烟事件”到陕西的“微笑局长杨达才事件”，网络媒体在通过网络进行舆论监督进而达到反腐目的方面发挥了不容忽视的作用。

网络最重要的一个特点就是时效性强，甚至可以达到实时传播。先进的技术和弱审核机制使得网络传播省去了很多复杂的编辑和剪辑过程，让每个网民都可以通过网络发声，人肉搜索更是在短时间内就能集结众多网民的力量。

网络反腐相较于传统方式反腐更加快速方便。传统方式对政府公职人员贪腐

① 陈力丹、闫伊默：《论我国舆论监督的制度困境》，《南通大学学报（社会科学版）》2007年第2期。

行为的揭露与处理速度较慢，周期较长，不能取得立竿见影的效果；但是在网络上，公职人员的贪腐行为一旦被揭发就有可能产生舆论效应，引起众多网民关注。网友通过发帖、转发等多种形式，使得官员的不法行为在短时间内为公众所知，倒逼当事人对自己的行为进行解释或者相关部门及时调查处理。网络曝光之后，传统媒体及时跟进，展开深入调查报道，有助于推动事件形成更大影响力、造成更大舆论压力，使事件处理速度更快。在杨达才事件中，杨达才从8月26日被网友曝光到8月30日纪委介入调查，历时仅4天。

相较于传统的反腐方式，网络反腐的成本更低，却更能取得较大影响。只要动动手指，发表几个文字或者几张图片就能收到良好的传播效果，这在主要依靠传统方式反腐的时代是难以想象的。传统上，举报人通过一己之力，要花费大量的时间收集材料、进行举报等，和公权力相抗衡也给自身带来很大的经济负担与心理压力；但是网络反腐通过能够广泛传播的网络平台，将官员的腐败证据公之于众，在网民的关注、转发、评论过程中取得较大影响。这样一来便降低了反腐门槛，真相也在这一过程中被不断挖掘，事实逐渐明晰。同时，巨大的社会舆论压力也倒逼相关部门及时采取行动展开调查、处理问题。

网络反腐具有较强的互动性。首先，网民通过不断收集证据上传网络，形成较大舆论影响，为政府部门的调查提供了更多资料，获得更多的犯罪证据。在网民的监督之下，纪检部门也能够及时主动地把案情的进展情况进行公布，这样就使案件更加公开、透明，减少包庇徇私情况的发生。其次，被监督者也可以通过网络和网民进行互动。在网络上，网民可以向当事人提出问题，而当事人也可以通过网络予以回应，从而使网民能够与事件当事人及时沟通交流，减少误会的产生，也使事件的调查更加深入。最后，互联网中存在着QQ、微信、微博、BBS等多个传播平台，而每个平台内又包含有多个子场域，一旦一个被激活，就会带来大量互动。微博上，每一个账号就是一个传播节点，该账号和其粉丝构成子场域，当这个微博发布的反腐信息被粉丝转发，子场域被激活，他们有可能把信息发布到QQ、微信、BBS等平台上，从而形成舆论场，推动反腐进程。

二、网络的匿名性更有利于表达真实意愿

网络反腐的真实性表现在两个方面。一方面，网民在网络上表达自己意见更加真实、自由，受约束较少。网民发表意见不需要取得特定人或机构的允许，而且意见的发表受到的审核较少，网民在监督政府公职人员行为时更加自由，更能表达真实意愿。杨达才事件也是因为网友“@Decorating”在媒体的报道中发现了杨达才的微笑，发了微博，才使这一腐败事件被关注并得以揭发。而且，网络上通过网友集体的力量挖掘真相，使信息暴露在阳光下，再加上媒体的后续跟进，出现更多系列报道和专题报道，从而将事件真实地展现给大众，真相逐渐被揭露。杨达才事件中，很多证据就是网民在微博上披露出来的。而在类似的涉及公职人员的"雷政富事件"中，内部知情人通过网络把不雅视频直接公开，形成了强烈的视觉震撼效果。可以说，互联网所提供的透明公开的信息平台是网络反腐能够成为现实的基础。另一方面，被监督对象在网络上更能真实、及时地回应质疑，意思表达也更为真实。在传统媒体上，个人通过媒体的记者发声，而记者作为个人，难免会受到一些主客观因素的影响，如个人情感、舆论压力等使新闻报道与当事人的意思表达存在一些差异。网络给了当事人一个自由发声的平台，当事人更能掌握话语权，如杨达才通过微访谈回应网友的质疑。不过也要看到，这种回应只有在真实表达的前提下才有可能使自己摆脱嫌疑，否则只会越抹越黑、事与愿违。

三、网络反腐容易引发网络暴力

网络暴力是网民的一种非理性行为，有学者将"网络暴力"做如下界定：一定规模的有组织或者临时组合的网民，在"道德、正义"等"正当性"的支撑下，利用网络平台向特定对象发起的群体性的、非理性的、大规模的、持续性的舆论攻击，以造成对被攻击对象人身、名誉、财产等权益损害的行为。①

《人民日报》曾经发表文章总结了网络暴力的三大特征，即以道德的名义，恶意制裁、审判当事人并谋求网络问题的现实解决；通过网络追查并公布传播当事人的个人信息（隐私），煽动和纠集人群以暴力语言进行群体围攻；在现实生活中使当事人遭到严重伤害并对现实产生实质性的威胁。② 网络可谓反腐的新方式，然而在运用上，特别是在人肉搜索方面，有可能侵犯公民的人格权，对其造成心理和生活上的巨大压力。

一方面，网络暴力侵犯公民隐私权。隐私权已被公认为一项基本人格权利。哈佛大学法学院教授沃伦和布兰代斯于1890年将隐私界定为一种"免受外界干扰的、独处的"权利。另一方面，网络暴力可能侵犯公民名誉权。我国法律对于名誉权的保护有明确规定，如《中华人民共和国宪法》第三十八条规定："中华人民

---

① 张瑞孺：《"网络暴力"行为主体特质的法理分析》，《求索》2010年第12期。

② 邓晓霞、王舒怀：《向"网络舆论暴力"说不》，《人民日报》2007年8月10日。

共和国公民的人格尊严不受侵犯。禁止用任何方法对公民进行侮辱、诽谤和诬告陷害。”《中华人民共和国民法通则》第一百零一条规定：“公民、法人享有名誉权，公民的人格尊严受法律保护，禁止用侮辱、诽谤等方式损害公民、法人的名誉。”最高人民法院在《关于审理名誉权案件若干问题的解答》中强调：“对未经他人同意，擅自公布他人隐私材料或以书面、口头形式宣扬他人隐私，致人名誉受到损害的，应认定为侵害他人名誉权。”

侵害他人名誉权行为受法律制裁。《中华人民共和国民法通则》第一百二十条规定：“公民的姓名权、肖像权、名誉权、荣誉权受到侵害的，有权要求停止侵害，恢复名誉，消除影响，赔礼道歉，并可以要求赔偿损失。法人的名称权、名誉权、荣誉权受到侵害的，适用前款规定。”《中华人民共和国刑法》第二百四十六条中也对侵犯他人名誉权的行为所需承担的刑事责任做出明确规定：“以暴力或者其他方法公然侮辱他人或者捏造事实诽谤他人，情节严重的，处三年以下有期徒刑、拘役、管制或者剥夺政治权利。”

四、规避网络反腐中的负效应

在反腐事件中出现网络暴力现象，不仅容易混淆视听，影响公众对事件的辨别力，还会侵害当事人的正当利益，甚至有可能损害政府公信力。因此，规避网络反腐中的负效应势在必行。

网络媒体要加强把关。20 世纪四五十年代，美国心理学家、传播学家卢因提出了著名的“把关人理论”。他指出，信息总是沿着含有门区的某些渠道流动，在这些渠道中存在一些“把关人”，“把关人”起着决定信息继续传播还是中断传播的作用。1950 年，怀特把这一概念应用于新闻传播领域，他认为，大众传媒在进行新闻报道时不是“有闻必录”，而是一个取舍选择的过程。在这个过程中，传媒组织形成一道关口，通过这道关口传达到受众那里的新闻只是众多新闻素材中的少数。

然而在互联网中，“把关人”机制弱化，网络上的谣言、恶意炒作、低俗信息等影响着互联网的健康发展，网络暴力极易产生。在互联网中，要强化“把关人”的地位，减少低俗、恶俗、虚假信息的出现，增强网络反腐的效能。

如在 2012 年 8 月哈尔滨垮桥事件中，有关部门将此事件最终定性为特大交通事故，事故原因是车辆超载，而不是网民一直质疑的桥梁质量和设计问题。公告一出，舆论哗然。究其原因，除了当地政府部门信息不透明之外，网络舆论监督乏力也是不可忽视的。网民对桥梁质量的质疑之声不断，可是很少有媒体去接近真相并挖掘真相。虽然很多时候网络舆论监督的最终效果不取决于监督本身，而取决于政府部门的态度，但是要取得好的效果还需要网络媒体不懈努力，不断追求真相、曝光真相。

另外，防范网络暴力，还要提高网民的媒介素养，增强大众的分辨能力、选择能力，提升人们对于互联网信息的鉴别力，形成文明上网的良好社会风气。网民在揭露贪腐时要保持理性，不能被人牵着鼻子走，要用事实说话，不能制造、传播谣言；同时也要主动监督其他网民的言行，发现不当行为及时制止，营造良好的舆论环境。在杨达才事件中，网络意见领袖、鉴表专家“花总丢了金箍棒”（网名）在接受媒体采访时表示，只从手表不能认定杨达才腐败，愤怒并不能解决实际问题。网络上的道德审判不能取代司法审判，否则其危害不亚于腐败本身。

【延伸阅读】

一、周久耕事件

2008年12月10日，时任南京市江宁区房产局局长周久耕因对媒体发表“将和物价部门一起对个别低于成本价销售的楼盘进行查处”的不当言论，被网友冠以“史上最牛房管局长”的头衔。网民对周久耕进行谴责的同时，开始对其展开“人肉搜索”。12月11日，凯迪社区出现了一篇题为《遍撒英雄帖，追查南京市江宁区房管局局长周久耕》的帖子，号召众网友一起追查周久耕，“人肉搜索”就此开始。

不久，一位署名为“保存一百年”的网友发表题为《看照片：南京房管局长抽1500元的烟》的帖子。他上传了一组周久耕开会时的照片，并给放在周左手边的一盒“九五之尊”香烟来了个特写。随后众多网友加入讨论行列。12月14日，网友在帖子《赞一下那个要处罚低价售房的局长，看人家抽的烟》中指出，周久耕抽的“九五之尊”香烟一条需要1500元。12月15日，一位署名为“cheyou007”的网友发表题为《周久耕局长抽名烟、戴名表》的帖子，指出周久耕佩戴的手表是每只售价10万元的世界名表“江诗丹顿”。网友在“人肉搜索”后一致认为周久耕是贪官，于是周除了“最牛房管局长”的称号，还成为奢侈官员的代表。

面对网友的诸多质疑，南京市江宁区房管局和周久耕本人都采取了回避态度。这更加激起了网民的愤怒，他们开始向南京市纪委举报。12月28日，江宁区委免去了周久耕的房产管理局局长职务。2009年2月13日，江宁区纪委对周立案调查。调查表明，周确实存在用公款购买高档香烟的奢侈消费行为。对网上反映的其他问题，纪检部门也在进行逐一调查。

2009 年 8 月 5 日，南京市检察院以受贿罪对周久耕提起公诉。2009 年 10 月，周久耕被南京市中级人民法院以受贿罪判处有期徒刑 11 年。

二、网络公民社会

“公民社会”这一概念来自西方，对应于英文的 civil society。目前，学术界主要从社团和文化两个层面界定公民社会。

从社团层面上看，我们把公民社会当作是国家或政府系统以及市场或企业系统之外的所有民间组织或民间关系的总和，它是官方政治领域和市场经济领域之外的民间公共领域。公民社会的组成要素是各种非政府和非企业的公民组织，包括公民的维权组织、各种行业协会、民间的公益组织、社区组织、利益团体、同人团体、互助组织、兴趣组织和公民的某种自发组合等。由于它既不属于政府部门（第一部门），又不属于市场系统（第二部门），所以人们也把它们看作是介于政府与企业之间的“第三部门”（the third sector）。①

从文化层面上看，公民社会强调的是经过公民理性讨论的、独立于国家之外的公共舆论的重要性。这种理性、独立性的公共舆论是公民社会的重要体现，它们对国家的发展有着重要影响。②

随着互联网的发展，网络公民社会正在形成：在社团层面表现为网络群体的集聚，如网民在论坛、QQ 群、微信群等虚拟空间自愿聚集、自由交流；在文化层面表现为网民就公共问题相互交流、发表意见，形成公共舆论。

与传统的公民社会相比，网络公民社会具有一些新特征：第一，网络公民社会的参与主体具有匿名性；第二，网络公民社会具有更为明显的自主性；第三，网络公民社会越来越多地“从虚拟走向现实”；第四，网络公民社会呈现出一定的内部分化；第五，网络公民社会的倡导功能更为显著。在西方，网络公民社会仅仅是现实公民社会的一个补充；而在中国，网络公民社会已经成为中国公民社会发展的新生力量，尤其是围绕网络事件而产生的网络舆论，有时对社会与政府的影响远远大于现实中的公民社会。

【思考与讨论】

1. 网络反腐如何更好实现网络媒体与传统媒体的协调作用，充分调动网络舆

---

① 俞可平：《中国公民社会：概念、分类与制度环境》，《中国社会科学》2006 年第 1 期。

② 刘学民：《网络公民社会的崛起——中国公民社会发展的新生力量》，《政治学研究》2010 年第 4 期。

论场和传统媒体舆论场的配合?

2. 网络反腐在发挥正效应的同时，也带来了诸如滋生谣言、娱乐化、低俗化等一系列问题，那么网络反腐中网民应如何规范自己的行为?

案例3　凤姐事件

——审丑现象与网络炒作

【案例概述】

2009年底，一则让人大跌眼镜的征婚帖在网络蹿红，事件当事人“凤姐”也由此走红。凤姐，本名罗玉凤，重庆綦江人，因一系列雷人言论在网络上走红。在那则《我想找个北大清华男结婚》的帖子中，凤姐列出了自己的七条征婚标准：北大清华硕士，经济学专业，有国际视野，身高1.76至1.83米，无生育史，东部沿海户籍，年龄25到28岁。此帖一出，网络舆论一片哗然，人们非常好奇这位发帖者的真实身份是怎样的。事实上，凤姐只是上海一家家乐福超市的普通员工，身高不足1.5米，长相一般，甚至被人评价外貌丑陋。

凤姐的雷人言语在网络一经公布，就吸引了大量网民的关注与讨论，有人戏谑嘲讽她，也有人对她的自信和另类表示膜拜。她的独特与出位使其关注率和点击率甚至超过了同期的文化名人和娱乐明星。若按以往的传统来看，凤姐恐怕不具备和名人、明星媲美的资格，不符合走红的基本条件，但是在互联网上她却将各路明星远远抛在身后，成为2010年网络红人中的“领军人物”。

她自称懂诗画，会弹琴，精通古汉语，“9岁起博览群书，20岁达到顶峰，智商前300年后300年无人能及”，主要研读的书目是经济类和《知音》《故事会》等人文社科类书籍。2009年10月下旬开始，罗玉凤在上海地铁陆家嘴站分发征婚传单，并称“奥巴马也符合我的择偶标准”。这些事被人记录并上传互联网，引起了网友们的激烈讨论，凤姐也因此被网友戏称为“宇宙无敌超级第一自信”，“信凤姐，得自信”。2010年，罗玉凤在网上表示“我到美国了”，并声称“出国就没有打算回去”；同年12月，罗玉凤前往美国中文电视台应聘，电视台新闻部主任称罗玉凤思维清晰敏捷，与中国媒体炒作出的形象不同，对凤姐赞赏有加。2015年7月，罗玉凤成为凤凰新闻客户端签约主笔。凤凰方表示签约罗玉凤，是因其麻辣率真的性格，点评新闻必定有独到之处，能为网友观众开启与众不同的视角。

2011年9月27日，美国《人物》杂志甚至还对凤姐进行了题为《走近中国最受讨厌的现实派明星》的报道。面对这样的凤姐，有人戏谑她，有人膜拜她，有人讽刺她……但一个不容争议的事实就是，凤姐的确成为2010年度最红的网络红人。

凤姐的走红让很多机构看到了借此赚取流量、谋求利润的机会。自凤姐成名后，她就被邀请到某电视节目参与节目录制，并且还参加了《花儿朵朵》《中国达人秀》等选秀类节目。在《中国达人秀》一次节目录制后，凤姐甚至被观众扔鸡蛋。但不可否认的是，这些节目因为有凤姐的加入，都获得了很高的关注度和收视率。各种商家正是看中罗玉凤身上的商业价值，纷纷拿她进行炒作。后来罗玉凤远渡重洋去了美国，正当大家都以为她在美国过上了普通人的日子时，凤姐却在时隔几年之后接受“美国之音”的专访，相关视频再次走红网络。在视频中，凤姐被形容为“励志”和“榜样”，她的经历被塑造成一个从农村走出来的普通女孩来到美国追梦的故事。这种叙事与报道又引起网民对凤姐的讨论和戏谑。

【案例分析】

凤姐事件在网络上掀起了一股“姐”文化的狂欢，这场狂欢历时一年似乎也没有褪去的迹象。人们在罗玉凤身上更关注的是她出位的言行，在关于她的一系列恶俗事件的传播过程中，虽然传统媒体也有参与，但互联网媒体无疑起到了更大的推波助澜的作用。网络媒介如何避免沦为审丑闹剧的舞台，这是一个值得深思的问题。

一、冲击传统审美标准，审丑文化开始盛行

凤姐走红后，一个对应“审美”的新词汇“审丑”出现。网络上的审丑和传统美学意义上的丑含义不同。美学意义上的丑是从美的角度发现丑中之美，然而网络中的审丑是指某些网络红人，尤其女性，以标榜自身的丑为美来展现自己，吸引人们注意。例如凤姐过于苛刻的征婚条件与她本人并不符合网友审美的外表形成了鲜明对比。虽然凤姐外貌有些丑陋，但这并不影响她吸引网友的关注。大部分人对凤姐的自信并不持赞成态度，而是带有一种嘲讽和戏谑的心态，甚至是抱着一种看客心理。网友们在跟随众人起哄的同时，也为这场网络狂欢“贡献”了自己的力量。

凤姐才貌平庸，与大多数女性偶像的干练、优雅形象成为鲜明对比。在各路美女充斥我们眼球的时代，凤姐的出现对传统意义上女子的评价标准提出了挑战，并给予已经审美疲劳的大众一个强有力的刺激。在“娱乐至上”的时代，凤姐的出现顺应了网络多元文化的潮流，她在给大众提供消遣娱乐的同时，也成功地炒作了自己。

二、网络媒体跟风炒作

传统媒体的把关人制度严谨，而且在职业门槛上对把关人的要求较高。网络媒体作为新兴媒体，信息发布门槛较低，尚没有形成一套完整严谨的把关制度，信息把关质量不高。在 Web 2.0 自媒体时代，每个人都是信息的传播者，这就导致在网络上，信息传播者的素质良莠不齐。尤其是一些网络媒体的把关人，在面对激烈商业竞争和巨大利益诱惑时，自动降低了传播门槛，让低俗内容蔓延扩散，甚至不惜降低自身媒介格调，为低俗内容的传播推波助澜。虽然有关凤姐的新闻内容品位不高，但由于当事人广受瞩目，使得许多网络媒体感觉不报道有关她的消息难免会在这场网络流量之争中处于下风。

作为新兴媒体，网络具有强大的传播功能，同时具有开放性、交互性等特点。凤姐事件经过网友们的讨论与转发，迅速在网络上蔓延开来。此外，网络媒体还具有设置议程的功能，凤姐苛刻的择偶标准在短时间内成为网民关注、调侃的焦点，在很长一段时间内与凤姐相关的内容都成为网络热门话题，媒体的大肆报道最终给社会构造了一个“凤姐相亲”的拟态环境。因为报道凤姐能够吸引受众眼球，因此，在收视率和点击率至上的今天，凤姐也成为一些网络媒体和商业集团赚取关注度的法宝，即使是人民网、新浪网这类知名新闻网站也不例外。有些媒体甚至回到凤姐老家对她的家人进行采访，未经凤姐本人同意便将她的生活经历等隐私信息暴露在大众的灼灼目光之下；还有媒体甚至邀请了所谓名人做嘉宾，对凤姐的行为进行种种评判。

网络媒体对凤姐的雷人言语和出位行为持续不断地进行大规模传播与报道，这本身就是在用珍贵的公共资源传播一些没有价值的事，无疑会对受众的注意力和认知产生负面影响。当低俗文化和现象出现时，网络媒体不仅不加以抵制，反而还要为迎合网民而进行跟风报道，这充分反映出部分网络媒体的责任感淡化、缺失，在商业利益面前丧失了自己的原则和立场。

三、网络传播的泛娱乐化倾向

一些低俗内容恰好迎合了某些受众的喜好。面对这种情况，网络媒体不仅没有对这种信息加以制止，反而还去满足受众的好奇心和低俗趣味，迎合受众的这种不健康心态。如果说媒体一开始对凤姐进行报道，是因为她的某些雷人言语能够由于新鲜性而成为一条新闻的话，那么之后对凤姐进行的一系列报道则纯属盲目迎合低俗化的受众需求。例如凤姐拍摄个人写真、参加选秀节目等，这些新闻里没有严肃和需要沉重思考的问题，仅仅给受众带来宣泄和刺激，满足感官上的快感，不利于引导舆论朝健康方向发展。

网络媒体作为一种新兴媒体，其呈现的网络文化与传统媒体所呈现的传统主流文化具有明显差异。网络文化的精神是“娱乐至上”，它对传统的主流文化具有一定的解构和冲击作用。在网络媒体出现前，传统媒体在舆论上具有强大的引导作用，而网络出现后，任何严肃和主流的文化都可以被网络娱乐至上的精神所解构——每个网民都是声音的发出者，而不再是权威声音被动的接受者，传统媒体的舆论影响力在逐渐减弱。

凤姐的雷人言语和出位行为受到大众的关注和追捧，成为人们茶余饭后的谈资与笑料。有些人还对凤姐进行侮辱和谩骂，盲目跟风，暴露出非理性的一面。例如，“鸡蛋男”因用鸡蛋砸凤姐而一夜成名，然而这在根本上来说是在对凤姐进行人身攻击，因为凤姐本身并没有损害他的权益；有人甚至将凤姐和日本女优做对比，说凤姐的身材不输给日本的女优，这无疑是对凤姐的一种冷嘲热讽。网友们将自己寻开心的欲望建立在贬损凤姐人格的基础上。在凤姐事件中，网民们的多种不良心理被网络媒体放大，例如有人对凤姐个人的美丑进行肆意嘲讽和谩骂，有人对凤姐个人隐私进行窥伺和揭露，还有人对凤姐个人行为进行猎奇性探究。网友们的这种关注可能是无意的和顺从自己内心的，却造成了对凤姐本人的伤害以及对网络生态环境的破坏。

网络消费文化以网民为中心，而网民具有独立且无限的个人选择权。网络上供消遣娱乐的内容呈海量化特点，内容和道德没有边界，每个网页中都有大量链接，因此网友在网络环境中进行消费的同时可以获得大量满足感。网络媒体对凤姐的新闻进行大量报道，本身就是对网民某些低俗趣味追求的一种盲目迎合。这种迎合不能任其发展，网络媒体必须要对类似行为进行遏制，否则当社会上泛滥的都是大量低俗化和娱乐化的垃圾信息时，整个社会会出现扭曲、浮躁和病态的心理，不利于健康社会风气的形成。

四、低俗、庸俗、媚俗的品位挑战新闻伦理边界

新闻伦理着重探讨的是新闻工作者个人在新闻实践中所应遵循的伦理规范，是新闻学与伦理学相结合的产物，它是指从事采访、编辑、出版、播出、经营、管理等新闻信息传播活动的人员在长期的职业实践中形成的调整相互关系的行为规范。新闻伦理并不具有法律那样的强制性，而是依靠从业人员高度的道德感和

责任心。人文关怀是新闻伦理道德中的核心理念，并且贯穿于新闻伦理始终，通过新闻的策划、采访、写作以及传播等实践表现出来。在新闻传播过程中恪守新闻伦理，可以更好地处理新闻实践活动中人与人的道德关系以及新闻从业者的行为规范问题，最终达到良好的社会传播效果。

美国职业新闻工作者协会在成立之初就制定的《职业新闻工作者协会伦理规约》明确规定："品位要高，避免迎合任何低级趣味。"2009 年 11 月 27 日，中国记者协会公布的最新修订的《中国新闻工作者职业道德准则》也强调，"新闻工作者要增强政治意识、大局意识、责任意识，坚持正确的舆论导向"，形成"有利于人们分清是非、坚持真善美、抵制假恶丑的舆论"。可见，传播积极健康的内容，不一味迎合低级趣味，以免造成错误的舆论导向，已经成为中外媒体从业人员的职业伦理要求。而反观凤姐事件，新闻职业素养和道德规范被媒体人抛诸脑后，在传播过程中起主导作用的则是一群无视职业道德、唯利是图的投机者。网友对凤姐的追捧和关注并不是因为凤姐本身的形象积极正面，或是对社会有着积极影响，而是因为对凤姐的嘲讽和戏谑本身让人们兴奋。在围观、评论凤姐的同时，网友的窥私欲和好奇心大大得到了满足。网络媒体在面对罗玉凤的私人生活以及出位言论时，不断将这些作为吸引受众眼球的手段进行广泛传播，在设置议题和进行相关节目策划的同时完全没有考虑到这样的传播内容会给社会心态带来什么样的负面影响，或者说即便考虑到有一定的负面影响，但在经济利益的诱惑之下，降低了对自己的职业道德要求。

【延伸阅读】

一、网络红人——从芙蓉姐姐到 Papi 酱

如果将网络上的狂欢比作一片汪洋大海，其实凤姐只是其中的一朵小小浪花。早在罗玉凤之前，就有很多人借助网络这个平台通过爆料、走光等行为走红于网络。在这些网络红人中，芙蓉姐姐算是早期一位知名度较高的网络红人，被网友们称为"网红鼻祖"。

芙蓉姐姐，原名史恒侠，1977 年 7 月出生于陕西省咸阳市武功县。芙蓉姐姐的走红要感谢互联网读图时代的到来。随着生活节奏的加快，在城市中生活的人们压力增大，闲暇时间减少，没有时间与精力去细心阅读大段的文字；而与文字相比，图片不仅可以给人直观的感受，而且能让人们在短时间内获得大量信息。2004 年，网络拍客将芙蓉姐姐的一系列照片上传到水木清华、北大未名和猫扑等

网站上。照片里的芙蓉姐姐身材臃肿，但提臀挺胸，表情和动作夸张豪放，衣着品位堪称平庸；而图片下方的文字描述却和图片反差强烈，芙蓉姐姐以小女人的口吻将自己介绍为美女。这些照片被网友们纷纷转发和恶搞，人们的语气中充满对芙蓉姐姐的嘲弄。随后，芙蓉姐姐的各种信息被网友们八卦出来，一时间网络上充满了与芙蓉姐姐相关的各种信息。

芙蓉姐姐走红之时，中国还未完全进入 Web 2.0 时代，微博、微信等自媒体尚未兴起，其走红的平台是 BBS 贴吧以及博客等媒体平台。

随着微博、微信等自媒体的兴起，网民更加主动地参与到信息的传播中来，网络媒介成为大众展示自己的平台，越来越多的网络红人纷纷出现在人们的视野中。2015 年的超级网红 Papi 酱就是其中的典型代表。

Papi 酱，本名姜逸磊，自 2015 年起以制作搞笑视频而走红于网络，新浪微博粉丝数量至今已过千万。然而在 2016 年 4 月中旬，国家新闻出版广电总局做出决定：由于在 Papi 酱发布的系列视频中，主持人时常爆粗口，例如“卧槽”“小婊子”等，要求该节目下线整改，去除粗口低俗等内容，只有在符合网络视听行业节目审核要求后方可上线。

网络红人由于粉丝众多，在网络上拥有一定的舆论影响力，具有舆论领袖的特质，能够影响和引导受众，因此其言行必定要受到约束和监督。Papi 酱在视频中的一些言谈举止虽然只是个人情绪的宣泄，但其粉丝中有大量青少年群体，他们的人生观、价值观处于形成阶段，出于对偶像的盲目崇拜，很可能会模仿其粗俗的言语。随着这些视频传播范围的扩大、影响力的不断扩大，其充满怨气和低俗语言的内容并不利于构建和谐的网络生态。Papi 酱视频的下线整改，也给其他网络红人敲响了警钟。

二、《新闻的十大基本原则》

美国新闻人比尔·科瓦奇和汤姆·罗森斯蒂尔所著的《新闻的十大基本原则》一书明确提出新闻工作的十项原则：新闻工作首先要对真实负责；新闻工作首先要忠于公民；新闻工作的实质是用核实进行约束；新闻工作者必须独立于报道对象；新闻工作者必须成为独立的权力监督者；新闻媒体必须成为公众评论和妥协的论坛和广场；新闻工作者必须让重大事件变得有趣并且与受众息息相关；新闻工作者应该使新闻全面均衡；新闻工作者有责任按良心行事；公民对新闻也享有权利和承担义务。

随着时代的发展，很多媒体人的所作所为离这十大基本原则越来越远。“凤姐现象”已经不单单是少数人对庸俗新闻的呈现，而是整个行业对能够赚取受众眼球的低俗新闻的盲目追捧，而这些新闻内容不会起到对社会的教化作用，也不利于社会的文明与和谐。新闻工作者应对社会承担积极的引导责任，加强自律意识，将新闻工作者应负的责任牢记于心、实践于行。

【思考与讨论】

1. 面对纷繁复杂的各种信息，网络媒体把关人在进行信息选择的时候应秉承哪些原则？请从媒介伦理与新闻职业道德角度论述。

2. 越来越多的人借助网络走红，网络走红甚至成为某些人成功出名的捷径。你如何看待这种方式？

案例4 “上海逃饭女”事件

——虚假新闻的网络传播

【案例概述】

2016年2月6日，除夕的前一天，上海家庭生活消费平台篱笆网下面的篱笆社区出现了一篇题为《有点想分手了……》的帖子。发帖人“想说又说不出口”自称是一位家境小康的上海女孩，自己不顾父母的劝阻和恋爱了三年的男朋友回江西老家过年，见了他们家的第一顿饭后决定逃离江西，并立刻和男朋友分手，并贴出了晚饭的照片。照片中，年夜饭被盛放在不锈钢餐盘里，周围的环境看上去十分简陋。

次日，上海本地网站“宽带山”的网友将帖子以截图的形式转发至微博平台。当天下午，《华西都市报》的微博账号转发了该网友的微博，并向网友提问：“这事儿，你怎么看?”随后，新浪江西、江西头条新闻等媒体微博纷纷转发，传统媒体进行转载报道，众多自媒体也逐渐加入讨论，该话题在网络上迅速蔓延。

因为此事发生在春节前后，并且涉及“凤凰男”和“孔雀女”等极具话题性的词汇，以及城乡差异乃至“地域歧视”等热门话题，因此一时间，网络上的讨论沸沸扬扬。网友针对此事的讨论不断发酵，有人批评女孩没教养，嫌贫爱富，过于拜金；也有人指责男方是“凤凰男”，出身农村要背负更大的家庭压力，日后肯定无法给女方提供宽裕的生活，和女方的结合也只不过是“攀高枝”而已。双方分歧鲜明，在网络上展开激烈的辩论。

事件发生没几天，2月10日下午，新浪微博用户“风的世界伊不懂”用疑似前述上海女子的江西男友的口吻发布了一篇声明。声明称导致这个结果是他“太急”“太相信爱情的力量”，并且表示要和女孩分手，自己以后会找一个更好的姑娘。该账号经查为2月10日新注册（未认证）用户。

2月13日，疑似男主角在天涯论坛上再度发声，多次以外貌为缘由对事件女方进行遣责。他称，自己和该上海女生系两年多前认识，该女生主动示好，而自己家境贫寒，确实有找个上海姑娘少奋斗几年的想法。他同时指出，女方外貌十分普通。他称，女方的帖子对他的生活和今后的工作造成了极坏影响，希望对方停止一切吐槽行为，不要再对其可怜的父母造成伤害，并要求其迅速删除相关原帖。截至2月14日上午9时，该帖在天涯社区的点击量破30万次，回帖数达1401条。

由于发帖人借助社交网络把当前的社会矛盾赤裸裸地呈现出来，比如城乡差距、谈婚论嫁时的门第之观等，再加上“孔雀女”和“凤凰男”的标签戳中无数人的情感神经，因此网友们对这件事的讨论热度不减，甚至有些网络大V与知名作家也参与到对该事件的评论当中。

然而，伴随着事件的不断升温，网络上有些理性的声音也逐渐浮现。有网友从一些细节处，如订火车票、返程时间等推算出帖子很可能是虚假的。在事件发酵6天后，澎湃和界面作为第一批大胆质疑的媒体，对事件的种种疑点进行推理，判定这是一则假新闻，作假动机主要指向营销炒作。首先发帖人对自己和整个事件的介绍非常简洁，只有两三百字，不拖泥带水，但爆料的内容却不少，身份极有可能是专业写手。其次，女当事人发帖原本是在一个不知名的地方网站，被发现的概率很小，但她的帖子却迅速被发现，然后被大量转发到微博，并且置顶。此外，男方用于回应的微博账号是刚刚注册的，这一可疑之处也被一些网友注意到。这一切无不表明事件背后有专业网络推手在策划。

网帖中，除上海、江西之外，再无任何具体的地点、单位与姓名等信息。同时，发帖人曾在跟帖中问“打电话可以定（火车票）吗?”也引发网友质疑：在外企工作的HR，竟然不知道打12306能订火车票？一个富足的上海女孩，会选择去一个小网站求助吗？她难道没有微信和微博？而事件“男主角”在微博上回应此事时也绝口不提自己所在的城市和乡镇，也未提自己工作的城市，明显在有意回避。细心的网友还发现发帖人用的是iPhone手机，而帖子中的图片尺寸和iPhone拍摄的图片尺寸不符，图片为盗用图片的可能性极大。另外，家乡是江西的网友分析说，单从菜式来看，这位网友晒出的年夜饭并不是典型的江西人年夜饭菜式。江西人习惯吃比较辣的饭菜，年夜饭中一般会见到一片红通通的辣椒，而这位网友晒出的菜中并没有出现多少辣椒。并且江西人年夜饭一般会吃糊羹、炒年糕等当地特色饭菜，一般不会烧两条小鱼，而是会只烧一条大鱼等。

正常情况下，一个在上海打拼得还算不错的男士不会没有新浪微博。他新注册了微博来回应此事显得颇为蹊跷。很多非正规途径又传出男方的声音来，说他不再去上海了，因为江西穷，所以自己要留下来创业，发展家乡，这无形中为他后续的创业项目打了广告。著名网络策划人“金泉少侠”说：“这百分之百是一起营销骗局，也就是说是一场炒作。”凤凰男、孔雀女、城乡差距、阶层差距、贫富差距、逼婚等引发争议的社会现实，在“上海逃饭女”的故事中被鲜明地表现出来，其以“乡村爱情故事”为包装，并以春节为爆发点，让冲突变得尖锐。上海大都市与江西乡村、城市姑娘与“凤凰男”，还有灰暗影像中分不清食材的饭菜，以及参差不齐难成双的餐具、刺目地插在米饭上的不锈钢筷子等，所有这些充满冲突效果的因素，在众人返乡过春节的大背景下，极易引起“乡愁”这个共鸣，最终成功吸引了大众的眼球。

直到 2 月 21 日，《江西日报》公布了官方调查结果，假新闻的真面目出炉让大众直呼上当。那位自称上海女孩的发帖者其实是某省一位已为人妇、为人母的女士，因为和丈夫吵架特发帖宣泄，而那张传遍网络的寒酸晚饭图片则是她从互联网上随便下载的；而后来发帖回应的那位“男友”，只是话题的碰瓷者，与发帖者素不相识。

【案例分析】

一、对虚假新闻的传播违反相关法律法规

用如此低劣的手段博取网友关注、提高点击量牟取利益，实际上就是一场营销和炒作，而虚假新闻在互联网上不加甄别就被大肆传播渲染，甚至会突破法律和道德的底线。

2011 年 10 月 14 日，中华人民共和国新闻出版总署印发了《关于严防虚假新闻报道的若干规定》。《规定》明确指出，真实是新闻的生命、媒体公信力的基础，也是新闻工作者要遵循的基本准则。因此一定要防范失实报道，杜绝虚假新闻。如果新闻记者编发“损害国家利益、公共利益的或者发表失实报道造成恶劣社会影响等问题的”虚假新闻，由新闻出版行政部门依据《出版管理条例》《新闻记者证管理办法》等法规规章给予警告；情节严重的，依法吊销其新闻记者证，并列入不良从业行为记录，5 年内不得从事新闻采编工作；构成犯罪的，依法追究刑事责任，终身不得从事新闻采编工作。

2000 年 12 月 28 日第九届全国人民代表大会常务委员会第十九次会议通过的《全国人大常委会关于维护互联网安全的决定》明确指出：“利用互联网造谣、诽谤或者发表、传播其他有害信息，煽动颠覆国家政权、推翻社会主义制度，或者煽动分裂国家、破坏国家统一”等行为，构成犯罪的，依照刑法有关规定追究刑事责任。

2000 年 9 月 20 日国务院第 31 次常务会议通过的《互联网信息服务管理办法》规定，互联网信息服务提供者“散布谣言，扰乱社会秩序，破坏社会稳定的”，构成犯罪的，依法追究刑事责任；尚不构成犯罪的，由公安机关、国家安全机关依照《中华人民共和国治安管理处罚条例》《计算机信息网络国际联网安全保护管理办法》等有关法律、行政法规予以处罚。

国务院新闻办公室、信息产业部于 2005 年 9 月 25 日联合发布的《互联网新闻信息服务管理规定》明确指出，互联网新闻信息服务单位应当建立新闻信息内容管理责任制度，不得登载、发送含有违反规定的新闻信息，发现有违反规定的应当立即删除。网络论坛等平台虽然无法及时一一核实网帖内容的真实性，但当发现存在疑问，或者被明确告知属于虚假信息时，应立即采取管理措施。在“逃饭女”事件中，随着新闻的传播，有些理性的声音逐渐浮出水面，一些网友提出了自己的质疑，但个体的力量毕竟薄弱，后来还是媒体发挥了较大的作用，例如澎湃和界面等媒体机构，主动、大胆对新闻的可疑之处进行核实，才确定这是一则假新闻。如若不然，这则假新闻不知道还会欺骗公众多久。

随着互联网的发展，每一位网民都可以自由地在互联网上发布信息、发表观点。但自由是以秩序为前提的，任何人在网络空间中的言行，都不得损害他人利益和公共利益。胡编乱造、造谣生事、胡作非为，将受到道德的谴责，甚至法律的惩处。

二、违背新闻真实性原则

比尔·科瓦奇和汤姆·罗森斯蒂尔在《新闻的十大基本原则》一书中指出，新闻工作首先要对真实负责。真实是新闻的生命，是新闻的立命之本，是铸就媒体公信力和权威性的基础。新闻一旦失去真实性将会成为无根之木、无源之水。真实性对于新闻来说极端重要，新闻从业者必须时时刻刻将新闻的真实性当作首要原则来遵守。

新闻真实有宏观和微观两个层面的含义。宏观真实，不仅要求每篇新闻都真实，还要求通过连续不断的新闻报道反映出整个现实的真实。微观真实则不仅要求单篇新闻报道的真实，而且要求新闻报道的每一个具体事实都禁得起推敲，具体表现在新闻报道中的六要素——时间（When）、地点（Where）、人物（Who）、事情（What）、原因（Why）和经过（How）——都经得起核对。在任何时候，媒体传播的所有信息都必须以真实性为基础，传播虚假信息有可能对媒体公信力和社会文化环境造成损害。所谓虚假信息，指的是媒介传播的信息与事实不符，包括对全部事实的捏造，对事实部分细节的杜撰以及出于政治、商业目的的篡改等。

新闻失实，从主观意愿上可以分为非故意失实和故意失实。在“上海逃饭女”假新闻事件中，一位和丈夫闹别扭的家庭主妇出于恶作剧发的一则帖子，相关网站和媒体没有对新闻事件中基本的六要素进行核实便对该事件进行了转发和报道，这是典型的媒体非故意失实。出于对官方媒体公信力的信赖，更多无法对新闻真实性进行查证的自媒体，不加核实就对该事件进行转发和评论，无形中对假新闻的扩散起到推波助澜的作用，扩大了假新闻的影响力。

互联网的发展对新闻媒体的时效性提出了更高要求，面对这样的竞争和挑战，很多新闻媒体来不及对消息的真实性进行审核，只是一味盲目追求快，而忽视了新闻的真实性原则。近年来，新闻界一直强调维护新闻的真实性，各级宣传主管部门除了加强对新闻工作者职业道德教育外，还加大了对媒体传播虚假信息的打击力度。在充满竞争压力的环境下，网络媒体更应该坚守新闻的真实性原则，对新闻内容的真实性进行认真核实，避免由于假新闻的扩散而错误引导社会舆论。这不仅是对受众负责，同时也是对新闻媒体自身负责。只有杜绝假新闻，才能够提高媒体的社会公信力，否则将会损害自身形象，失去公众的信赖。一味追求新奇和时效性而发布假新闻，短时间内可能会引来受众的关注，但长久看无异于饮鸩止渴。

三、媒体“把关人”没有尽到把关的义务

普通网民难以辨别信息的真伪，也没有对新闻信息进行核实的专业素养和能力，因此需要媒体从业者对新闻进行严格把关。对媒体“把关人”来讲，首先是要有大局观念，要看该新闻是否有利于社会安定，是否符合人民的根本利益，能否向社会传递正能量，即新闻的政治性标准，不符合这些标准的新闻应不予报道，以免出现错误的政治导向。其次，媒体把关人尤其是网络媒体的负责人要及时核实信息的真伪，比如及时采访新闻当事人、核实消息源、对新闻中的细节进行逻辑上的严密推敲等。在“上海逃饭女”事件中，对该事件进行传播的主要是一些商业网站和自媒体。商业新闻网站作为传统把关人之后的二次“把关人”，也要牢固树立政治意识，提升责任感，平衡商业利益和社会责任之间的关系，在转载传统媒体的新闻信息时做到主动核实真伪。

自媒体时代每个网民都成为信息的传播者和“把关人”。比起其他类型的“把关人”，网民在数量上占绝对优势。因此，网民在进行信息生产时要做到不捏造、散布与传播虚假消息，从源头上保证消息的真实性；同时，当网民在微博、微信里浏览新闻信息时，要争取做到不转发、传播未经证实的或者非理性的消息，不做虚假新闻的扩散者。

四、传播虚假新闻违反新闻职业伦理与道德规范

1991年1月，中华全国新闻工作者协会第四届理事会第一次全体会议通过了《中国新闻工作者职业道德准则》。《准则》指出，“坚持新闻真实性原则。要把真实作为新闻的生命，坚持深入调查研究，报道做到真实、准确、全面、客观”，“要坚持导向正确、及时准确、公开透明，全面客观报道事件动态及处置进程，推动事件的妥善处理，维护社会稳定和人心安定”。

“上海逃饭女”假新闻事件原本是可以避免的，只要媒体记者时刻将新闻真实性放在首位，而不是为了追求短暂的利益而牺牲媒体的长远利益。如果网络媒体的记者在看到新闻的第一时间立刻对新闻进行翔实且平衡的采访和报道，而不是对新闻不加核实地进行转载和刊登，那么“上海逃饭女”虚假新闻也不会在短时间内传遍网络。如果媒体记者尽快找到当事人双方，对事件发生的时间、地点、人物和原因等要素进行调查，可能在短时间内会使媒体失去较高的点击率，但调查后的报道从本质上说符合新闻的真实性原则，不会损害媒体公信力，而且深入调查的信息也可以满足受众的知情需求，从长远来看，才是最符合媒体自身利益的。

【延伸阅读】

一、社会责任论

1904年普利策在纽约出版的《北美评论》上发表《新闻学院》一文，明确提出了报业的社会责任问题。这标志着西方新闻界在自由新闻职业道德的基础上，增加了媒介承担社会责任的道德要求。① 社会责任论是一种对自由主义新闻理论的修正，它不再过分强调自由而是更多呼吁媒介承担一定的社会责任。社会责任论是由美国“新闻自由委员会”在1947年出版的《一个自由而负责的新闻界》报告中正式提出的，其主要观点如下：作为具有很强公共性的媒介，应对社会和公

---

① 黄瑚、张大伟：《新闻职业道德建设的观念与实践》，《甘肃社会科学》2006年第6期。

众承担一定的责任和义务；真实、客观、全面地报道事件，并能很好地编辑，体现前后关联性；对于正反观点都应该呈现；要承担起教育社会、宣传文化、化解矛盾的责任。社会责任论过分寄希望于媒介的自律，因此在执行过程中效果并不理想。尤其是在互联网出现后，每个网民都是信息源，同时也是信息的传播者，对传播内容规范和管控的难度更是日益增大。

在新闻传播中，虚假新闻屡禁不止。虚假新闻的传播可能会导致整个社会的道德失范，甚至歪曲整个社会的道德走向。因为网民人数众多，素质参差不齐，而且某一信息在网络上大量传播时，网民很可能出于从众心理，不加辨别地参与信息的传播。勒庞在《乌合之众》中描写到，群体的特征是极容易被煽动和左右的，如果网络媒体对消息不加辨别就发布出来，很容易将网民的情绪引入极端的境地。

网络媒体在舆论引导方面的力量日益强大。很多舆论热点都是从网络上发起，传统媒体继续跟进报道，并且和网络媒体相互配合。网络媒体在舆论方面强大的引导作用有利也有弊。有利的一方面在于在某些关于揭露社会阴暗面的事件上，强大的舆论可以推动事件的解决。例如近年的网络反腐，正是由于有了互联网的曝光和网络舆论力量的推动，才使得相关部门快速有效地对违法违规官员进行处理。但有时网络舆论错误的引导很可能也会导致虚假新闻的传播泛滥，例如“上海逃饭女”事件。事件发生在春节前后，整个社会对该事件的讨论最终集中在城乡差距和农村落后的现状上，导致相当一部分人对农村的认知出现偏差，甚至在不了解农村的情况下就对农村生活以及农村出来的学子表示排斥，而忽略了改革开放和新农村建设后我国农村的现状已发生了巨大变化，贫穷落后的地方已越来越少，大部分农村地区其实并没有该事件中描述的那样可怕。这样虚假新闻的传播并不利于社会的稳定。

作为媒体从业人员，包括微博、微信公众号等自媒体运营者们，应该时刻将社会责任放在心里，严格遵守新闻纪律和职业规范。

二、美国新闻界关于防止虚假新闻的规定

美国职业新闻记者协会（SPJ）在1996年9月制定的《职业伦理规范》中指出了新闻真实性的重要性：“新闻记者的职责就是通过追求真实，提供关于事件和问题的全面公平的叙述，达到启蒙公众的目的。”记者的首要职责是追求真实并加以报道，并且“应该忠实、公正和勇敢地搜集报道和转述信息”。在报道时，要“检验来自所有来源的信息的准确性，小心避免无意的错误。绝不允许故意扭曲”，

“确保标题、导读和其他突出处理的材料、照片、音像、图表、声音和引语都没有错误表达”。

美国密苏里大学新闻学院院长沃尔特·威廉斯于1908年为新闻学院学生制定的《报人守则》指出：“凡与报纸所刊载文章有关的人，就其全部职责而言，均为公众所信赖的人。因此，不为公众服务而仅为私利驱使者，均为背信弃义之徒。”“新闻记者，只需写出心目中认为真实的事物。”

【思考与讨论】

1. 作为普通网民，你认为在日常生活中浏览网络信息时该如何做到从自身做起杜绝假新闻的传播？

2. 请从新闻职业伦理与道德规范角度谈一谈记者在进行新闻采访和报道时该如何做到客观公正？

案例5　中国互联网反黄运动

——净化网络环境的大胆尝试

【案例概述】

根据中国互联网络信息中心的统计，目前全世界色情网站至少有70万个，而且以每天200至300个的速度在递增。1999年之前，在国内的网站中，由于网络尚未完全开放，因此罕见“黄”色。“反黄斗士”王吉鹏说，当时中国的网站在国际上被称为“绿岛”，但随着互联网的发展普及，这片“绿岛”很快也被染上了“黄”色。网络色情逐渐侵染了中国的互联网环境，成为一个刺眼的黄色污点，因此很多人在网上发出清剿网络色情、净化网络环境的呼吁。

王吉鹏，渤海大学网络传播学教师，从1999年开始研究色情网站问题，发表了多篇批评网络色情的文章，被称为“反黄斗士”“国内民间网络反黄第一人”。王吉鹏的反黄始于一个朋友的电话。朋友说他从13岁女儿的手机里发现了十多条淫秽色情短信。面对父亲的震惊，孩子却很淡定地交代说有两条是同学之间互相传递的，剩下七八条都是从网上下载的，而且很多同学都从网上下载类似的短信玩。“孩子是这个社会的底线，救救孩子吧。”王吉鹏坐不住了，他曾在网上发出这样的感慨。

根据王吉鹏的研究，2003年色情信息已在互联网上无孔不入，泛滥成灾。色情网站的经营者通过超链接等技术结成了一个无形的网络，这张大网背后是不容他人触动的商业暴利。

真正意义上的色情网站出现在2000年末2001年初，到2003年已经进入成熟发展期，那时基本上每天都会新增三四家或更多数量的黄色网站。之后，短信代收费和网上银行的出现变相刺激了色情交易。

2002年至2004年是色情网站的“活跃期”，网站经营者的经营手法更为娴熟，色情内容在网站上存在的形式多种多样，例如一个色情网站里包含三级片、淫秽图片、色情小说以及黄色短信等内容。国内的网页上开始大量充斥“一夜情”“寻找情人”等诱惑性文字，甚至一些主流网站也未能幸免于黄色浪潮的冲击。

2003年6月中旬，王吉鹏在博客中国网站上发出了中国网络民间反黄“第一枪”——题为《一个公民的质问：谁应该为网络色情现状负责?》的文章，但在当时并没有引起多大反响。不过之后随着文章的转发量增高，影响力逐渐扩大，新华网、人民网、南方网等多家主流新闻网站纷纷转发，关于反网络色情的话题在网上逐渐热了起来。“博客中国”由此率先发起“中国互联网‘反黄’运动”，在网上设置了色情网站的投诉电话和专题评论区，得到众多网友的支持和声援。

互联网反黄运动开始后，几家主要门户网站都做出相应改版，其中最明显的莫过于某知名门户的短信网页从原来90多页删减为30多页；而另一家则在某些内容上加注“18岁以下未成年人士禁止订阅”的字样。

作为我国知名的网络运营商，中国移动下令整改旗下各大门户的“短信联盟”，中国联通也给各分支机构发函要求禁绝色情内容。6月末，政府相关部门开始对各个移动数据业务提供商施加压力并召开内部会议探讨解决问题；7月初，“短信联盟”业务终止；8月，各移动数据业务提供商暂停一系列代收费业务3个月。

然而，这些改变并没有让王吉鹏欣慰多久，因为最早支持网络反黄的博客中国网站遭到了长达六天的不间断攻击，网站长时间陷于瘫痪状态。事实上，仅靠个人力量或单个网站来净化网络环境远远不够，网络反黄任重而道远。

【案例分析】

这场轰轰烈烈的互联网反黄运动过后，网络环境似乎在一定程度上得到了净化。但实际上直到今日，网络色情依旧如同鬼魅般存在于互联网的各个角落，只是存在形式与以前相比发生了变化。如今的网络色情信息比之前更加隐蔽，虽然不见了原来的短信定制，也没有了聊天室中的色情交友方式，但在网民上网过程中，总是可以见到弹跳出来的色情视频窗口，在网络小说中更有大量色情小说可供选择。网络色情仿佛“野火烧不尽，春风吹又生”。打击网络色情，是一项长期而又艰巨的使命，不仅需要网友们自觉抵制和举报，更需要国家与媒介组织从制度层面做出努力。

一、色情信息的传播违反相关法律法规

1997年5月20日国务院修订并颁布《中华人民共和国计算机信息网络国际互联网管理暂行规定》，其中第十三条规定：“从事国际联网业务的单位和个人，应当遵守国家有关法律、行政法规，严格执行安全保密制度，不得利用国际互联网从事危害国家安全、泄露国家秘密等违法犯罪活动，不得制作、查阅、复制和传播妨碍社会治安的信息和淫秽色情等信息。”在1997年发布、2011年修订的《计算机信息网络国际联网安全保护管理办法》中，总则的第五条规定，“任何单位和个人不得利用国际联网制作、复制、查阅和传播下列信息：宣扬封建迷信、淫秽、色情、赌博、暴力、凶杀、恐怖，教唆犯罪的”，违反者由公安机关给予警告，有违法所得的，没收违法所得，对个人可以并处5000元以下的罚款，对单位可以并处1.5万元以下的罚款；情节严重的，并可以给予6个月以内停止联网、停机整顿的处罚，必要时可以建议原发证、审批机构吊销经营许可证或者取消联网资格；构成违反治安管理行为的，依照治安管理处罚法的规定处罚；构成犯罪的，依法追究刑事责任。

目前我国对“淫秽”和“色情”的认定标准主要依据《中华人民共和国刑法》第六章第九节第三百六十七条规定：“本法所称淫秽物品，是指具体描绘性行为或者露骨宣扬色情的诲淫性的书刊、影片、录像带、录音带、图片及其他淫秽物品。有关人体生理、医学知识的科学著作不是淫秽物品。包含有色情内容的有艺术价值的文学、艺术作品不视为淫秽物品。”在1997年3月八届全国人大五次会议上修订的新《刑法》中的第六章第九节规定了“制作、贩卖、传播淫秽物品罪”，从第三百六十三条到第三百六十七条的五个条款中分别规定了五项罪名：制作、复制、出版、贩卖、传播淫秽物品牟利罪，为他人提供书号出版淫秽书刊罪，传播淫秽物品罪，组织播放淫秽音像制品罪，组织淫秽表演罪。

2000年12月28日第九届全国人大常委会第十九次会议通过的《全国人民代表大会常务委员会关于维护互联网安全的决定》明确指出，“在互联网上建立淫秽网站、网页，提供淫秽站点链接服务，或者传播淫秽书刊、影片、音像、图片”等行为，如构成犯罪，应依照刑法有关规定追究刑事责任。2000年9月20日国务院常务会议通过的《互联网信息服务管理办法》规定，“互联网信息服务提供者不得制作、复制、发布、传播含有下列内容的信息：散布淫秽、色情、赌博、暴力、凶杀、恐怖或者教唆犯罪的”，如有以上行为，构成犯罪的，依法追究刑事责任；尚不构成犯罪的，由公安机关、国家安全机关依照《中华人民共和国治安管理处罚条例》《计算机信息网络国际联网安全保护管理办法》等有关法律、行政法规的规定予以处罚。

二、传播低俗内容违反新闻工作者职业道德准则

1991 年 1 月中华全国新闻工作者协会第四届理事会第一次全体会议通过的《中国新闻工作者职业道德准则》写道："新闻不得宣扬色情、凶杀、暴力、愚昧、迷信及其他格调低劣、有害人们身心健康的内容。" 2009 年 11 月 9 日中华全国新闻工作者协会第七届理事会第二次全体会议修订了《中国新闻工作者职业道德准则》，其中指出新闻工作者要"宣传科学理论、传播先进文化、塑造美好心灵、弘扬社会正气，增强社会责任感，坚决抵制格调低俗、有害人们身心健康的内容"。

恩格斯曾说："每一个阶级，甚至每一个行业，都各有各的道德。"新闻媒体在社会中所处的地位较为特殊，代表着广大人民的根本利益，要为人民的利益奔走疾呼，因此更要坚守自己的职业道德。美国新闻学者约翰·赫尔顿也认为，"在新闻领域里，没有哪个问题比新闻道德问题更重要……事实上，如果新闻工作一旦丧失道德价值，就会失去任何存在的理由"。

在互联网反黄运动中，即使是各大门户网站也需要借机清理污秽。网络媒体把关人在选择内容时应当考虑到新闻工作者应该恪守的职业道德准则。网络媒体机构既是内容的传播者，也是传播内容的把关人，他们的价值观念与衡量标准直接决定网民们接触到的信息质量。然而面对色情信息，部分网络媒体的把关者不仅没有将其扼杀在摇篮里，反而为了流量和利益进行广泛传播，严重丧失了新闻从业者应遵循的职业道德规范。

三、反黄运动对色情信息泛滥起到一定的遏制作用

在市场经济的大潮中，在经济利益的诱惑下，很多网络媒体为了最大程度获得点击率和流量，一味降低自己的底线，甚至故意利用人性的弱点、盲目迎合受众的低级趣味，发布、传播五花八门的色情信息，将媒体本应承担的社会责任抛诸脑后。

美国社会学家拉扎斯菲尔德说，作为一种强大的工具，大众媒介可以为善服务，也可以为恶服务；而总的来说，如果不加适当地控制，它为恶的可能性更大。网络媒介作为新兴媒体，具有全球性和即时性的特点，与传统媒体相比，对其进行管控的难度更大。网络媒体自身就是企业，获取利润自然是企业的重要目标。尤其在以网络为平台的新媒体发展起来之后，市场竞争逐渐激烈，为了提高经济效益有些媒体不择手段。通过在网页上增加色情信息来提升点击率，进而引来更多广告商投资，也成了不良网络媒体敛取不义之财的惯常手段。

面对经济利益的诱惑，一些网络媒体丧失了职业道德，没有承担应有的社会

责任。因此仅仅靠道德自律是不够的，还需要靠外界力量的管控。互联网反黄运动在一定程度上遏制了中国互联网色情信息泛滥的势头，净化了互联网环境。同时，这种反黄运动也给想要利用互联网传播色情信息进行非法牟利的传播主体以警戒，对今天的互联网发展具有一定的积极意义。

【延伸阅读】

一、黄色新闻

在我国，淫秽、色情物品习惯上被通称为黄色物品、黄色出版物，并且受到严格禁止；在新闻业，“黄色新闻”经常被当作色情新闻的代名词。“黄色新闻”这一概念最早出现在美国新闻界，指的是19世纪末20世纪初美国出现的一种大量运用煽情主义的浅层次感官刺激手法，集中渲染、夸大报道耸人听闻的色情、暴力、犯罪、天灾人祸等新闻事件，旨在吸引受众目光和赚取高额利润的一种新闻样式。

美国的“黄色新闻”源于两位美国新闻报业大亨约瑟夫·普利策和威廉·赫斯特的竞争。两位报业大亨都利用煽情刺激的报道方式扩大自己报刊的知名度和购买量。普利策被称为“黄色新闻之父”。普利策《纽约世界报》的连环画专栏的中心人物是一个“黄色幼童”。专栏中的“黄色幼童”以玩世不恭之态将读者带到各种滑稽有趣的场景之中，用漫画的方式针砭时弊、娱乐读者，因此《纽约世界报》销量大增。赫斯特为了击败普利策，不惜重金将该漫画专栏画家挖到自己的《纽约新闻报》中，一时间“黄色幼童”成为这两份报纸的象征。《黄色幼童》栏目被挖走后，普利策在愤怒之下又聘请画家继续在《纽约世界报》上继续开设《黄色幼童》专栏，后被赫斯特告上法庭。《纽约客》的著名记者华德曼将两份报纸的报道风格称为“黄色新闻”。这个称呼很快就被大众接受，并且一直沿用至今。

二、木子美与网络色情信息

谈到网络色情，恐怕大多数人都能够想起网络红人“木子美”。她的走红不仅让人们对网络色情有了直观的感受，而且还使得博客为更多人所知晓。“木子美”一个人就曾险些让博客网站的服务器瘫痪，着实造成了一场不小的“冲击波”。

2003年下半年“木子美”在中文网络走红，搜索引擎的相关搜索量暴涨。木子美，原名李丽，广东人，1978年12月出生，成名前是广州某杂志性栏目编辑。2003年6月19日起，木子美开始在网上公开自己的性爱日记。8月份，她在成名作《遗情书》中描述了自己与广州某著名摇滚乐手的“一夜情”故事。在日记中她直呼该乐手的真实姓名，并且以白描的手法再现她与这名乐手做爱时的大量细节。同年 11 月 11 日，三大门户网站同时转载《新快报》关于木子美的系列报道和访谈，木子美由此走红。网友对她或鄙夷或推崇，但是无论怎么评价她，她由此成为网络上备受关注的人物是确定无疑了。

百度“木子美”的搜索量当天达到 117318 次，高居搜索量排名之首。四天后，这一关键词的搜索量达到 173822 次。而木子美个人日记的托管网站博客中国访问量一夜之间突破 10 万，网友们对这位以“下半身写作”而著称的网络写手及那些刺激性内容充满好奇与观看的欲望。

【思考与讨论】

1. 随着互联网技术的进一步发展，色情信息的存在方式变得更加多样化。在浏览网页时，随时映入眼帘的弹跳窗口、抖动文字等成为网友们挥之不去的梦魇，鼠标无意中的点击更会造成尴尬。除了媒体网站的负责人要履行自身职责进行严格把关外，政府应该从哪几方面来对网络上的色情信息进行监管？

2. 受到互联网色情毒害最严重的是青少年群体。为了保护青少年一代免受危害，社会和家庭分别应当从哪些方面入手来保护青少年群体？

案例6　“艳照门”事件

——网络淫秽色情信息的失控传播

【案例概述】

2008年1月27日凌晨，一个名叫“奇拿”的网友在天涯社区发布了一系列关于香港演员陈冠希和一些女艺人之间的私密自拍照和其他图片，这些照片在短时间内迅速传播开来。1月28日凌晨，网上又流传出两张床上照，大胆程度令人咋舌，照片涉及陈冠希、钟欣桐和陈文媛。1月29日，有关张柏芝的裸照也被曝光，网上网下讨论立刻炸开了锅。到2月9日止，不雅照不断流传出来，总共多达400余张，涉及钟欣桐、陈文媛、杨永晴、张柏芝、陈思慧、颜颖思、陈育嫣七位女星。这就是当时震惊娱乐圈的“艳照门”事件。

2月11日，涉事女星钟欣桐事后首次露面，公开回应“艳照门”事件并表达自己的悔恨之情。2月12日，钟欣桐复工引起媒体骚乱，并在网络上引发不小风波。“艳照门”事件步步升级，变得一发不可收拾。

在各方舆论压力下，艳照门的男主角陈冠希于2008年2月21日下午3时在香港九龙湾展贸中心举行记者会，向公众解释不雅照事件相关事宜。他在声明中承认网络上流传的床上裸露照片多出自他手，向在该事件中受到伤害的女艺人和其家人以及香港市民道歉，并同时宣布将永久退出香港娱乐圈。

在“艳照门”事件发生后，警方立刻介入调查，最终查出不雅照片流出的原因——有人在维修陈冠希的计算机时窃取了相关内容并传播开来。随后警方逮捕了8名嫌疑人。2008年2月20日，北京市公安局发表声明称，向他人赠阅“艳照门”图片系违法行为；如果是通过网络打包传播，且数量在200张以上，赠与人将被追究刑事责任。北京网络新闻信息评议会随即也召开会议，批评百度网对相关照片的大肆传播，并责令其向社会道歉。此后全国各地警方开始对网络上的“艳照门”图片进行全面清查，并关闭刊登这些照片的网页。

“艳照门”事件一经爆出，首先轰动的就是整个娱乐圈，这些艳照的流出对这些演艺人员的隐私造成了严重侵犯，尤其对涉事的女艺人造成巨大的物质和精神损害。钟欣桐因为此事件，往昔清纯的形象荡然无存，发展前景变得黯淡；而另一位女艺人张柏芝因为受该事件的影响，家庭关系遭到了不可弥补的伤害。

此外，这些艳照在网上的散播引来众多人关注，其中包括大量青少年。“艳照门”事件发生后，香港某报纸进行了一次问卷调查，结果显示多达四成香港中小学生接触过相关的不雅照片，其中近半数是在朋友及同学间互相传阅，更有一些人进行了收藏。对于这些正处于世界观、价值观形成时期的青少年来说，这一事件对他们造成的负面影响难以估计。

【案例分析】

一、传播淫秽色情信息系违法行为

《中华人民共和国刑法》第三百六十四条明确了“传播淫秽物品罪”和“组织播放淫秽音像制品罪”的相关问题：传播淫秽的书刊、影片、音像、图片或者其他淫秽物品，情节严重的，处二年以下有期徒刑、拘役或者管制。此外，该法第三百六十七条对“淫秽物品”的范围进行了界定：淫秽物品是指具体描绘性行为或者露骨宣扬色情的诲淫性的书刊、影片、录像带、录音带、图片及其他淫秽物品。有关人体生理、医学知识的科学著作不是淫秽物品。包含有色情内容的有艺术价值的文学、艺术作品不视为淫秽物品。

在“艳照门”事件中所流传的大部分照片是陈冠希与女艺人的床照，他们裸体摆出各种不雅姿势，大胆程度震惊众人。毫无疑问，这些照片既非科普读物又非有艺术价值的文学、艺术作品，而属于《中华人民共和国刑法》所规定的淫秽物品。无论是最初的照片散布者“奇拿”，抑或充当了传播平台的各大互联网内容服务提供商，还是争相窥视传阅的网民，都在一定程度上是这场传播淫秽物品之“奇观”的助推者。

2004 年 9 月，我国最高人民法院、最高人民检察院联合发布了《关于办理利用互联网、移动通讯终端、声讯台制作、复制、出版、贩卖、传播淫秽电子信息刑事案件具体应用法律若干问题的解释》，其中制定了具体的有关“淫秽电子信息”的定罪量刑标准。如以牟利为目的，利用互联网、移动通讯终端制作、复制、出版、贩卖、传播淫秽电影、表演、动画等视频文件二十个以上的；制作、复制、出版、贩卖、传播淫秽音频文件一百个以上的；制作、复制、出版、贩卖、传播淫秽电子刊物、图片、文章、短信息等二百件以上的；制作、复制、出版、贩卖、传播淫秽电子信息，实际被点击数达到一万次以上的；造成严重后果的，均依照刑法第三百六十三条第一款的规定，以制作、复制、出版、贩卖、传播淫秽物品牟利罪定罪处罚。该司法解释是目前我国以《刑法》制裁网络淫秽色情信息最重要的具体法律依据。

无独有偶，在“艳照门”事件过去七年后，2015年7月14日，网络上热传一条关于服饰品牌优衣库的视频信息，内容竟然是一对青年男女在商场试衣间的性爱场面，尺度比起“艳照门”则是有过之而无不及。随后，题为“三里屯优衣库试衣间爱爱”的消息在微信朋友圈里广泛流传，并迅速登上微博热搜榜，点击量和转发量巨大。后来警方介入调查，查出该淫秽视频中的两名当事人是于2015年4月中旬在该试衣间内发生的性行为并用手机拍摄了视频，随后在传递给微信好友时流出并被上传至互联网。孙某某因将淫秽视频上传新浪微博被刑事拘留，另外3人因传播淫秽信息被行政拘留。

二、艺人的隐私权遭受侵犯

“艳照门”事件是侵犯他人网络隐私权的典型案例。1890年，美国学者沃伦和布兰迪斯在《哈佛法学评论》上发表《论隐私权》一文，首次提出隐私权这一法律概念——不受干涉或免于侵害的独处的权利。此后隐私权作为一种重要的法律权利得到关注。在我国，2009年颁布的《中华人民共和国侵权责任法》中，隐私权作为民事权利首次被法律所规定。《侵权责任法》第二条规定，侵害民事权益，应当依照本法承担侵权责任，其中“民事权益”包括“隐私权”。

隐私权作为公民的一项基本权利，是指自然人享有的私人生活安宁与私人信息秘密依法受到保护，不被他人非法侵扰、知悉、收集、利用和公开的一种人格权，而且权利主体对他人在何种程度上可以介入自己的私生活，对自己的隐私是否向他人公开以及公开的人群范围和程度等具有决定权。网络隐私权是隐私权在网络空间的延伸，与公共利益和群体利益无关，关涉公民个人私生活安宁不受他人非法干扰，私人信息保密不受他人非法收集、刺探和公开等方面。

在“艳照门”事件中，尽管演艺人员作为公众人物应当让渡部分隐私权，但是这种让渡并不意味着他们的隐私权完全被剥夺。美国学者戈夫曼在他的情境决定论中将人的行为区分为“前台”和“后台”，前台是可以被观众看到并且可以使观众获得积极意义的部分，后台是表演者不愿让观众看到、禁止局外人涉足的部分。前后台有着明显的界限，不同的场域有着不同的规则和要求。[①] 艺人也有自己的前后台，除非自愿，否则他们的后台行为同样不应受到公众的窥视和打扰。

正如陈冠希在记者会上所说，这些照片大部分的确是他所拍，但是这些都是非常隐私的，他从来没想过把这些照片向别人展示。他表示，这些照片是非法从他那里偷窃的，并没有经过其本人同意就被流传了出去。毫无疑问，在“艳照门”事件中，那些窃取照片的人在网上恶意传播，将本属于娱乐明星们的私人生活、私人空间在网络上进行曝光，显然已构成对他人隐私权的侵犯。照片的上传者以及作为传播平台的相关网站，均侵犯了陈冠希和当事女艺人的隐私权。

个人和社会既对立又统一。社会是由一个个独立的个体所组成的，传播社会信息必定要涉及个人信息，如果把所有个人信息都封起来，几乎等于取消新闻传播活动；但是如果将个体的一切都暴露无遗，既是不必要的，也是不人道的。艺人作为公众人物，他们的隐私权只是在公共利益和公众合理的兴趣范围内才受到限制，因而他们并非无时无地都不享有隐私权。在与公共利益无关的事情上，艺人的私生活隐私同样应该受到法律保护。

三、网络媒体社会责任缺失

互联网进入中国后，网络媒体过分迎合部分受众的低俗化品位，在追逐商业利益的道路上“狂飙突进”，而把应承担的社会责任远远抛诸脑后。

20世纪40年代，美国新闻自由委员会出版《一个自由而负责的新闻界》一书，标志着传媒社会责任理论的诞生。其主要原则有：大众传播具有很强的公共性，因而媒介机构必须对社会和公众承担、履行一定的责任和义务；媒介必须在现存法律和制度的范围内进行自我约束；受众有权要求媒介从事高品位的传播活动，这种干预是正当的。该理论提出的背景之一是，当时美国私有媒介的传播内容在营利动机的驱使下，越来越有浅薄化、刺激化、煽情化的倾向。

在2008年北京市网络新闻信息评议会召开的第一次会议上，与会者强烈谴责百度借“艳照门”事件发酵之际肆意传播色情乃至淫秽照片的行为，要求该网站就其在“艳照门”事件中的表现向社会公开道歉，并建议有关部门对网络色情与不良信息网站进行严查。

与之相关的是，大批网站在这次事件中借传播不雅照片赚取了大量注意力和

---

① ［美］欧文·戈夫曼，黄爱华、冯钢译：《日常生活中的自我呈现》，浙江人民出版社1989年版，第102—134页。

点击量，进而获得巨额利益。其中天涯社区会员以“香港讨论”的名义传播相关不雅内容，几日内点击量超过3000万，回帖数超过17万，成为该网络社区成立以来讨论最热烈的一个帖子；大量提供音视频服务的网站、博客、播客和点对点网络同样成为该事件的主要传播渠道，只要是与事件中人物有联系的互联网内容，当时的访问量全都节节攀升。

从2008年1月28日开始，随着网络论坛不断爆出陈冠希与女艺人的不雅照，各大门户网站也纷纷开始重点报道相关信息，开设主题页面，吸引受众点击。百度娱乐和新浪、网易等这些有较大受众群的网站对“艳照门”的专题报道内容中，包含了大量转载的艳照、相关艺人及其周围人士的八卦信息甚至是引导性臆想，尽显低俗化格调。在互联网时代，尤其是在市场经济浪潮的利益驱动下，网络媒介越来越偏向于对低俗趣味的推崇。回顾“艳照门”事件的信息传播过程，作为掌握互联网技术的网络媒体，看似迎合了民主社会的信息公开原则，但实质上却是对自身社会责任的置之不顾。众多网络媒体不仅没有在第一时间发挥信息“把关”的作用，反而利用事件大做文章来提升点击率，从而使得“艳照”出现在网络中的数量越来越多，严重刺激了事态的恶化，最终造成巨大不良影响。

同样，在2015年发生的“优衣库试衣间不雅视频”事件中，互联网内容服务提供商也没有扮演好“把关人”的角色，使不堪入目的淫秽色情信息在网络上大肆传播，从而引发了一场突破法律和道德底线的风波。该事件的后果之一是国家互联网信息办公室约谈新浪、腾讯公司的负责人，责令其切实履行好平台管理责任，积极配合有关部门开展调查。在上述两起信息传播失范事件中，没有把好关的网络内容服务提供商需要承担造成失序后果的不可推卸的责任。

【延伸阅读】

一、媒介素养

在“艳照门”事件中，除了网络媒介的推波助澜外，促成事件影响扩大的还有道德及行为失范的网民。在百度当时对网民的一项调查中，关于“你现在对‘艳照门’事件的态度”这个问题，超过50%的网民表示“期待更新更大的猛料出现”。网民的集体窥视和疯狂传阅行为深刻折射出该群体媒介素养的缺失。

关于媒介素养，英国学者大卫·布金汉姆将其定义为社会成员“使用和解读媒介信息所需要的知识、技巧和能力”①。美国学者詹姆斯·波特说，个人对媒介影响的控制和消解能力就是媒介素养。② 从这些定义中不难看出，媒介素养关注的是信息时代不同群体和个人的信息处理和传播能力问题。这种能力主要包含以下六个方面：（1）媒介技术的基础能力，即接触和使用媒介手段或设备的能力；（2）媒介信息的识读能力（对各种信息文本的阅读和理解能力）；（3）媒介信息查询收集能力（快速有效地获取所需信息的能力）；（4）媒介信息的选择能力（在信息洪水中选取有价值信息的能力）；（5）对信息内容的质疑批判能力（包括对各种信源的动机、目的、背景的了解以及对媒介信息生产过程中各种因素的分析能力）；（6）信息的加工制作和发布能力（作为传播者的基本能力）。

网民在“艳照门”事件中媒介素养薄弱主要体现在以下两点：一是对不雅照片的疯狂追逐，反映出网民们对媒介信息认知选择能力的不足，以及缺少质疑批判能力；二是对这些低俗信息不仅观看，甚至还积极地评论、加工、传播，这是对媒介的不当使用，是对媒介信息丧失理性地顺从。而在 2015 年的“优衣库不雅视频”事件中，网民对该事件的看法比事件本身更令人吃惊。许多人在网上求链接视频，一些留言与评论更是低俗露骨。不以淫秽为耻，反而抱着猎奇与狂欢的心态去追逐这样的视频，暴露了网民价值追求上的低级趣味倾向，由此不难窥见其背后的道德滑坡与媒介素养缺失。

发达的网络文明需要与此相适应的现代公民媒介素养。媒介系统越发达、言论表达越畅通，也就越需要公民媒介素质的跟进。每位网民不仅要自律、守法，严格遵循道德规范与法律规定，而且要能够合理认知媒介所发布的信息内容，用批判的眼光去审视，保持理性，努力避免危害社会和他人的网络行为。

二、关于“淫秽”“色情”出版物的具体认定

我国现行有效的确定“淫秽”“色情”出版物含义的法律文件最早是国家新闻出版署于 1988 年发布的《关于认定淫秽及色情出版物的暂行规定》。该规定对淫秽出版物、色情出版物及其范围做了较为详细的规定。

淫秽出版物是指在整体上宣扬淫秽行为，具有下列内容之一，挑动人们的性欲，足以导致普通人腐化堕落，而又没有艺术价值或者科学价值的出版物：（一）淫亵性地描写具体性行为、性交及其心理感受；（二）公然宣扬色情淫荡形象；（三）淫

① David Buckingham, *Media Education,* Cambridge: Polity Press in Association with Blackwell Publishing Ltd, 2003, p. 36.

② W. James Potter, *Media Literacy,* Thousand Oaks(CA): Sage Publication, 2001, p. 260.

亵性地描述或者传授性技巧；（四）具体描写乱伦、强奸或者其他性犯罪的手段、过程或者细节，足以诱发犯罪的；（五）具体描写少年儿童的性行为；（六）淫亵性地具体描写同性恋的性行为或者其他性变态行为，或者具体描写与性变态有关的暴力、虐待、侮辱行为；（七）其他令普通人不能容忍的对性行为的淫亵性描写。

色情出版物是指在整体上不是淫秽的，但其中一部分有上述（一）至（七）项规定的内容，对普通人特别是未成年人的身心健康有毒害，且缺乏艺术价值或者科学价值的出版物。

【思考与讨论】

1. 当前直播网站不雅视频事件层出不穷，斗鱼TV、熊猫TV、战旗TV等平台屡因主播大尺度直播而被推上风口浪尖。女主播在镜头前换衣服、裸露隐私部位等行为在这些网站中司空见惯，更有一位网名叫“放荡不羁123”的女主播在斗鱼TV直播一男一女做不雅行为的画面。

你如何看待相关视频网站直播低俗化内容这一现象？

2. 若要整改网络传播色情内容问题，网络媒介可从哪些方面推出何种有效措施？

案例7　南京富二代杀妻案

——犯罪新闻报道的伦理问题

【案例概述】

2013年4月25日，南京市建邺区西堤国际小区一期13栋发生一起恶性家暴事件。丈夫吉某某凌晨回家，浑身酒气，怀疑妻子祁某某与他人有染，二人发生争执。最终，吉某某持菜刀、水果刀狂砍以及捅刺妻子头、胸、背和四肢等多部位共20余刀，祁某某当场死亡。而他们的女儿来到这个世界仅110余天。

据悉，吉家家境殷实，在南京有四处房产，总资产达两三千万元。吉某某是一位80后，座驾是一辆兰博基尼，家中还有宝马、保时捷等名车。一时间，“南京富二代杀妻”登上网络热搜榜，震惊全国。事发后民警到达现场，吉某某当即被带走。2013年5月9日，犯罪嫌疑人吉某某因涉嫌故意杀人罪被当地司法部门批准逮捕。2013年11月4日，南京市中级人民法院开庭审理此案。

2014年4月18日，法院做出宣判：经审理查明，2012年5月8日，被告人吉某某与被害人祁某某登记结婚，婚后3个月，吉某某怀疑妻子与他人有染，两人产生矛盾，并数次争执。2013年4月24日晚，与朋友聚会饮酒时，吉某某听闻朋友讲述祁某某与他人有染之事。次日早晨6时许，吉某某酒后回到家，就饮酒期间听朋友叙述之事与妻子发生争执，争执中吉某某先后持菜刀、水果刀对妻子头、胸、背以及四肢等部位砍击和捅刺数十下，致妻子当场死亡。法院认为，被告人吉某某的行为已构成故意杀人罪。

最终，法院判决如下：被告人吉某某犯故意杀人罪，判处死刑，缓期二年执行，剥夺政治权利终身；对其限制减刑。

该事件发生后，由于其本身性质恶劣，加之被冠以“80后富二代砍死90后娇妻”“拜金”“留下仅100天小宝宝”等敏感字眼，迅速吸引社会目光，刺激大众神经，引发广泛关注和评论。案件发生的当天下午，新浪微博账号“南京微吧”就率先曝出了这条消息，引来多人评论和转发。随后当事人的微博“@小Q_ lady”被网友“人肉”出来，被害人祁某某的整容照、夫妻二人的结婚照、恩爱照全被公之于众，甚至充满血腥的被害者被砍遗照（无马赛克）亦在网络流传开来。关于该案件的话题“南京富二代杀妻”在 4 月 25 日、26 日连续上榜微博热门话题前十；在 27 日，该话题讨论人数甚至超过了话题“雅安大地震头七祈福专区”而位居榜首，实时讨论人数达到 35966421 人。

纵观该事件的整个传播过程，一些网络媒体为了博人眼球而进行恶意渲染，歪曲事实，单纯追求传播效果，给受害人及其家属带来严重负面影响，并造成媒体公信力进一步下降。同时，大量血腥暴力内容被广泛传播，“面目全非”“灭妻”“疯砍”等字眼成为吸引网友注意力的噱头，一些看起来血肉模糊的图片对受众尤其是青少年的心理以及社会的道德风气造成严重冲击。

【案例分析】

一、血腥暴力内容冲击道德底线

从根本上讲，伦理是以人为本、拥有慈悲之心。自媒体作为当下大众了解信息的重要平台和渠道，其对恶性暴力犯罪事件内容的取舍体现着自媒体的价值判断和伦理选择。作为社会新闻的一部分，包括凶杀在内的暴力事件在一定程度上可以满足受众的知情权，但若以血淋淋的细节来展现暴力实施的后果，其实只是满足了一小部分人的猎奇欲望和不良情趣，对具有理性与正当趣味的受众来说，实际上是被迫去感受这些细节。

在该事件的网络传播过程中，受害者祁某某被砍得面目全非的多幅血腥照片流传广泛。虽然这些图片在当时吸引了眼球、赚取了流量，但是它对公众和当事人家属造成的情绪阴影和心理创伤却持久存在，亦是对死者尊严的极大亵渎。“南京富二代杀妻”事件发生不久，受害人祁某某的受伤情况曝光图就在微博传播开来，其中仅以“祁某某遗照”为关键词就可搜出 102 张血腥图片，很多血腥图片的转发量均有上百条，甚至有网友表示自己因为被血腥图片吓到而转发。

在微博平台上，直接展现犯罪新闻的暴力血腥图片、视频成为微博主增加粉丝数量的手段之一。但是另一方面，这些血腥暴力信息会加重受众的心理负担。血腥、暴力画面与影像，更多的是给受众感官刺激而非理性思考，当具体的新闻事件随着时间的推移慢慢变得模糊时，那些关于令人心惊肉跳的照片的记忆可能久久挥之不去。

犯罪新闻使用图片尽量规避暴力血腥与隐私，是基本的传播伦理底线。把一个人、一个家庭或一个群体正在遭受的伤害或已经遭受的痛苦暴露在众目睽睽之下是极其残忍的做法，这对受害人和其家属来说无异于“二次伤害”。不管是生者还是死者都有尊严，都需要人们怀着平等之心对待。随意在微博中曝光甚至传播凶杀现场、尸体、血迹等信息内容，是缺乏人文关怀、缺乏对生命的尊重和对不幸者的怜悯的表现。

从社会角度来讲，更严重的后果还在于这些血腥暴力内容对社会道德风气的影响。社会结构是建立在道德基础之上的，一旦道德风气被潜移默化地败坏，整个社会结构都会遭受动荡，影响的也许不止一代人。详细展示人与人之间的暴力、血腥图景，会引起人心理上的强烈不适，也可能会引发效仿行为；传播人对动物的虐待行为与场景同样违背伦理道德。黑龙江萝北县女子虐猫事件、研究生虐猫事件、时髦女郎踩猫事件等一系列虐待动物行为，均是通过网络将那些残忍暴力的细节与血腥的图片一一公布出来的。这样的信息已经超出了普通人的心理承受能力，有人看完后失声痛哭甚至呕吐。

在这个人人都有麦克风的时代，每位自媒体使用者均应尽量不发布和传播详细描述或特写血腥暴力场面的文字、图片及视频，如斗殴、杀人、支离破碎的尸体、虐待动物等；若无法避免，要做遮挡或模糊处理，以降低残忍画面给受众及相关当事人带来的心理创伤。

二、信息过分曝光侵犯当事人隐私权

隐私是个人与社会公共生活无关的且不愿为他人知悉或者受他人干扰的事项。隐私权是指自然人享有的私人生活安宁与私人信息秘密依法受到保护，不被他人非法侵扰、知悉、收集、利用和公开的一种人格权，并且权利主体对他人在何种程度上可以介入自己的私生活、对自己是否向他人公开隐私以及公开的范围和程度等具有决定权。

中国现行法律对公民的人身、人格尊严、家庭、住宅等最基本的隐私事项予以保护，明文规定禁止擅自公布和宣扬他人隐私。2001 年 3 月公布并开始施行的《最高人民法院关于确定民事侵权精神损害赔偿责任若干问题的解释》在操作层面上将隐私权置于全面保护之下，并规定死者隐私也受法律保护。

而互联网环境下的“人肉搜索”却使社会中公民拥有的隐私逐渐消失。自 2001 年猫扑网发生“陈自瑶”事件以来，人肉搜索在我国已经有十余年的历史。人肉搜索作为公民行使言论自由和信息自由的手段，充分发挥了社会监督和信息共享的作用，但同时，其负面效益也愈发突显，尤其是给个人隐私的保护带来新的挑战。

在本案例中，无论是犯罪嫌疑人吉某某还是被害人祁某某，他们都是因偶发事件受到公众关注的普通人。仅仅几天的时间，他们的详细个人信息就统统被网友扒出来晒到微博上，不仅有二人的真实姓名、家庭住址、身份证号、成长背景、家庭财产状况，而且祁某某的个人社交账号也被公布，她的高中生活圈、平时生活状态、结婚视频、恩爱照等全部暴露在大众面前，甚至连他们三个月大的宝宝也未能幸免，未打马赛克的照片在网上流传。

一名叫“悉尼的游子”的新浪微博网友这样爆料：“只能确定两点，女的的确整过形，男的的确比较丑。男的富二代没文化，高中都没上，女的职业学校的，私生活混乱……”另外还有网友曝出吉父的名字，称吉家在南京有四处房产，资产达两三千万元；吉某某本人有一辆黑色保时捷卡曼和一辆兰博基尼LP570，并是南京FSC超跑俱乐部成员。

从法律角度来看，网友的这些做法明显侵犯了当事人的隐私权。虽然吉某某触犯了法律，但是在不妨碍公共利益的前提下，他依然享有基本的人格权利，这其中就包括隐私权。在人们以正义之名对抗恶性事件时，如何避免使所谓“正义”演变成新的“暴力”，如何在法律和道德的框架范围内行事，是自媒体时代每个网民都应该深思的问题。对于死者祁某某而言，不仅几乎没有尊严的遗照被曝光，就连生前的互联网私生活领域也被入侵，还被传当过坐台小姐，可以说隐私权以及名誉权均遭到侵犯；她的家人的安宁生活和隐私信息也一并受到侵犯，被迫承担着巨大的心理压力和创伤。

三、“舆论审判”妨碍司法独立

对事件、人物进行鉴别，给他们命名、下定义，用符号化的关键词语来代表其所属的整个群体的特征，这种做法被称为“贴标签”。犯罪新闻的标签化容易向大众传递刻板印象，进而引起舆论审判，不利于司法独立。自媒体时代，每个人都拥有在公共空间的话语权，仇官仇富的情绪极易被激发，犯罪新闻的舆论审判现象更为严重。

在这起案例中，自媒体对“富二代”“嫩模”“拜金”“杀妻”“超跑会员”等标签词语的运用“游刃有余”，很容易让信息的接受者在真正了解真相之前就已经形成关于该事件的心理预设：80后丈夫暴戾不畏法、90后妻子贪钱嫁入豪门。有了这样的假设前提，自媒体的舆论审判就不难理解了。

“舆论审判”是媒介审判在信息传播领域的扩展。“媒介审判”一词源于美国的司法实践，指新闻报道在法庭审判前就对案件或涉案的当事人做过多的描述或渲染，从而影响陪审团的投票，间接干预、影响审判的独立和公正。我国学者魏永征认为，媒介审判是指新闻媒介超越司法程序抢先对案件做出判断，对涉案人员做出定性、定罪、量刑以及胜诉或败诉的结论。[①] 这是媒介超越司法程序对报道对象所做的一种先在性的审判预设，会对司法活动造成干扰。

2013 年 11 月 4 日，南京市中级人民法院开庭审理此案。一位叫“小小小小小晶儿”的网友在微博上说道：“今天开庭了，关注很久了，吉星鹏必须判死刑，天理难容，手段残忍，可怜他的孩子，看不下去了，开庭满口胡话，一直翻供，一点悔过之心都没有，这种人真该天打雷劈，以为用 50 多万就能判轻？就能赎罪？家里有钱就可以胡作非为吗？一定要为小祁讨公道，太愤怒了我！”

在该案中，舆论呈一边倒态势，甚至无法容忍理性、客观分析案件的专业人士意见。11 月 5 日下午，浙江偕正律师事务所的新浪认证账号转发了一则消息“南京杀妻富二代吉星鹏当庭翻供：老婆祁可欣先拿刀”，继而对该案件评论道：“对于因婚姻家庭、邻里纠纷等民间矛盾激化引发的案件，因被害方的过错行为引起的案件，案发后真诚悔罪并积极赔偿被害人损失的案件，应当慎用死刑。”这随即便招来群情激奋的网友的抗议，如“@孝爱万年”说：“杀人总是要偿命的！”“@切幕爱”说：“这律师是吃屎长大的吗？还是收了凶手家好处费了？信口雌黄！从哪里看出来是被害人的过错行为引起的？”许多网友表示吉某某应被判死刑，并用“屠夫”“杀手”“杀人狂魔”“罪大恶极”等词来形容他。

在这个自媒体普遍发声的时代，每个人都可能成为推动“舆论审判”的力量。“舆论审判”是网络媒介暴力的进一步升级，不仅会给当事人带来可能有失偏颇的舆论伤害，还会严重干扰司法独立和公正，是一种越权行为。比如在 2011 年药家鑫案的司法审判过程中，网络上对药家鑫的舆论审判也在进行，“药家鑫不死，天理难容”的呼声一浪高过一浪。在“万人皆曰可杀”的舆论环境下，药家鑫最终被判处死刑，于 2011 年 6 月 7 日在西安被执行死刑。在案件进入司法程序后，网上的舆论并不会成为法官判案的根据，但这并不意味着通过自媒体传递出的“民意”对案件审判毫无影响。一些网民对法律一知半解，不清楚诸如无罪推定、疑罪从无、罪由法定等基本法律原则，往往出于道德义愤而讨伐尚未定罪的犯罪嫌疑人，这样的行为着实让人不敢恭维。“舆论审判”不但侵犯了被告人的基本人身

---

① 魏永征：《新闻传播法教程》（第二版），中国人民大学出版社 2006 年版，第 134 页。

权利及其他合法权益，而且影响司法独立和公正。

【延伸阅读】

一、灾难新闻与图片伦理

我们发现，当我们目击到最坏的事情的时候，照相机并不能成为保护我们的屏蔽，正好相反，那些影像会深深地烙在我们的心里，就像它们会清晰地呈现在胶片上一样。

——格雷格·马林诺维奇（摄影记者，南非）

多数人都同意这样的观点，即报道关于他人的苦难是可以接受的，但关键要看如何报道。在任何天灾人祸的场景中，死亡、苦难、伤残的真实景象本身就是残酷的，我们必须承认，无论对受难者本人及其家属来说，还是对受众而言，呈现悲剧难免会带有侵犯性。灾难新闻报道固然可以使人们对灾祸保持警惕，并启发人们思考生命的真谛，但同时它也因充斥着视觉暴力而带来伦理争议。

美国媒体《波特兰人》摄影记者/图片编辑班加明·巴克林在中国讲课时曾遇到“奇怪”的现象：他把搜集到的“9·11”事件照片罗列出来，要同学们选出两张作为新闻图片刊登在报纸上。所有的同学在选择了飞机摧毁世贸中心的全景照片后，都不约而同地选择了一张有人从楼上掉下来的照片。然而实际上，当时在美国，所有的报社都没有选择这样一张图片刊登在报纸上。“因为这张图片让人感到实在太过残忍，刺激性太强，如果刊登出去将有失伦理道德。”班加明解释道。

另外一幅比较著名的照片是一个躺在科威特城外路边的已被烧焦的伊拉克士兵尸体。这幅照片向人们展示了战争的残酷性，后来成为海湾战争的一个象征。当初有不少家报社收到了这幅照片，但是它们都没有刊登出来，因为图片编辑们判别恐怖影像是否发表的通行标准之一是“早餐准则”——是否让读者在吃早饭时觉得恶心。

与文字相比，图片具有无与伦比的冲击力。英国广播公司BBC向其记者和编辑提供了具体的建议，告诉他们哪一类照片可以刊登，而哪一类照片却要避免：

我们不想过多地纠缠在画面细节（用文字或者照片）上而引起不必要的痛苦。对于电视而言，我们不应该过多地在痛苦和受难的景象上拖延时间，我们应尽量把镜头缩短，而把拍摄角度放大。我们不能把受害者血淋淋的镜头放大，而应该把镜头从受害者身上挪开以显示尊重。如果我们不得不在与受害者亲属接触之前就把死者或者伤者清晰可辨的照片发表出来，那么我们需要对可能由此引起的痛苦格外小心谨慎。[①]

如果没有道德感的融入，那么对于灾难的报道就可能沦为一种视觉暴力，同时也是对那些遭受痛苦之人的人性的无视。英国学者卡伦·桑德斯认为，有关灾难的报道并不仅仅是提供一些基本的事实资料，更重要的是要通过报道在受众和遭受苦难的人之间建立一条感情的纽带，也就是同情。[②] 而在新闻报道中涉及个人隐私，不负责任地讽刺歪曲他人，或者剥夺他人尊严等做法，会使人们觉得传播者不择手段、肆无忌惮。这也是为什么受众会对伤痕累累的肉体、悲恸的母亲或者成堆的尸体的图像感到不舒服的原因之一。

二、犯罪新闻对青少年的负面影响

报道犯罪新闻是一种维护社会秩序的手段，其目的是提高公众警惕，惩恶扬善，向人们展示社会规范。但是，在如今传统媒体与新兴媒体并驾齐驱、众声喧哗的传播环境下，犯罪新闻的呈现也带来了一系列负面影响，不仅对成人如此，对于涉世未深、自控能力差、易受影响的未成年人更是如此。

犯罪新闻中的暴力内容至少对青少年产生三种不同层次的影响，分别是情绪影响、认知影响和行为影响。媒体上犯罪新闻出现频次高的话，会使青少年产生社会是暴力的感觉，这种认知的长期效果是促使他们对暴力的容忍，原来所认定的反对暴力的观念开始淡化，并可能会认为暴力是解决问题的有效手段。这种对社会行为规范和社会角色的认知偏差会对青少年的社会化带来不可估量的负面影响。更为严重的是，犯罪新闻对暴力行为细节的过度"曝光"，对青少年来说有时还会起到强示范作用，使他们在潜移默化中观察、模仿犯罪新闻中所呈现的暴力行径，甚至可能会由此走上犯罪的道路。

美国心理学会多年的研究成果表明，媒体暴力影响青少年并诱发犯罪的过程是一步步进行和深入的。第一步，犯罪新闻描绘出一个危险的社会，媒体对凶杀暴力的过分渲染与过度报道，使青少年对社会的真实面目产生错觉；第二步，犯罪新闻的泛滥使得青少年对暴力习以为常、麻木不仁，使他们对暴力的态度从开始的恐惧、憎恶转变到默认和接纳，对暴力受害者也缺乏最起码的同情；第三步，青少年对暴力的性质产生错误认识，报道中的罪犯形象甚至会激起他们的英雄崇拜心理；第四步，累积了以上错误观念之后，青少年会出现使用暴力的冲动，他

---

① See BBC News and Current Affairs: *Stylebook and Editorial Guide*, London: BBC, 1995, p. 12.

② ［英］卡伦·桑德斯，洪伟、高蕊、钟文倩译：《道德与新闻》，复旦大学出版社 2007 年版，第 144 页。

们在实际生活中对犯罪新闻中暴力行为的仿效将会直接导致违法犯罪。

针对相关问题，《中华人民共和国未成年人保护法》第三十四条规定：禁止任何组织、个人制作或者向未成年人出售、出租或者以其他方式传播淫秽、暴力、凶杀、恐怖、赌博等毒害未成年人的图书、报刊、音像制品、电子出版物以及网络信息等。《出版管理条例》第二十六条规定：以未成年人为对象的出版物不得含有诱发未成年人模仿违反社会公德的行为和非法犯罪的行为的内容，不得含有恐怖、残酷等妨害未成年人身心健康的内容。

出于对犯罪新闻可能给青少年带来负面影响的担忧，西方国家在这方面也做出了相关限制性规定。《统一德国广播电视州际协定》指出，广播电视不得向未成年人播放描写刺激种族仇恨或者对人类残忍的非人性的暴力行为，以及描写方法上有赞美或肯定上述暴力行为的内容；不得播出以非人性手法损害人的尊严的内容。《美国全国广播家协会电视规范》规定：暴力，无论是肉体上的还是心理上的，不能恣意利用；避免过分渲染无故行凶和教唆性行为；无故使用暴力，以及通过画面或音响详尽地描绘残暴行为或肉体痛苦，都是不被许可的；在描绘争斗时，如节目主要是为儿童编制的，应慎重加以处理。《日本民间广播电视联盟广播电视基准》规定，面向青少年的节目，在使用堕落行为，残忍、阴惨等场面时，应考虑到不可过度刺激、伤害受众的精神；表现武力和暴力时，必须考虑到对青少年的影响。

【思考与讨论】

1. 美国法学家查尔斯·弗里德说："没有隐私权，我们就失去了人之为人的完整性。"在新媒体时代，人们的隐私权保护愈加困难，为什么？隐私的复杂性表现在哪些方面？

2. 什么是新闻报道的"二次伤害"？在新媒体时代，自媒体使用者应如何避免对他人造成"二次伤害"？

3. 处理表达自由与司法独立之间的关系应坚持什么样的原则？

案例 8　一个馒头引发的血案

——网络恶搞之滥觞

【案例概述】

2005 年 12 月 18 日，在上海从事录音作曲及音响器材销售工作的青年胡戈和朋友一起到徐家汇玩。这天他们在美罗城的柯达超级电影世界看了正在上映的电影《无极》。走出电影院后，胡戈有种上当受骗的感觉。在他看来，这部号称斥资 3.4 亿元打造的魔幻大片，徒有宏大场面、奇观异景、华丽服饰，而影片最关键的情节部分却空虚而荒谬，让人倍感失望，并认为该电影不值 80 元的票价。

当天回到家中，胡戈上网把自己看电影的感想发表在了自己的论坛空间。在文章里，他认为陈凯歌把《无极》导得还可以，但是剧本不合格，有问题。因此他就想按自己对这个电影的想法，搞个好玩点的片子，让大家哈哈乐一把。

于是他使用影片《无极》的镜头，自己配音，做成了一个以中央电视台《中国法治报道》节目形式串联起来的犯罪新闻报道。这段不到 20 分钟的视频短片重新剪辑、拼接了《无极》中的场景和人物，演绎了一个发生在当代“圆环套圆环”娱乐城的命案侦破过程。在模特兼妻子张倾城面前，娱乐城王总经理被杀，城管小队长真田成为嫌疑人。谈判专家陈满神找到了真正的嫌疑人张昆仑，但奉命前来抓捕张昆仑的郎警官却和张产生了惺惺相惜的感情。随后是一场充满 RAP 情绪的法庭审判，案件目击证人谢无欢出场，真正的犯罪嫌疑人张昆仑投案自首。事情逐渐变得真相大白，一切源于二十年前张倾城骗取了谢无欢的馒头，谢无欢怀恨在心，于是处心积虑导演了这场争端。最终，谢无欢被杀死，张倾城和张昆仑幸福地生活在了一起。

昆仑、倾城、光明、无欢、满神等一系列由导演陈凯歌创造出来的、充满象征意义的神话角色，在这个短片中已经变得“面目全非”，他们成了卷入杀人案件的凶手、模特、娱乐城总经理、城管小队长、谈判专家以及插播广告中逃命牌运动鞋、满神牌啫喱水的代言人。此外，还有一位一本正经的节目主持人，以不紧不慢、故弄玄虚的语气剖析"案情"的来龙去脉，令人忍俊不禁。

2005年12月31日，胡戈将短片《一个馒头引发的血案》通过网络传给了几个要好的朋友，并将其发布在了自己的论坛空间里。2006年1月初，这部充满搞怪、调侃意味的视频在互联网上迅速蹿红，人们争相观看评论，其知名度和网络搜索排名甚至超过了原片《无极》，胡戈也一夜成名。

但是不久，拥有《无极》音像版权的中影集团和盛凯影视文化公司委托律师事务所处理胡戈侵权一事，认为胡戈的行为侵犯了《无极》著作权人的相关权利。2月12日，导演陈凯歌在柏林参加电影节间隙接受记者采访，他怒斥胡戈无耻，表示要起诉胡戈，将问题解决到底。

法律专家们就胡戈的行为是否侵权争论不休，而在互联网上，网民们则掀起了支持胡戈的运动，大家纷纷表态声援胡戈、谴责陈凯歌。在新浪和搜狐的网络调查中，支持胡戈的比例分别达到了93.08%和84.07%。天涯社区的网友甚至发起了"万人签名，支持胡戈"活动，很快这个帖子就达到了相当高的点击量。网民的言论和观点基本呈现一边倒态势——倒陈拥胡。胡戈被网友们视为"草根英雄"，甚至有些网友表示如果陈凯歌真的在法庭上赢了，胡戈被判赔款的话，愿意捐款支持胡戈。这一事件逐渐演变为网民与陈凯歌之间的矛盾。

在面临被起诉的境遇之下，胡戈本人则在接受媒体采访时主动向《无极》制片方和陈凯歌导演表达了歉意，声称自己没有恶意，希望对方不要起诉自己，并将自己发布的视频主动撤下。陈凯歌方面后来的沉默使该事件逐渐降温，最终起诉《一个馒头引发的血案》作者胡戈一事不了了之，留给大众的更多的是对恶搞这一文化形式的思考。

【案例分析】

一、恶搞短片侵犯他人著作权

著作权是指公民、法人依照法律规定对于自己的科学或文学、艺术等作品所享有的专有权利，是知识产权的重要组成部分。[①]《中华人民共和国著作权法》第二条规定，中国公民、法人或者其他组织的作品，不论是否发表，依照本法享有著作权。

著作权包括人身权和财产权两方面。据我国《著作权法》第十条规定，著作

① 魏永征：《新闻传播法教程》（第二版），中国人民大学出版社2006年版，第327页。

权中的人身权，又称精神权利，包括发表权、署名权、修改权和保护作品完整权共4项；财产权包括复制权、改编权、汇编权和信息网络传播权等13项权利。同时，该法第十五条规定，电影作品和以类似摄制电影的方法创作的作品的著作权由制片者享有，但编剧、导演、摄影、作词、作曲等作者享有署名权。所以电影《无极》的制片方中国电影集团公司和二十一世纪盛凯影视文化公司是这部影片真正的著作权人，享有著作权，陈凯歌作为导演和编剧享有署名权。

法律规定，保护作品完整权是指保护作品不受歪曲、篡改的权利，有时也称同一性保持权或作品尊重权。胡戈制作的短片《一个馒头引发的血案》对原作品《无极》进行了切割，使影片原本的主题、情节和人物设置分崩离析、支离破碎，侵犯了权利人的保护作品完整权。

值得注意的一点是，《著作权法》还规定，为评论某个作品而适当引用原作品构成合理使用，即若恶搞作品只是对原作品的一种评论并引用适当，且作品创造性地表达了新思想而与原作品无思想内容上的联系时，应该也作为一种作品受到保护。这里的前提是恶搞人对作品的"适当使用""适当评论"，不得恶意扩大。然而《一个馒头引发的血案》整部片长近20分钟，却有约17分钟的内容原封不动地照搬影片《无极》的镜头片段，占比高达80%，已经超出了适当引用的范围，无法构成合理使用。

在著作权的财产权方面，复制权即以印刷、复印、拓印、录音、录像、翻录、翻拍等方式将作品制作一份或多份的权利；改编权即改编作品，创作出具有独特性的新作品的权利；汇编权即将作品或者作品的片段通过选择或者编排，汇集成新作品的权利；信息网络传播权即以有线或者无线方式向公众提供作品，使公众可以在其个人选定的时间和地点获得作品的权利。

短片《一个馒头引发的血案》中的大部分镜头都来源于电影《无极》，这种不经著作权人许可而大量剪辑使用原电影作品镜头画面的行为，是对著作权人复制权的侵犯，是典型的违法复制。胡戈虽未复制《无极》全部，但复制了构成影片实质部分的片段，并通过配音、拼接等手段做了改编，而且还将这一个个独立片段连同央视节目画面、上海马戏团演出录像、爱因斯坦的照片以及一些歌曲片段等进行汇编，由此产生新作品《一个馒头引发的血案》。在制作完成后，胡将《一个馒头引发的血案》传到互联网上，这意味着《无极》的片段可以被公众在其个人选定的时间和地点获得。所以胡戈的行为侵犯了《无极》著作权人的复制、改编、汇编以及信息网络传播权。

二、恶搞无度挑战道德底线

道德是以善恶评价为标准，依靠社会舆论、传统习俗和人的内心信念的力量来调整人们之间相互关系的行为规范的总和。它通过确立一定的善恶标准与行为准则，来约束人们的相互关系和个人行为，调节社会关系，并与法律一起对社会生活的正常秩序起保障作用。网络恶搞并非没有底线，除了不能突破法律底线外，还要谨遵道德底线。

作家周国平曾说："一个人可以不信神，但不可以不相信神圣。倘若不相信人世间有任何神圣价值，百无禁忌，为所欲为，那这样的人就与禽兽无异了。"① 古今中外，任何一个良性运转的社会或心态健康的民族，总有几个不能被亵渎的伟大人物，总有几座不能被戏说的历史丰碑，总会坚守着一些不可移易的道德原则。是非善恶的标准是不能任意混淆的，每个人心中也都有一条道德的红线。

然而，恶搞的泛化、无度化却正在越过这道底线，甚至出现了一些卑劣恶搞现象。一是针对红色经典的恶搞，如恶搞短片《铁道游击队之青歌赛总动员》中英勇抗日的铁道游击队员摇身变为满口脏话的参赛选手；在《闪闪的红星之潘冬子参赛记》中，小英雄潘冬子成了一个整日做明星梦、希望挣大钱的"富家子弟"，作品思想低下、语言恶俗。二是针对英雄人物的恶搞，如将雷锋的死因恶搞为帮人帮太多而累死的；董存瑞为新中国舍身炸碉堡而牺牲被恶搞为手里的炸药包涂了双面胶，董存瑞无法甩脱而被炸死；黄继光堵枪眼那是因为不小心摔到了枪眼上，等等。三是针对法定标志的恶搞，如将2008年北京奥运会五福娃的标志恶搞成葫芦兄弟、超级女声、圣斗士等多种版本。

在当下中国，从开国元勋到文学巨匠，从抗金英雄岳飞到万世师表孔子、伟大诗圣杜甫，都曾被荒诞地戏说、恶搞，成为娱乐大众的笑料。这些恶搞作品只图娱乐搞笑或者情绪宣泄，不从实际出发，歪曲和颠覆历史，污蔑与丑化民族英雄、革命先辈，甚至褒扬、美化民族败类及反动分子，起到消解主流意识形态与价值观念、颠倒是非荣辱的作用，造成极坏影响。

同样，2006年2月中旬，陈凯歌就《一个馒头引发的血案》一事接受记者采访时直言，恶搞者根本丧失了最基本的道德底线。这也为恶搞的参与者敲了一记警钟，那就是进行恶搞时不能伤害别人，不能伤害普通大众的情感，不能突破道德底线。

① 周国平：《周国平哲理美文》，广东人民出版社1999版，第287页。

三、泛娱乐化环境下的大众狂欢

这是一个最好的时代，也是一个最坏的时代。不管人们持何种态度，娱乐已经成为当今时代无可争辩的主题词。不知从什么时候起，娱乐已经蔓延、渗透进人们的日常生活，将大家统统包围。美国文化研究学者尼尔·波兹曼曾在《娱乐至死》一书中表达了对娱乐泛化的担忧，他认为人们需对社会与文化保持反思和警醒，避免在不知不觉中陷入娱乐的牢笼，娱乐至死、恶搞至死。

当然，这里的“死”主要是指人类在文化精神上失去活力，逐渐失去思考的能力。波兹曼认为，“有两种方法可以让文化精神枯萎，一种是奥威尔式的——文化成为一个监狱，另一种是赫胥黎式的——文化成为一场滑稽戏”①。在如今科技发达的现代社会，赫胥黎的预言正在逐步变为现实：人们在汪洋如海的信息中变得被动与自私，真理也被埋没于无聊烦琐的世事中；我们的文化成为充满感官刺激、欲望和无规则游戏的庸俗文化。这其实就是娱乐的泛化、无度化所带来的后果。

恶搞作为一场娱乐时代的大众狂欢，不论你的年龄、职业、文化水平如何，只要有一颗娱乐的心，有一种释放压力与情感能量的冲动，就可以参与到恶搞中来，制作、传播或点赞恶搞作品。在网络这个虚拟空间中，一切现实生活中的面具被摘下，诸多等级被废除，人们用无伤大雅的笑话、滑稽的拟仿、戏谑的嘲弄以及随意的拼贴等，来制造狂欢式的笑声。

作为后现代语境下的一场大众狂欢，恶搞文本中大量采用了戏仿、拼贴的手法。《一个馒头引发的血案》就是对影片《无极》的戏仿，它基本沿用了《无极》的画面，但却异想天开地赋予剧中角色以现代身份，这种新旧身份之间的强烈反差、对比就构成了戏剧和狂欢的要素。此外，短片中有大量的场景拼贴，“案情”与“新闻报道”来回切换，并不时插入流行歌曲、广告以及画外音等。通过场景、音乐、语言的转移和交换，《无极》原来的宏大语境已经被彻底剥离和颠覆。

在对权威、经典的解构与颠覆过程中，大众获得了冒犯的、抵抗式的快感，也正是在这种快感的驱动下，恶搞才会在短时间内广受欢迎和追捧，进而掀起一股全民狂欢的浪潮。

四、恶搞背后的网络暴力

“草根”大众在获得了话语权之后，会爆发出惊人而具有威胁性的力量。这种

① ［美］尼尔·波兹曼，章艳译：《娱乐至死》，广西师范大学出版社2004年版，第201页。

话语力量的确有其积极的一面，它代表了广大民意，通过自由观点的激烈争鸣，可在虚拟世界汇集起巨大的民主力量。但当话语权力因滥用而最终变成了话语暴力时，其造成的破坏性也是巨大的。

在网络空间中，受浮躁、无聊心态和群体意识的影响，当无数“哄客”聚集起来，扛起所谓道德与正义的大旗，用漫天的非理性语言夹杂着恶搞来袭；当那种随声附和、不经大脑思考的狂欢式戏谑或谴责成了主流，当狂欢变成一种暴力的时候，那些有效、理智的信息极易被淹没，污秽、非理性的言论会将各个平台变成批评场所，平心静气的说理因不具备刺激神经的爆发力而被忽视。

胡戈的“馒头”与陈凯歌的《无极》之争，从一方面来看是一场被愚弄的群众对无聊大片的一次总清算，让拥有文化资本和商业资本的那些寡头知道中国大众不是那些碎片式的华丽画面加上虚幻的爱情哲理就可以糊弄了的；但另一方面，平心而论，恶搞短片《一个馒头引发的血案》本身并不比《无极》高明到哪去，它的巨大颠覆力量可以说正是广大“哄客”所赋予的，其对影片《无极》的戏仿与解构点燃了大众内心深处的攻击欲望，他们一边倒地支持胡戈、抗衡传统话语霸权，而这股强大的力量最终酿成了一场网络群体暴力。

网民们以多种方式和语言起哄陈凯歌，如喊口号，写长篇大字报，列五宗罪、七宗罪，更有无聊好事者搬出陈凯歌年轻时的半裸照让其出丑。这一切是这位代表文化霸权的精英所始料未及的，他被另一种话语暴政压制了。

这种“多数人的暴力”也体现在恶搞女诗人赵丽华的“梨花体”事件中。2006年8月，已淡出诗坛近两年的女诗人赵丽华早年练习的旧作在网上广泛流传，因有些作品形式相对简明，便被有些网友戏称为“口语诗”。网友以嘲笑的心态仿写了大量的口语诗歌，并封赵丽华为“梨花派”教主，极尽恶搞之能事。

在这次事件中，网络恶搞已突破了文艺批判的界限，升级成为网络暴力。被网友恶搞的作品是赵丽华的实验性写作中比较失败的作品，但是这些作品被迅速放大，让赵丽华和“梨花体”成为被攻击的靶子。在这过程中，网友们表现出来的集体无意识心理，似乎是源于一种瞬时性、跟风性与偶然性情绪的宣泄，而这种缺少独立思考、冷静意识和人文关怀的网络暴力，最终冲破文化情绪的闸门而泛滥不止。

【延伸阅读】

一、恶搞与青年亚文化

从文化角度来看，一个社会的文化除了代表性的主流文化外，还存在着种种亚文化。主流文化是在社会中居主导地位的文化，为社会普遍认同；亚文化是以主流文化为参照的同一共生环境中的不同文化类型，是社会中辅助的、次要的、边缘的文化。主流文化与亚文化都隶属于社会文化的子系统。

恶搞文化以“无厘头”的方式颠覆经典、张扬个性，事实上已经成为一种独特的网络亚文化。由于该文化的生产者多是出生于 20 世纪 70 年代之后的青年一代，所以也可将恶搞文化界定为一种“青年亚文化”。英国伯明翰学派认为，亚文化是与文化主体身处的阶级语境相联系的，青年亚文化产生于社会结构和文化之间的一个特别紧张点，它们可能反对或抵制社会主导的价值和文化。[①] 因此，“抵抗”便成为亚文化的关键词之一。

这种反霸权的抵抗意识形态同样体现在恶搞文化当中。以《一个馒头引发的血案》为例，该恶搞作品的讽刺矛头直指电影《无极》所代表的文化霸权。这部耗时 3 年、投资 3.4 亿人民币，动用了大量人、财、物力的影片，却让观众在走出电影院后大呼上当。这无不折射出娱乐圈的一种怪象：有限的投资涌向几个文化寡头，制作班底动辄以数千万甚至上亿元人民币来打造所谓的中国式大片，而这种资本集权同时也催生了文化霸权。

尽管影片《无极》沿袭了好莱坞式的华丽修辞，却无法赢得公众的基本价值认同。恶搞这种类型的创作正是在模拟、戏仿与反讽的再编码中表达反抗的。《一个馒头引发的血案》以发生在当代“圆环套圆环娱乐城”的血案为母题，批评、颠覆、移置和篡改了原作的语义。

恶搞作品使恶搞者从理性的“现实世界”进入到狂欢的“彼岸世界”。在那里，他们以各种形式的戏仿、滑稽改编、贬低、亵渎或打诨来宣泄情绪、张扬个性，在恶搞的语境中反叛现实、寻求本我的认同。然而，这种亚文化的抵抗主要体现在价值观、时尚、风格等方面，它希望通过得到受众的欢迎与认可来实现所谓的符号民主。一旦回归到现实世界中，无论是对于现实的政治秩序还是经济体制，它所能起的作用都是有限的。恶搞文化所代表的是反抗，但只不过是一种象

---

① ［英］阿雷恩·鲍尔德温等，陶东风等译：《文化研究导论》，高等教育出版社 2004 版，第330 页。

征性与仪式性的抗争。

二、巴赫金的狂欢理论

“狂欢”（carnival）是俄国批评家米哈依尔·巴赫金提出的文化关键词。狂欢理论来源于欧洲中世纪和文艺复兴时期的狂欢节文化，它开创性地从理论层面对狂欢这一历史悠久的文化形态进行了系统研究。

在巴赫金的理论中，狂欢的节日广场文化总是在不断地颠覆等级秩序、消除尊卑对立、破坏严肃统一、瓦解权力威严，让一切的传统中心边缘化。巴赫金将“狂欢式的世界感受”规定为四种范畴：第一是“随便而又亲昵地接触”，人们相互间的距离不再存在，等级制被取消；第二是“插科打诨”，即人的态度、语言、行为等脱离常规，从日常传统规则中解放出来，形成人与人之间相互关系的新形式；第三是“俯就”，即神圣同粗俗、崇高同卑下、伟大同渺小、明智同愚蠢等关系颠倒，界限模糊；第四是“粗鄙”，充满粗俗化的降格，狂欢式的冒渎不敬，对神圣事物的模仿、讥讽。

狂欢是与日常生活相对的文化状态。人们存在于两种世界、两种生活之中：一种是常规的、十分严肃而紧蹙眉头的生活，服从于严格的等级秩序的生活，充满了教条、崇敬、虔诚或恐惧的生活，这是官方的、正统的世界；另一种是广场狂欢式的生活，自由自在的生活，一个与官方世界“完全颠倒的世界”。这里充满了狂欢的笑，充满了对一切神圣物的亵渎和歪曲，充满了不敬和猥亵，充满了同一切人一切事随意不拘的交往。

这第二个世界才是真正的平民大众的世界，这里打破了一切等级关系、规范和禁令，摆脱了神圣、权威和必然，是一种脱离了常轨的生活，在某种程度上是“翻了个的生活”“反面的生活”。① 人们恣情狂欢，从而得到情感的宣泄和人性的释放。

狂欢不是供驻足观赏的，人们身处其中也不是为了表演，它是生活本身的一种现实形式。人人都是参与者，没有人袖手旁观，大家用不拘形式的狂欢语言制造着“与自由有着不可分离的、本质的联系”的笑声。狂欢提供了这样一种可能，即任何人之间可以建立一种大型对话的开放性结构，人们可以将人与人在社会关系中的相互作用转移到精神和理智的高级领域中来。

恶搞便是娱乐时代的大众狂欢。在互联网这个开阔的虚拟广场上，一切现实

---

① ［日］北冈诚司，魏炫译：《巴赫金：对话与狂欢》，河北教育出版社 2002 年版，第 267—268 页。

生活中的面具被摘下，一切等级被废除，人们用滑稽的戏仿、戏谑的嘲弄以及随意的拼贴制造出狂欢式的笑声。

【思考与讨论】

1. 你如何看待当下流行的网络表情包现象？

2. 关于恶搞是不是一种新的批评样式，具不具有存在的合法性，不同的人有以下不同的看法。你怎么看？

姚丹在《〈馒头〉成了“文艺批评”?》中说，“我的立场并不是将《馒头》看作纯粹的文艺批评，它肯定有很多网络文化的因素。但它代表很多人说出了他们对《无极》的观感，从这个角度看，它可以看作一种特殊的文艺批评。”

复旦大学的汪涌豪在《网络恶搞是对批评正当性的滥用》一文中认为：“超出底线的恶搞频频出现并大受追捧，值得人们做进一步的反思。其间，对批评正当性的滥用恐怕是一个重要原因。”他认为，恶搞与真正以理性为依托的批评还是不同的，恶搞大多是一种讽刺和发泄而不是理性的批评。

案例9　中国大妈“讹诈”外国小伙儿事件

——新闻反转现象

【案例概述】

2013年12月3日清晨5点多，由中国国际广播电台主办的中央重点新闻网站“国际在线”发布了一组“老外街头扶摔倒大妈遭讹”的图片。图中大妈一脸痛苦，外国小伙儿一脸无辜。报道称，12月2日，在北京市朝阳区香河园路与左家庄东街路口，一名东北口音女子在经过一个骑车老外旁边时突然摔到，随即瘫软倒地不起。外国小伙儿下车急忙搀扶该女子，却被对方一把揪住。这名女子自称被老外撞到腿部受伤无法行走，需要该老外负责。外国小伙儿大惊失色，却被女子死死拖住，衣服都被撕烂了。最后双方在调解下，外国小伙儿不得不给付1800元“医药费”，女子方才作罢自行离开。

3日7点48分，人民日报官方微博转载了该组图片。随后，这条新闻被广泛传播，一些网络大V也纷纷转载并发表评论，一时间网友纷纷将批评的矛头对准中国大妈，“丢中国人的脸”“中国好演员”“丢人丢到国外”等讽刺性评论大量出现，并呼吁有关部门尽快处理此事。

“好多老家人给我打电话骂我，说我在北京碰瓷!”3日中午，被指“讹诈外国人”的当事人李女士情绪激动，她称不实报道让她压力很大，将追究拍照者的责任。“他必须向我道歉”，李女士表示。原来事发时她正沿斑马线过马路，外国小伙儿骑车闯红灯将其撞倒。因想保护现场而大声呼救，但被该男子不停谩骂。李女士心脏一直不好，被撞倒后心脏病发作，被送往医院，并非故意碰瓷。医院检查认定她软组织损伤，脚腕和肩部受伤。到医院后外籍男子主动给钱私了，“外国小伙儿赔付的1800元主要是急救车费用和医药费”，没想到网上舆论将此事说成中国大妈碰瓷讹诈，李女士对不实报道表示愤慨。

3日上午，南京晨报记者联系到了当事外国小伙儿的中国女友，对方称事发时自己一直跟男友在一起。这位女孩首先承认当时确实碰倒了那名妇女，但由于过马路车速很慢，碰撞并不严重。“当时我男友看到她摔倒了，立刻停住车，跑过去扶她。”外国小伙儿的女友称，这位妇女并不起来，还拽着自己男友不放手，之后的情况跟图片拍摄者的表述基本相同。据介绍，这位外国小伙儿出事后心情一直不好。女孩表示，不希望媒体透露自己和男友的姓名，只希望这件事情能够不影响他的工作和生活。

据了解，这位外国小伙儿名叫卢卡斯，是意大利人，在英国长大，之前曾在北京经营餐馆，来北京已经 6 年。被撞的中年妇女姓李，50 岁，辽宁沈阳人，2008 年到北京，照顾在京上班的女儿。

12 月 3 日 12 点 35 分，新京报网的报道《目击者：“老外扶摔倒大妈遭讹”与事实不符》提供了进一步的细节。记者走访事发地点，采访到两位目击者，证实大妈并非碰瓷。当时老外骑一辆黑色无牌摩托，车上还带有一名女子。其中一名目击者还提供了视频，老外不断用流利的中文骂人。

当天，北京市公安局接到报警后迅速介入调查。3 日 20 点 32 分，北京市公安局的微博“@平安北京”发布了官方调查结果，以下是通报全文：

2013 年 12 月 2 日 10 时 40 分许，110 服务台接群众报警，称左家庄一路口一外籍男子与行人发生纠纷。接报后，民警立即赶赴现场开展工作。

经调查，一中年女子经过人行横道时，被一外籍男子驾驶摩托车撞倒。在现场处理过程中，倒地女子称身体不适，民警立即拨打 120 急救电话将其送往附近医院。经医院检查，该中年女子伤情轻微。双方在医院自行协商解决了赔偿事宜。

警方经现场调查，并调取了监控录像初步查明，该外籍男子无驾驶证，所驾驶摩托车无牌照，在人行横道内将中年女子撞倒。警方于当日依法暂扣了肇事摩托车，其交通违法行为将依法处罚。目前，此案正在进一步工作中。

央视记者也加入到调查事实真相的队伍中。记者了解到，最初发布于“国际在线”上的新闻的作者便是这组图片的拍摄者，当记者找到他时，他坦承撞人的那一刻他并不在场，只是开车途中看到外国男子正在扶倒在地上的中年女子，便停车观看。现场有人告诉他，中年女子是被外国男子撞倒的，从两名当事人的争吵中，他也基本了解了事情的大致情况。那么在拍下照片之后，他为什么要对事实做出“外国小伙儿扶起女子遭讹”的描述呢？他表示，“因为中年女子情绪比较激动，但是有点夸张，再加上之前我看到她平躺在地，至少我看到就有两三分钟了，我是下意识就以为想多要点钱。”

在这位拍摄者的文字说明中还可以看到这样的表述：“双方前往煤炭总医院，

经医生检查，X 光拍摄后诊断该女子并未受伤，女子随即再度瘫软大呼难受。”而实际上，拍摄者并没有跟着一起去医院，是小伙子的女朋友通过电话告诉他的。发布照片的人并没有看到事件的全部，而是凭借自己的主观臆断制造出一则消息，使网民误以为这又是一起做好事被讹的事件。信息的不客观、不真实是这则新闻遭到公众误解的重要原因。12 月 4 日，图片的拍摄者就此事公开道歉。

这名拍摄者是一家图片供应商的签约摄影师。在拍摄完这场纠纷之后，他将图片连同文字一同上传到图片供应商的网站上，供有合约的媒体选用。而对于签约摄影师所上传的图片，这家图片供应商本应进行核实，但图片社显然没有对此事进行核实。就这样，这组图片和文字在当天被多家网络媒体选为头条，直接转载。转载者看中的是由此带来的所谓“轰动效应”，也没有对其真实性进行核实。

12 月 11 日，北京警方对外公布：“外国小伙儿扶摔倒大妈遭讹诈”事件中，当事外籍男子存在未取得机动车驾驶证驾驶二轮轻便摩托车、车辆无号牌、二轮轻便摩托车载人、逆向行驶等交通违法行为。警方已合并给予其行政拘留 7 日并处罚款 1500 元的处罚。此外，警方还查明，该人及其父未经批准在京非法就业，对其依法行政拘留 5 日并处罚款 5000 元人民币，对其父行政拘留 14 日并处罚款 1 万元人民币，处罚后依法遣送出境。

事件发展至此，真相水落石出，网络舆论随即将矛头对准了部分媒体和图片发布者。

【案例分析】

2013 年 12 月 3 日清晨的一篇题为“老外街头扶摔倒大妈遭讹”的新闻引爆网络，然而就在一天内，网络舆论发生 180 度的变化，人们从谴责大妈到谴责外国小伙儿和新闻发布者，新闻反转剧惊奇上演。

一、网络舆论反转事件的三大特点

首先，网络舆论反转事件基本上具有极强的话题性，往往戳中时代热点、紧扣舆论引爆点。这类事件的话题性远远超过事件本身的价值。在本案例中，该事件其实就是一个简单的交通事故，而它之所以能够引爆网络，成为轰动全国的新闻，究其原因在于其极具话题性，紧贴时事热点。就在该事件发生前不久，2013 年 10 月 19 日警方对四川达州 3 名儿童搀扶老太被讹事件以欺诈立案。该事件的影响还未彻底消失，又发生“中国大妈讹诈外国小伙儿事件”，仿佛再次印证了在扶老人事件中“老人普遍贪财”的刻板印象。该事件引发“面对老人该不该扶”

的话题，击中了当下媒介环境和社会环境的热点：这则新闻中有极富标签性与话题性的“中国大妈”，而这一群体在当前社会语境下已被某种程度地污名化了，再加之信息发布者描述时的立场偏见，于是大众便“理所当然”地形成误解、引爆舆论。

其次，信息片面化呈现。网络舆论之所以反转正是因为网民接收到的信息是片面的，是整个事件的一个片段，这个片段可能是真实的也可能是歪曲的，也可能二者兼有。在此次事件中，网民面对的信息仅仅是几张图片和简单的文字描述。图片中呈现的是中国大妈倒地不起和外国小伙儿一脸无辜并且衣服被撕烂的内容；图片的配文将中国大妈描述成碰瓷的人，将外国小伙儿描述成见义勇为的热心青年。这两部分信息结合在一起看似将整个事件完整呈现，并且有图有真相，好像十分具有说服力，然而老外骑车撞倒中年妇女和老外用中文骂中年妇女的情况却没有呈现给公众，恰恰是这种信息的片面化呈现误导了网民。同样，2015 年发生的云南女导游骂游客事件和成都男司机暴打女司机事件之所以发生舆论反转，信息呈现的片面化都起着决定性作用。

最后，网民价值判断的固化。由于媒体的议程设置和信息的不对称，网民在热点事件中会有符号化的倾向，进而使得网民的价值判断固化。在该事件发生前，媒体上关于扶摔倒老人的报道多为负面报道，网民对于摔倒老人存在刻板印象，所以在警方公布调查结果之前多数网民甚至不乏网络名人均认为大妈碰瓷，并通过转发或评论的方式对中国大妈进行谴责。这就是网民价值判断固化的结果。网民对某一群体或事件价值判断固化的现象也多次发生在舆论反转事件中。比如 2015 年云南导游骂游客、2014 年西安手术台自拍事件，网民均是在事件原委还未完全明了的时候就对导游和医生进行猛烈抨击。

二、“全民记者”时代，个别信息素材提供者的素质有待提高

分析造成这次事件舆论反转的原因，不得不提到图片的拍摄者、发布者李某。李某是一家图片供应商的签约摄影师，在拍完这场纠纷后，他将图片连同简要文字一起上传到图片供应商的网站上，供有合约的媒体选用。根据央视记者采访李某的视频资料，李某是有对现场情况进行了解的，而且老外现场爆粗口的时候，李某就在现场。在明知实情的前提下，却把中国大妈描述成一个碰瓷的人，显然李某这么做是有违职业道德的。现今，李某这种工作方式和手段并不罕见，为的就是吸引更多眼球，制造新闻热点。但是在这个过程中难免会出现鱼龙混杂、泥沙俱下的情况，造成新闻失范现象屡有发生。相关部门有必要对网络新闻业进行

规范，对李某这种蓄意制造假新闻的现象予以严惩，明确要求图片、文字、视频均要与实际情况相符。这样才能保证公众获得更多客观、公正、有效的信息。

该事件被广泛传播后，当事人李女士曾对媒体表示“好多老家人打电话骂我”。媒体的报道致使该女士的名誉受到损害，这名摄影师兼发布者涉嫌诽谤。如果作者制作的虚假新闻造成相关公民或法人名誉受到损害，公民或法人有权依法提起诉讼，追究相关人员的责任。我国在保障公民名誉权方面有相应的法律规定，如《中华人民共和国宪法》第三十八条：中华人民共和国公民的人格尊严不受侵犯。禁止用任何方法对公民进行侮辱、诽谤和诬告陷害。《中华人民共和国民法通则》第一百零一条规定，公民、法人享有名誉权，公民的人格尊严受法律保护，禁止用侮辱、诽谤等方式损害公民、法人的名誉。公民的名誉权若受到侵害，有权要求对方停止侵害，恢复名誉，消除影响，赔礼道歉。

在此事件中，李某不仅涉及捏造假新闻，还涉及侵犯李女士的名誉权。随着互联网、移动通信技术的飞速发展和数码产品的普及，人们进入了 Web 3.0 时代，中国的网民数量也在飞速上涨。据中国互联网信息中心 CNNIC 发布的第 43 次《中国互联网络发展状况统计报告》显示，截至 2018 年 12 月，中国网民规模达 8.29 亿，互联网普及率为 59.6%；手机网民规模达 8.17 亿，占比提升至 98.6%。网民个人上网设备进一步向移动互联网端转移。在这个“全民记者”时代，每个人都有成为信息发布者与传播者的可能。但是，“全民记者”分布范围极广、人数众多、构成复杂、素质参差不齐，这些人对于事件判断有很大的差别，在发布与传播信息时关注的是自身的感受或关注度等，在这个过程中缺乏专业的把关，往往会影响新闻的真实性。

三、部分媒体在新闻报道中忽视其自身的社会协调功能

大众传媒的社会协调功能假设社会是一个有机体的存在，社会各部分只有互相协调才能维持社会的正常运转，而大众传播则是执行联系、沟通、协调功能的重要角色。大众传媒在新闻报道中不仅仅要向大众“告知”信息，更重要的是本着促进社会和谐的目的“解释”信息。

在此次事件报道之初，几乎所有媒体都将矛头对准了中年妇女，媒体在进行相应的评论时也对该中年妇女极尽批判之词，并且不断感叹社会风气的败落。且不论事件的真伪，即使中年妇女真的讹诈外国小伙儿，媒体在进行报道和评论的时候也不应如此激烈。媒体在报道此类道德争议事件的时候要做的不是拷问人心、拷问社会道德，而是防止言语的偏激和失衡，防止以偏概全。因为对于此类道德

争议事件进行有主观倾向性的报道会给社会造成一种负面情绪，同时也会使某一类群体被标签化。

网民往往习惯性地把“中国大妈”和“炒金”“广场舞”“讹诈”联系在一起，把“导游”与“购物”“黑心”联系在一起，把“官员”与“腐败”联系在一起……这些标签化现象的出现与媒体在涉及相关事件时的报道方式有关。长此以往，这种主观性的信息导向会固化网民的思维和认知，给受众造成一种摔倒的老人会讹人的刻板偏见，而这在一定程度上也会削弱网民接触真相、独立判断的能力。

网络有其独特的传播方式，本应该成为各种观点与思想相互碰撞的平台。媒体在此过程中需客观呈现事实，对于不确定但又要及时刊登的信息一定要注意措辞，切勿将未知说成已知。从社会角度来说，大量这种具有主观倾向性的报道容易造成不同社会群体之间矛盾的加深，增加社会之中的不信任感。倘若本案例中的事件舆情没有反转，那么最初极具主观性倾向的报道无疑会使人们在扶摔倒老人时有所顾忌。而在与之类似的2014年西安医生手术室自拍事件中，一些网络媒体在没有采访当事人的情况下，仅凭图片就开始抨击当事医生与医院，无疑会使本来就紧张的医患关系雪上加霜。

【延伸阅读】

一、西安医生手术室自拍事件

2014年12月20日上午，有网友在微博发图爆料称，西安一家医院的医生在手术台上自拍。同时该网友还配以文字：“作为一名医护人员我想说难怪医患关系这么紧张，手术同时你们在做什么？拍照留念。如果手术台上是你的父母亲戚你还会这么做吗?”12月20日18点20分，陕西广播电视台《都市快报》栏目官方微博根据该网友爆料，配上图片，发表了针对此事的题为《一说为快》的微博内容。21点49分，《都市快报》栏目又用2分钟时间在电视上对此事进行了报道。从2分钟的新闻视频中可以看到，该栏目并没有对涉事医院和医生进行采访核实。到了21日，微博转发加上电视媒体的报道，该事件迅速成为各大新闻网站的头条，部分新闻客户端单条评论量达到100万以上，公众一边倒地谴责医院和医护人员。然而几天后，舆论反转。首发微博者删除了之前所发图文，留下“息事宁人，对不起大家 ”的微博文字，成千上万人在该微博下留言指责其不顾事件背景、挑拨医患关系。原来，照片是2014年8月15日因手术室即将搬迁，医生在完成一台高难度手术后拍照留念，并且拍照是经过病人及家属同意的。随着事情渐渐明晰，民众开始理解医生的拍照行为。

二、拟态环境

现在通常所说的“拟态环境”是指大众传播营造的信息环境。它并不是现实环境“镜子”式的再现，而是大众传媒通过对事件或信息进行选择、加工、重新加以结构化之后向人们展示的环境。它一方面向人们提供了新的信息，但同时亦制约人的认知和行为，而且通过制约人的认知和行为来对客观的现实环境产生影响。

【思考与讨论】

1. 对于商业图片库来说，是否也要对图片的真伪做出辨别呢？对于图片通讯社的照片，媒体机构在使用时是否应该增加一道核实程序？

2. 网络媒体应该从“大妈讹诈老外”的虚假报道事件中进行哪些反思？

案例10 任志强微博被关事件

——言论自由的边界

【案例概述】

2016年2月26日，国家网信办网站发布消息称，针对少数网络名人无视社会责任，滥用自身影响力，在网上多次发布反对《宪法》所确定的基本原则、损害国家荣誉和利益以及造谣传谣、扰乱社会秩序等违法违规信息的行为，有关网站依法关闭@罗亚蒙、@演员孙海英、@王亚军上海、@荣剑2001、@文山娃、@纪昀、@大鹏看天下等网络大V账号。此外，时任国家网信办发言人姜军表示，据网民举报，任志强微博账号持续公开发布违法信息，影响恶劣，根据《全国人民代表大会常务委员会关于维护互联网安全的决定》《国务院关于授权国家互联网信息办公室负责互联网信息内容管理工作的通知》等法律法规，2月28日，国家网信办责令新浪、腾讯等有关网站依法关闭任志强微博账号。

在微博上拥有3700多万粉丝的任志强经常通过网络、讲座等方式，公开发表坚持资产阶级自由化立场、反对四项基本原则、反对党的改革开放决策的言论，公开与党和政府唱反调，彻底抛弃了作为一名党员的政治觉悟和素养，背离了网络意见领袖所应承担的价值引领责任。比如，对于“八荣八耻”，说“一条都不符合现代的价值”；对于“我们是共产主义接班人”这一教育了几代人的信仰，说被这口号骗了几十年；说“雷锋是一剂麻醉剂”；对于我国国体、政体，在公开场合扬言要“把我们面前的墙推倒”。

2016年2月19日，在习近平总书记主持召开党的新闻舆论工作座谈会后，任志强当晚连续发表“人民政府啥时候改党政府了？花的是党费吗?”“彻底地分为对立的两个阵营了？当所有的媒体有了姓，并且不代表人民的利益时，人民被抛弃到被遗忘的角落了!”等言论，公然把党和人民对立。

2016年2月28日，时任国家网信办发言人姜军发表谈话，称网络空间不是法外之地，任何人不得利用网络传播违法信息。无论是互联网信息服务提供者还是网民，都应增强自律意识和底线意识，依法办网、依法上网，坚守法律法规底线、坚守社会主义制度底线、坚守国家利益底线、坚守公民合法权益底线、坚守社会公共秩序底线、坚守道德风尚底线、坚守信息真实性底线。网络名人、网络大V更要正确运用自身影响力，模范遵守法律法规，自觉承担社会责任，积极传播正能量。

姜军还指出，国家网信办将加大网上信息内容监督管理执法力度。各类网络传播平台要切实履行主体责任，不为违法违规言论提供传播渠道；坚决落实《全国人民代表大会常务委员会关于加强网络信息保护的决定》，严格执行真实身份信息注册制度，决不允许已被关闭账号的用户以“换马甲”等方式改头换面再次注册。

【案例分析】

一般来说，名人比普通人拥有更多的支持者，名人的一言一行会受到更多人的关注，甚至会影响“粉丝”的行为和思想。进入网络社会以后，名人的言论得到了更大范围的传播，其影响力也随之扩大。此次任志强、孙海英等网络大V的微博账号被关事件引发了广泛关注与热议。

一、任志强等人涉嫌公开发布非法言论

互联网不是法外之地，任何国家的言论自由都有一定的边界，一旦超出了这个边界就会受到相应的处罚。这个边界不仅是法律法规所设下的限定，同时也是保护个人言论权利的空间，任何人都无权越过言论自由的法律边界。公民的言论自由权在该边界内得到充分保障，但是如果所发表言论危害到国家安全、超越了个人本应遵循的言论边界，那么势必会给网络治理和其他公民的言论自由带来巨大隐患。毫无疑问，任志强、孙海英等网络大V的言论超出了言论自由的边界，导致其微博账号被关闭，具体涉及如下法律法规：

1.《计算机信息网络国际联网安全保护管理办法》

第五条　任何单位和个人不得利用国际联网制作、复制、查阅和传播下列信息：（一）煽动抗拒、破坏宪法和法律、行政法规实施的；（二）煽动颠覆国家政权，推翻社会主义制度的；（三）煽动分裂国家、破坏国家统一的；（四）煽动民族仇恨、民族歧视，破坏民族团结的；（五）捏造或者歪曲事实，散布谣言，扰乱社会秩序的；（六）宣扬封建迷信、淫秽、色情、赌博、暴力、凶杀、恐怖、教唆犯罪的；（七）公然侮辱他人或者捏造事实诽谤他人的；（八）损害国家机关信誉

的；（九）其他违反宪法和法律、行政法规的。

第十条 互联单位、接入单位及使用计算机信息网络国际联网的法人和其他组织应当履行下列安全保护职责：（七）按照国家有关规定，删除本网络中含有本办法第五条内容的地址、目录或者关闭服务器。

2.《全国人民代表大会常务委员会关于维护互联网安全的决定》

第二条 为了维护国家安全和社会稳定，对有下列行为之一，构成犯罪的，依照刑法有关规定追究刑事责任：（一）利用互联网造谣、诽谤或者发表、传播其他有害信息，煽动颠覆国家政权、推翻社会主义制度，或者煽动分裂国家、破坏国家统一；（三）利用互联网煽动民族仇恨、民族歧视，破坏民族团结。

3.《国务院关于授权国家互联网信息办公室负责互联网信息内容管理工作的通知》

该文件发布于2014年8月28日。原文写道：为促进互联网信息服务健康有序发展，保护公民、法人和其他组织的合法权益，维护国家安全和公共利益，授权重新组建的国家互联网信息办公室负责全国互联网信息内容管理工作，并负责监督管理执法。

无论普通网民还是网络名人，都应依法行使言论自由的权利。依法正确行使言论自由的权利有利于促进民意的畅达和社会的进步，否则，会对社会秩序形成较大冲击和破坏。比如某个大V，只要他敢谩骂，他似乎就拥有超越普通人的权利而享有法外的自由，甚至会被一些人刻意奉为“英雄”；他那些反对社会主义制度、反对政府的言论就会得到某些人、某些力量的刻意追捧。有关部门关闭这样的违规账号，是法律法规赋予的职责，是“依法治网”的一堂生动教育课。

二、网络名人发表言论时应承担更多社会责任

近年来自媒体蓬勃发展，新浪微博、腾讯微博等社交平台的注册用户不断增加。在这个过程中一部分人积累了大量的“粉丝”，成长为“网络意见领袖”，又称网络大V。网络大V指的是在微博上十分活跃、粉丝量在50万以上的公众人物。他们在网络空间具有广泛的影响力，掌握着一定的话语权，其对于某个话题的观点和态度往往会对其追随者产生巨大影响。因此，网络名人能否担负起社会责任、传播正能量就成为值得关注的问题。

网络名人中不乏社会责任强的，他们在推进网络理性思考、建言献策、稳定舆情、强化监督、传播美德等方面发挥着积极作用。比如，针对钓鱼岛事件中个别人的过激行为，多位网络名人发微博进行谴责，呼吁理性；2014年8月诸多网

络名人在自己的微博上接受冰桶挑战，旨在让更多人知道被称为渐冻人的罕见疾病，同时也达到募款帮助治疗的目的。这些例子均体现了网络名人在发表言论时承担社会责任的意义。然而，并不是所有的网络名人都能够在网络传播中承担社会责任。当今网络上有些名人的言论十分恶毒、低俗甚至违背基本的道德法律。例如网络名人在针对社会改革中的一些问题或者具体事件进行讨论时，经常出现在缺乏实在证据与严谨论证情况下对网络中的谣言或不当言论进行二次传播的现象，这样会进一步增加人们辨识网络信息真伪的难度。我们必须清楚地认识到：不可能所有的网络名人都能在网络上传播正能量，但是也绝不允许任何人对社会责任置之不理，肆意妄为。

网络名人的社会责任从宏观来说，就是弘扬中华民族传统美德，为促进社会主义精神文明建设做出贡献。从微观角度来说，那就是要有底线思维，遵守国家法律、法规，不损害他人合法权益；对自己的一言一行负责任，不违法乱纪。这是网络名人承担社会责任最基本的要求。搜狐网原总编辑刘春认为，网络名人首先要坚持不造谣、不传谣的底线。互联网时代，网络名人的影响力要远远超过一个传统媒体，但是这些人不经意的一个信息发布也可能对很多人造成终身伤害，所以不造谣、不传谣是网络名人的第一责任。第二，要谦卑和善，不能丧失理性、善意、建设性的态度。第三，要通过自己的影响力为社会增加更多真善美的东西。

网络名人之所以能够成为网络名人，是众多普通的支持者造就的。如果网络名人不承担社会责任、肆意滥用网络名人的优势乱发言论，那么该网络名人迟早会被大众所“抛弃”。孙海英因出演“革命老英雄石光荣”一角被观众熟悉，出色的演技加上快人快语的风格被观众喜爱，但是孙海英成名后在网络上发表的一些言论不是简单的快人快语，而是没有底线、缺乏基本的社会责任感的体现。与之相反，著名舞蹈家、脱口秀主持人金星虽然也是快人快语，但是仍能够被观众所喜爱，是因为金星无论在节目中还是个人微博上的言论基本上都有理有据，社会责任感极强，能够做到以人为本，从大众的角度出发去考虑问题，尊重大众的基本情感。当今时代，明星不再是稀缺资源，如果网络名人的言论或行为让大众反感，那么其随时有可能被网络时代的大潮所“淹没”。歌手柯以敏在选秀节目《超级女声》上骂选手“滚”之后，网民对于柯以敏的谴责以及《超级女声》节目组迫于舆论压力将柯以敏请下评委席等行为，无不证明网络力量可以成就一个网络名人，也可以“抛弃”一个网络名人。所以，无论是从自身的角度考虑问题还是从社会的角度考虑问题，网络名人都不可忽视社会责任感。

增强网络名人的社会责任感要从内部和外部共同入手。从内部来说，网络名人应做好自身的把关工作，对于自己制作的消息要谨慎核实与发布；另外，还要做好信息传播的把关，不传谣、不造谣，对于不确定的消息谨慎转发，避免自己成为不实消息的核心传播节点。而最根本的，网络名人还要加强自身的道德修养，有底线思维，坚守七条底线，运用合适的方式宣传自己，通过自身的努力来获得大众的拥护。从外部规范来说，首先，网民要积极地监督网络名人，“抛弃”缺乏社会责任感的网络红人。当然网民也要提高自身媒介素养，理性地看待网络名人及其言行。其次，网络平台也要对其平台上的网络名人的言行进行监督。对于网络名人的骂战、低俗炒作、谣言、过激言论等要依据相应的法律法规进行监督与管理，让这些不良信息的传播范围与影响降至最小。

三、任志强的行为违反党规党纪

任志强退休前任华远集团董事长。华远集团是北京市西城区区属国有企业，其领导班子由西城区委组织部任免。任志强身为中国共产党党员，在网络空间中除了应该带头遵守相关的法律法规之外，还应遵守党纪党规。政治纪律对党员的基本要求包括：各级党组织和党员，必须在政治原则、政治立场、政治观点和路线、方针、政策上同党中央保持高度一致。党组织和党员对中央已经做出决定的重大方针和政策问题有不同意见的，在坚决执行的前提下，可以经过一定的组织程序提出，但决不允许自行其是，公开发表与党的路线、方针、政策和决议相反的言论，采取同中央的决定、决议相违背的行动。

任志强在网络上发表的对“八荣八耻”的歪曲解读和“党民对立论”等言论均违背了党的政治纪律。中国共产党并不反对党员对党和政府的工作、方针、路线等提出批评建议，而且也乐于接受批评与建议，但是必须经过一定的组织程序。任志强通过个人微博等途径持续发布不当言论显然是不符合组织程序的。网络空间是一个开放的平台，微博等平台都属于公开媒体，在这些平台上发表的言论是面向大众的，党员要对其言论负责任，要明确什么能做，什么不能做。党员在网络空间上要积极维护党的权威，坚持党的领导，时刻与党中央保持一致，积极拥护国家的大政方针，通过合法合规的程序向党组织提建议。

【延伸阅读】

一、网络名人社会责任论坛

2013 年 8 月 10 日，网络名人社会责任论坛在央视新址举行。论坛对网络名人提出六点希望：网络名人应承担更多社会责任，因为他们在网上的一言一行会影响更多的人；网络名人应自觉维护国家利益，积极发挥凝聚正能量作用，鼓舞更多网民为中华民族伟大复兴做出贡献；网络名人应自觉传播社会主义先进文化，弘扬中华民族美德；网络名人应带头遵守法律和道德规范，努力成为法治和道德的倡导者；网络名人应积极倡导社会诚信，为社会诚信建设做出贡献；网络名人应带头维护公民个人合法权益，自觉抵制一切有损他人名誉和利益的行为。

纪连海、陈里、潘石屹、古永锵、陈彤、周小平、徐世平、齐向东、孙健、胡延平、张国庆、高龙等网络名人在论坛上做了发言，并就承担社会责任、传播正能量、共守“七条底线”达成共识。“七条底线”分别为法律法规底线、社会主义制度底线、国家利益底线、公民合法权益底线、社会公共秩序底线、道德风尚底线和信息真实性底线。

二、造谣、传谣的网络大 V“薛蛮子”

薛蛮子，本名薛必群，天使投资人，曾是在新浪微博上拥有千万粉丝的网络大 V，却因传谣、造谣，大量发布与转发不实信息而被网民识破真面目，最终遭到大众的谴责和抛弃。

为了扩大知名度和影响力，薛蛮子曾有段时间基本上每天发布、转发微博达 80 多条，内容的真伪却无法保证。他在微博中所发布的自来水里含避孕药、舟山人头发里汞超标、南京猪肉铅超标等不实信息，都造成了大量转发，误导了众多网民，并且这些骇人听闻的言论的扩散给当地民众的情绪和相关产业发展都带来了极大的负面影响。此外，薛蛮子还在微博中恶意攻击中、苏人民的革命历史和社会主义制度，曲解共产党领导的人民革命，污蔑、攻击开国领袖毛泽东等，极尽造谣诽谤之能事，破坏网络乃至现实社会的正常秩序。在后来接受记者采访时他坦承：“首先自己没有对事实进行核实，发布、转发了大量道听途说甚至捕风捉影得来的信息；其次没有对解决方法进行建设性探讨，发言流于情绪化。”

由于缺乏必要的监管和自我的放纵，像薛蛮子这样的网络大 V 们在不断的追捧声中，享受着作为网络名人的传播力和影响力，却放弃了网络大 V 应承担的社会责任。殊不知，他们不问事实真相的随手转发、评论，在谣言传播扩散过程中起到了极大的暗示作用，直接造成谣言的裂变式传播，进而带来恶劣影响。2013 年 10 月 10 日，薛蛮子因涉嫌聚众淫乱和寻衅滋事罪被依法批捕。

网络大 V 不是代表个人，而是承载着粉丝的期待和信任来说话，所以他们更应当谨言慎行。面对互联网乱象，网络大 V 们需揽镜自照，积极做网络正能量的传递者和守护者，切莫成为网络谣言的“传声筒”和“扩音器”。因为当谣言甚嚣尘上时，即便是真实的信息也会失去公信力。正如薛蛮子所忏悔的那样：“社会自媒体的每一条言论都要想到肩负的社会责任，如果做了不实的事情，就会产生巨大的传播效应，最后受伤的除了自己的公信力，还有群众的安全感，乃至就业、扶贫等一系列社会经济问题。”“你即使是大V也不高于其他人。每一个公民、每一个人都要尊重法律，遵法守法，不守法的人必被惩罚。”①

【思考与讨论】

1. 有人说：“我们的时代，任志强、孙海英这些‘公知’们越多，误导越多。”你怎么看待这种说法？

2. 2016年《超级女声》海选采取网络直播的形式。3月31日，有网友在微博曝光了两段“超女”海选的视频。

第一段视频中，一名成都的选手自我介绍后，表示声音可能会因重感冒受到影响。话音刚落，坐在评审席中间的柯以敏就打断说：“不要唱了，滚吧。”该选手愣了一下，面露尴尬。柯以敏补充道：“不要一上来就跟我说借口。”第二个视频中，选手因过度紧张，自我介绍时语速过快且发音含混，被柯以敏打断并模仿；并且选手只唱了一句，就被评审按铃淘汰。但该选手并没有马上离开，而是对柯以敏说道：“我觉得你很不尊重人。”并与评委们争论了一番。

如何看待柯以敏“滚”字门事件？对于名人在公开场合的不当言论，有关部门该如何进行规范？

---

① 白阳：《“薛蛮子”被取保候审》，《中国青年报》2014年4月17日。

案例11 “李某某案”中的媒体报道

——网络媒介审判现象

【案例概述】

2013年2月19日，北京市公安局海淀分局接到一位女当事人的报警电话，称2月17日晚其在海淀区一酒吧内与李某某等人喝酒后，被带至一宾馆内轮奸。2013年3月7日，李某某等人因涉嫌轮奸被依法批捕。此后，北京市海淀区人民检察院受理了北京市公安局海淀分局移送审查起诉的李某某等五人涉嫌强奸一案，查明李某某等五人的行为触犯了《中华人民共和国刑法》第二百三十六条第三款第（四）项规定，涉嫌构成强奸罪，且系轮奸。7月8日，北京市海淀区人民检察院依法对李某某等人涉嫌强奸一案向海淀区人民法院提起公诉。在案发后几个月时间里，李某某的律师、李母梦鸽（歌唱家李双江之妻）以及受害人杨某的律师等相关人士在网上大打“口水战”，让案情更加扑朔迷离。

2013年8月28日上午，李某某等人涉嫌强奸一案在海淀区人民法院第17法庭正式开庭审理。此次庭审因涉及未成年人和个人隐私，因此进行了连续两天的不公开审理。9月26日上午，北京市海淀区法院一审宣判：法院以强奸罪分别判处被告人李某某有期徒刑10年；王某（成年人）有期徒刑12年，剥夺政治权利2年；魏某某（兄）有期徒刑4年；张某某有期徒刑3年，缓刑5年；魏某某（弟）有期徒刑3年，缓刑3年。对于判罚结果，坚持为李某某做无罪辩护的李家法律顾问和李母梦鸽决定上诉。11月19日，李某某等五人涉嫌强奸一案在北京市一中院经历了耗时12小时的二审。11月27日，北京市第一中级人民法院宣布：“李某某等五人强奸上诉一案二审裁定驳回上诉人的上诉，维持原判。”

【案例分析】

在“李某某案”的审理过程中，媒体一直在进行大肆宣传和报道，“星二代”“李双江梦鸽之子”“轮奸”等一系列标签化的词汇冲击着社会大众的神经。网络上无论是媒体还是网民，占据压倒性的观点是必须重判当事人，公众言辞激烈的谴责与评论、媒体对李某某负面信息的挖掘和报道，以及李某某代理律师请辞、李母梦鸽要挟受害人等新闻的层出不穷，让本案的舆论风波一波未平一波又起。

一、本案件中存在网络“媒介审判”

“媒介审判”（trial by media）是指新闻媒体逾越法律规定，干预审判独立、影响司法公正的现象，其最突出的特征是“超越司法程序抢先对案情做出判断，对涉案人员做出定性、定罪、量刑以及胜诉或败诉等结论”①。在被视为“媒介审判”的典型案例“张金柱案”中，张金柱临刑前发出哀叹：“我死在你们记者手中。”在“李某某案”中，媒体和网民中占据压倒性的观点是必须重判当事人，加之一些媒体不翔实、夸大或带有明显倾向性的报道，均具有极强的舆论引导效应，这显然已经构成“媒介审判”。

我国法律实行无罪推定原则，《中华人民共和国刑事诉讼法》第十二条明确规定：未经人民法院依法判决，对任何人都不得确定有罪。所以在法院未做判决之前，嫌疑人是无罪的；在全部事实没有被权威披露、法庭没有最后审判之前，不论是对受众来说还是媒体自身，任何结论和评论都是不负责任的，会因“先入为主”而误导受众、激化舆论。在“李某某案”中，被告人在法院判决之前还只是嫌疑人，具体案发事实仍处于调查举证阶段，甚至连起诉都未开始的时候，有不少网民及网络媒体便越俎代庖，直接代替法院冠以李某某“强奸犯”“轮奸犯”等称号。

与此同时，网民与网络媒体还不断发表具有煽动性的帖子、文章来为本案中的“弱者”呐喊。尤其是网友们在微博、论坛等各种平台上发表自己的观点，而在这些观点中占据压倒性的是：李某某必须重判，若不重判，那就是亵渎国法、正义的失败、权势人物一手遮天等。网民和媒体这种缺乏法律意识的行为，极大地煽动了民众情绪，在社会舆论上形成一种强势的审判预设，无疑对司法审理造成了压力。

因此，媒体的报道应该以事实为主，不做主观的、道德层面的判断，避免标签化和“未审先判”，严格按照我国《中国新闻工作者职业道德准则》第六条所规定的，增强法治观念，“维护司法尊严，依法做好案件报道，不干预依法进行的司法审判活动，在法庭判决前不做定性、定罪的报道和评论”。

① 魏永征：《新闻传播法教程》（第二版），中国人民大学出版社2006年版，第134页。

二、部分报道违反《未成年人保护法》并侵犯当事人的隐私权

在网络上，李某某的年龄一度备受争议，新华网、凤凰网等媒体先后大篇幅报道了李某某年龄疑似造假的问题，引发公众热议。网友们通过以往的媒体报道资料等“推定”出李某某的真实年龄大于“官方”所声称的 17 岁。发出质疑的声音无可厚非，但是既然李某某被法院证实为未成年人，那么他就应该受到《未成年人保护法》的保护。

我国《未成年人保护法》第五十八条明确规定：“对未成年人犯罪案件，新闻报道、影视节目、公开出版物、网络等不得披露该未成年人的姓名、住所、照片、图像以及可能推断该未成年人的资料。”同时该法的第二条指出：“本法所称未成年人是指未满十八周岁的公民。”但是，在此案件中可以看出，部分媒体缺乏法律意识，在新闻报道中直接使用李某某的真实姓名，未成年人的合法权益被弃之不顾。此外，“李双江之子”这一称谓的使用也非常普遍，甚至李某某的曾用名、就读学校、成长经历等诸多隐私都被曝光，媒体图文并茂且不加处理的报道行为侵犯了当事人的隐私权。

随着互联网的发展和网络媒体的兴盛，媒体之间的竞争愈来愈激烈。为了在竞争中不被淘汰，部分媒体不惜无底线地“搏出位”“夺眼球”，容易误导受众、激化社会舆论，造成不良的社会影响。在李某某案件发生后，李某某及其父母的负面报道频出，有的报道甚至包含涉嫌诽谤的内容，如李某某强奸女老师、李某某不是李双江的亲生子等与案件无明显关联的报道，极大地吸引了人们的眼球，更加强化了受众对李某某的负面印象，进而助推舆论对司法过程施加压力。

正如《人民日报》所评论的那样，“传闻左右网络，网络影响舆论，舆论进而左右司法，如今正成为一种倾向，日益明显。这对网络、对舆论、对司法、对社会，是十分危险的。在这个关系链中，媒体的角色至关重要。在流言与传闻面前，恪守媒体自身的道德，发挥媒体应有的社会担当，拒绝跟着传闻瞎转悠，仅从李双江之子涉案这一事件就不难看出，是媒体需要好好修炼的内功。”① 因此，不论是传统媒体还是新媒体，均应在不断提高自身职业素质的同时，加强法律素养，避免在法律问题上出现明显的错误，谨慎、负责任地报道未成年人涉嫌严重犯罪的案件。

---

① 陈原：《人民日报评李双江之子涉案：媒体别跟着传闻瞎转悠》，http://www.chinanews.com/cul/2013/02-28/4602090.shtml(2013-2-28)。

三、媒介在该案件中产生了媒体暴力

媒体暴力，是“媒介审判”的重要表现形式，也是其重要结果。“媒体暴力”指媒体及其从业者利用媒体本身作为大众传播媒介的话语权优势对新闻当事人或被波及的人群所实施的一种暴力行为。在李某某案件报道的整个过程中，不少媒体为了制造“卖点”、迎合受众对该案的猎奇心理，使用“强奸犯”“轮奸犯”“银枪小霸王”等带有强烈负面倾向的词语，严重地侵害了被告人的人格权和名誉权。

自“李某某案”曝光以来，网络媒体都“不遗余力”地报道了李某某母亲梦鸽的上访、辩解、指责等一系列行为，而媒体报道普遍认为梦鸽“具有使其子逃脱罪责的不正当目的，是一种偏私行为”。同样，李某某的法律顾问兰和也曾在微博上声称自己一直以来饱受人身攻击，网友们几乎不约而同地将他看作是为钱而颠倒黑白的“恶律师”。事实上，犯罪嫌疑人聘请代理律师是法律赋予他的权利，虽然他有可能被判定为罪犯，但是他仍然享有最基本的人权。律师只是帮助犯罪嫌疑人行使正当的权利，从某种层面上讲也是为了保障司法审判的顺利进行，而不是犯罪嫌疑人的帮凶、同谋。不少网络媒体及自媒体纷纷对李某某事件进行了专题报道，且普遍对关于李某某的负面或带有负面导向的消息进行策划报道，这极有可能对审理案件的法官产生压力，从而影响审理结果。

案发当月的 23 日，媒体人杨澜发微博称：“劳教一年对一个因为冲动打人的未成年人来说是否惩罚过重？被贴上标签的孩子很容易破罐破摔了。真替李老师感到痛心！”27 日，《北京晨报》发表评论《“李天一涉轮奸”谣言泛滥围观缺厚道》直接指出“对于李天一偏激的舆论是一种不厚道的行为”。然而，面对这样的理性呼吁，网友们的反应十分激烈，舆论将这些言论等同于对李某某的声援，甚至将对于李某某的不满部分转嫁到公众人物和媒体的身上。不少网民留言质问：“谁替受害者心痛?”面对强大的舆论压力，杨澜于 24 日晚在自己的微博上向公众道歉；《北京晨报》也在当时遭到了网友的强烈“抵制”。

【延伸阅读】

一、“媒介审判”的典型案例——美国“谢帕德案”

1954 年 6 月 4 日，美国外科医生谢帕德（Sam Sheppard）被指控为谋杀自己妻子的凶手。由于当时在事发现场没有留下任何线索，使得案情无法开展。但是，民众和媒体的合理想象认定谢帕德医生是杀死其妻子的凶手。媒体为了炒作的需要，不断制造新闻，以此来刺激受众情绪，致使法院最终裁定谢帕德医生有罪。

作为无辜的受害者，谢帕德医生每年上诉，一直上诉了十二年，但屡次被法院驳回。直到 1965 年，美国最高法院接受谢帕德医生的请求，重新审判，谢帕德被判无罪。

二、英美国家相关规定之比较借鉴

他山之石，可以攻玉。在如何处理社会舆论与司法审判之间的关系以及如何保障法官独立上，英、美两国的相关做法有值得我国借鉴的地方。

在英国，法官的独立性一直被认为是法治的基石。因为他们认为只有这种情况下才可以使人民相信法官。法官的独立性主要体现在：(1) 英国为了保障法庭工作的正常进行，规定任何人包括政府成员、国会议员等都不得干预、扰乱法庭工作。他们赋予法官可以对扰乱、干涉法庭工作的人处以蔑视法庭罪的权力。(2) 法官职务的稳定性。法官一经任用，除非因法定理由，按照法定程序才能免职、辞退等。由于不用担心被任意免职等，法官们可以毫无畏惧、顾虑地履行职责。总之，英国法官只会依据法律、先例等，而不受恐惧或者恶意的影响，对所有的人做到公正。

在美国，对于如何处理社会舆论与司法审判之间的关系，主要从以下几个方面入手：

第一，制定规范法官行为的法律，其中以《美国法官行为规范》为代表。《行为规范》明确规定：法官不应听任其家庭、社会和其他亲友影响他的司法行为或判决；法官应忠实于法律，不因政党利益、公众舆论、畏惧批评而动摇。这也就意味着美国法官在履行审判的职责过程中必须遵守上述规定，而且如果不遵守的话，将会受到相应的处分。

第二，对于如何规范社会舆论与司法审判之间的关系，则是通过藐视法庭罪和 1789 年《司法法》的相关规定。凡是不服从或不尊重法庭或法官、可能影响司法运作的言行，皆定性为蔑视法庭罪。《司法法》的规定与之相类，法院对于一切侮辱或妨碍司法的言行处以罚金或监禁。关于什么是可能影响或者妨碍司法的言行，美国法院一般认为：在诉讼进行之时，针对法庭和法官的批评或者发表未加证实的有关案情的消息；上述批评或者消息存在着对正常司法秩序的一种“极其严重的”实际恶意和一种“迫在眉睫的”险情。

第三，如果媒体对尚未或者正在审判的案件情况的报道具有强烈的煽动性或者明显的倾向性，进而可能损及公正审判，审理案件的法官可以签发旨在禁止媒体传播与案件有关信息的限制令。

第四，法官有责任提供案件相关背景信息，并对案件裁决结果做出清晰且明确的解释。尤其当媒体对案件的报道出现事实性偏差进而会误导社会大众，法官应当及时向媒体的工作人员加以说明。总之，法官可以只提供一些与案件有关的背景性信息，或者可以对正在审理的案件做出一般性的解释来回应社会舆论。此外，对于社会舆论对案件的批评，法官还可以通过向媒体提供裁决副本来回应。

【思考与讨论】

1. 结合本案和“药家鑫案”，分析媒体对于案件的报道对舆论风向有何作用？

2. 随着网络的繁荣、公民表达意识的崛起，“媒介审判”现象频频发生，你认为有什么措施可以避免或减少“媒介审判”？

案例12　“合肥少女毁容”事件

——媒体与网民的集体狂欢

【案例概述】

犯罪嫌疑人陶汝坤与被害人周某曾就读于合肥寿春中学，陶汝坤在追求被害人周某不成的情况下产生了报复心理，于2011年9月17日晚独自来到被害人周某家中，将打火机油泼在周某身上并点燃，导致周某面部、颈部等多处大面积烧伤。经安徽医科大学附属医院抢救治疗，周某脱离生命危险，但伤势极为严重，头面部、颈部、胸部等严重烧伤，一只耳朵也被烧掉，烧伤面积超过30%，烧伤深度达二度、三度。

2011年12月20日，经过3个月的治疗后，周某回到家中进行疗养，但精神非常糟糕，情绪极不稳定。到此时，除了陶周两家持续多日尚未达成一致的赔偿谈判外，这起事件并未引起轩然大波，仅仅是一则连合肥本地媒体都没怎么关注的普通社会新闻。

然而，在2012年2月22日事情出现转折。当日晚10点，周某小姨李某首次借助天涯、猫扑论坛，发表题为《官二代横行霸道，恋爱不成将少女毁容》的曝光帖，指责安徽审计局高干和合肥市规划局高干的儿子陶汝坤因求爱不成烧伤周某。2月24日早晨，合肥万家热线当值人员偶然中看到此帖，在征得周家同意后，以《合肥16岁少女拒绝求爱遭毁容 两人曾是寿春中学校友》为标题将此帖转载至万家论坛，并附带发了链接和图片，同步传至微博。24日晚上，注册名为“安徽李聪”的微博账号也发布了带有事件前后对比图片和完整事件描述的内容，并把原帖更名为《请广大网友救救孩子！官二代求爱不成，将花季少女凶残毁容，官父母周旋包庇，贫父母状告无门》。文中写道，陶汝坤父母身居高官，周旋于各个相关部门，阻碍司法公正，并叫嚣“不管你签不签字，我依然会争取让他出来”。案发已经五个多月，周某依然不能做伤情鉴定……该帖随后被大量阅读、转发和评论，舆论开始发酵。

2月25日，微博上“合肥陶文”（陶汝坤父亲）的认证ID公开发文向周某家致歉。同日，在合肥论坛发出的道歉帖中提及两人于2010年开始早恋，并谈及赔偿问题。对于陶家的说法，周家彻底否认，而对两个孩子是否恋爱的问题，则时而认定纠缠，时而承认交往。

据不完全统计，在万家热线于2月24日首发题为《合肥16岁少女拒绝求爱遭毁容 两人曾是寿春中学校友》的报道后，《中国日报》、四川电视台、中央电视台《看见》栏目等多个全国主流媒体以及腾讯、网易等综合门户网站均追踪报道此事件。至此，“合肥少女毁容”事件一时间沸沸扬扬，引起社会各界的高度关注。2012年3月5日，合肥警方将案件移送检察机关审查起诉，这一令人关注的社会事件进入司法程序。

这起在网络空间持续发酵的“合肥少女毁容”事件，矛盾双方的身份、形象等形成鲜明对比。一边是平民家庭的花季少女被残忍毁容，一边是行凶者顶着“官二代”的标签。此事件从开始进入公众视野起，便被打上了“官二代”行凶的标签。这一起青少年犯罪案件在波涛汹涌的网络民意下发展成为触及社会公正、法律正义的公案，在网络传播的过程中，点燃了网民们的愤怒。然而，在网民们的群情激愤中，社会、网络舆论的关注点已从案件本身转移到“官二代”这个敏感的社会话题。在事件传播扩散过程中，网友们有意或无意地忽略了以下的事实：周家人口中所指的高官，即陶汝坤的父母，其实仅是合肥市审计局和规划局的中层干部。陶汝坤虽然可以称得上是“官二代”，但是随着事件的真相渐渐浮出水面，可以发现他的父母并不是网友所说的位高权重的高官，也不是网友认为的阻碍司法公正的昏官。关于周家在事件的开始为何夸大陶家的职务身份，上升到高官和官二代的地步，他们解释说，其目的是引人关注。“少女毁容”事件之所以受到广泛关注，一个关键因素就在于一开始行凶者就被扣上了“官二代”的标签。在官民对立的语境下，舆论持续发酵。

【案例分析】

一、媒体报道违背新闻客观性原则

客观性作为最重要的新闻生产理念之一，是指新闻事实不依人的主观意志而改变的基本特性。新闻工作者在进行新闻报道时，要尊重事实，如实地反映事实的本来面目。新闻客观性的目的是“使有理性的读者更便于发现真相”①。西方国家把客观性原则作为新闻媒介遵循的重要信条之一，它不仅是新闻工作的一种专业规范，也是主要的新闻专业理念。在我国，客观性原则也被作为新闻报道的基本特性之一，在理论上有其普遍性和根源性。马克思把客观报道概括为“根据事实来描述事实”，恩格斯认为是“完全立足于事实，只引用事实和直接以事实为根据的判断——由这样的判断进一步得出的结论本身仍然是明显的事实”。②要做到纯客观报道的确很难，从根本上来说，人所从事的报道活动本身就是思想的产物，必然会有报道者智力与情感的介入。报道者不自觉地会把自己摆到他所描述的情景中去，然后表现为他对事实连续性的剪裁及他所采用的形式上。

“合肥少女毁容”事件发生后，媒体和网民关注的一个焦点就是受害者周某，而不是事件本身。在关于受害者周某的采访报道中，许多媒体都违背了新闻客观性原则，在报道中运用了大量的主观词汇，掺杂进自己的主观情感，把舆论引向对受害者周某的同情和对行凶者曹汝坤的谩骂。2012 年 2 月 25 日，合肥万家热线网站发布了一篇题为《合肥毁容少女含泪控诉官二代暴行》的自采报道，报道采用了视频和文字相结合的报道方式：用话筒和镜头直接记录绑着绷带的花季少女和在一旁哭泣的母亲，以“同情”“可怜”“悲惨”为基调贯穿整个采访过程，给读者以极大的心灵震撼。

通过对相关网站的新闻文本梳理，笔者发现，不仅是万家热线网站，其他一些网络媒体在对该事件进行报道的过程中也明显存在一种对被毁容花季少女同情的新闻框架，对受害女孩周某用得最多的关键词是“可怜”“无辜”“无助”等词语。

相关报道如表 1 所示：

表 1　“合肥少女毁容”事件网络报道的用语分析

序号	新闻标题	报道来源	形容受害少女关键词
1	《合肥毁容少女含泪控诉官二代暴行》	万家热线	可怜、无助
2	《美少女拒绝求爱被毁容 专家解读官二代心理》	安徽网络电视台	可爱、乖巧、可怜

① ［美］韦尔伯・斯拉姆等，中国人民大学新闻系译：《报刊的四种理论》，新华出版社 1980 年版，第 103 页。

② ［德］弗里德里希・恩格斯、莫泽斯・赫斯：《致〈社会明镜〉杂志的读者和撰稿人》，《马克思恩格斯全集》第 42 卷，人民出版社 1979 年版，第 413—417 页。

续表

序号	新闻标题	报道来源	形容受害少女关键词
3	《被官二代泼油毁容 17 岁少女悲惨现状》	中国广播网	悲惨、可怜
4	《少女拒求爱遭毁容续：被害者承认曾被迫交往》	凤凰网	被迫交往
5	《合肥少女毁容事件的来龙去脉》	宜宾金江网	痛苦、令人怜惜
6	《少女被毁容 官二代为何如此嚣张?》	京华网	乐观开朗、哀号惨叫
7	《少女拒绝求爱被毁容续 伤情补充鉴定为伤残五级》	腾讯网	伤残、严重残疾

在网络传播过程中，可以清晰地发现一种同情被毁容少女的情感框架。这种情感框架直接违背了新闻报道的客观性。新闻框架理论中的一个核心内容就是取舍性。取舍性在新闻工作中集中表现为新闻编辑综合利弊，按照某种常规与惯例，简化社会事实，选择性地将部分事实包装进新闻报道里，以某种特定的方式来组织新闻报道和呈现社会事实。这与新闻客观性要求的不以个人喜恶来取舍信息、尽可能按事物本来面貌来叙述的原则相违背。

分析在该事件传播过程中各类媒体的表现不难发现，网络舆论引导者们在指责“官二代”行凶者的同时，对受害者给予了极大关注和同情，无论是媒体报道还是网民评论，这种情况均比比皆是。在此类情感框架内，新闻的客观性原则被忽视，媒体和网民对受害女孩周某用得最多的词语是“可怜”“无辜”“无助”，周某被毁容前后的照片对比也几乎出现在各大网站和论坛，给受众以极大的视觉冲击。

二、网络新闻报道的“标签化”

网络“新闻标签”是对网络热点事件的浓缩与概括，表达传播的是事件的精髓和核心，使受众能够从新闻中迅速提取相关信息，理解新闻所要传达的基本内容。在“合肥少女毁容”事件中，行凶者陶汝坤被冠以“官二代”的标签，假如没有这个标签，此事件不可能成为群情激愤的公共事件，也就不会引起如此广泛的关注。

“标签化传播”是近年来网络热点事件传播的重要特征，它既是媒介竞争的产物，也是目前网络新闻传播管理不规范造成的。尽管“标签化传播”符合网络时代网民的信息接收习惯，满足了网民碎片化、快餐化的阅读需求；但标签的肆意张贴，不仅容易造成受众对事件真相的片面认知，形成社会刻板印象和社会偏见，而且媒体的公信力也会在大量劣质标签中逐渐降低乃至丧失。

纵观“合肥少女毁容”事件，其从最初不为众人所知的社会事件演变为群情激愤的公共事件，网络在其中发挥了巨大作用。在“网民即公民”的今天，相比事件本身的触目惊心，刺激了网民敏感神经的却是陶汝坤“官二代”的身份。“官二代”的身份特征挑起了民众的愤怒情绪。通过对事件的回顾我们不难发现，在“合肥少女毁容”事件中，媒体和网民的言论着重强调陶汝坤“官二代”的身份。在媒体关于行凶者的报道中，“官二代”一词屡次被提及，媒体成功塑造了行凶者嚣张跋扈、仗势欺人的“官二代”形象，而且在该事件中所有参与转发、评论的网民则形成了与这个“官二代”所对立的共同体。媒体在对“合肥少女毁容”事件的报道和评论的初始阶段，“官二代”将花季少女毁容，成为众多媒体报道的叙述核心。媒体关注的焦点无一例外落在了肇事者陶汝坤的“官二代”身份上。媒体对“官二代”一词的频繁使用契合了“快餐”时代新闻夺人眼球的需要，但同时也引导了网络舆论向“仇官”方向偏离。

以下是部分网络媒体关于此案报道的新闻标题：

表 2　“合肥少女毁容”事件网络报道的“标签化’标题

序号	新闻标题	报道来源
1	《合肥 17 岁少女戴面具讲述被官二代浇油毁容始末》	新华网
2	《美女中学生拒求爱遭官二代毁容》	人民网
3	《少女遭官二代毁容续：家人否认索赔千万元》	华商网
4	《花季少女遭官二代毁容究竟为什么？》	凤凰网
5	《陶汝坤：“官二代”将少女毁容》	南方网

清华大学新闻与传播学院教授陈昌凤在对这一问题解读时认为，符号化的概念、标签能简单有效地吸引受众注意力，但专业传播者要慎用。在市场化竞争日益激烈的当下，掌握独家新闻已经很难实现，拼思路、拼角度、拼策划才是制胜的关键，但有效的议程设置和吸引眼球的内容却是许多媒体在实际操作中选择的捷径。“官二代”涉嫌违法理应与为非作歹、利用私权、破坏司法公正联系在一起，但有时却偏离了新闻报道的基本原则。

三、微博“把关”缺失造成微博语言暴力

在传统媒体时代，记者、编辑这些“把关人”对媒体发布的信息进行严格的审核和把关，信息的流动是一个自上而下、从媒体到大众的过程。而微博的信息发布方式打破了传统信息传播的流向，面对海量信息，微博平台不可能进行逐一把关和审查，这样做既不现实，也不符合互联网的基本特性。微博信息的审查不像传统媒体那样严格和全面，这在客观上对微博使用者的道德水准提出了新的挑战。

在微博平台上，微博用户是以符号化甚至是匿名的身份在进行交往和交流，加上微博自身把关的“缺失”，因此微博语言暴力比起现实中的语言暴力有过之而无不及。在微博场域内，用户不用承担在现实生活中所需承担的责任，在无意中很有可能把交流对象当作“物”来看待，以一种游戏的心理做一些在现实空间不能做、不敢做的粗暴行为。

就“合肥少女毁容”事件来说，由于微博“把关”的不到位，微博上针对该事件当事人的语言暴力比比皆是，不分正义与非正义，其中不乏一些赤裸裸的谩骂。语言暴力的肆意蔓延，不仅对当事人身心构成伤害，而且扰乱网络公共秩序，是一种非理性的表现行为。

四、微博的传播方式诱发群体极化现象

微博的转发和评论都非常容易，再加上微博的传播很大程度上是基于用户的社会关系网，即使这些信息还未经证实或者言论有些极端，在这种基于社会关系网的大范围传播过程中，微博使用者之间极易相互感染情绪，最后形成对某个事件、某个人或某个群体的极端意见和舆论。“合肥少女毁容”事件引爆初期，微博上对行凶者一边倒的“喊杀”“严惩”就是网民情绪失去控制、相互感染进而形成网民群体极化的典型例子。

并非微博上的所有事件都会形成群体极化现象，只有当议题的某个方面触及社会情绪的“引爆点”，才会引起微博使用者的大量关注与热议。此时如果群体意见高度统一，则有可能引发微博群体极化现象。“合肥少女毁容”事件在微博上一曝光，其中的“官二代”“官员干预司法枉法救子”“司法部门不作为”等敏感元素立即触发了微博用户的“仇官”心理和同情弱者的打抱不平心理。一些微博用户在转发、评论时极端言论层出不穷，对陶汝坤是一片喊杀之声，微博群体极化现象由此生成。

【延伸阅读】

一、标签及标签化传播

“标签”是英文单词“Tag”的中文翻译，原指商品流通和交易中用来标识目标的分类或内容而给目标确定的关键字词，近几年来被引用到网络传播中，指代新闻报道或新闻标题中的关键词语，便于搜索和分享。网络“新闻标签”是网络标签在网络新闻传播中更为严格的界定，是对网络热点事件的凝练和提升，表达的是事件的精髓和核心。在近几年网络热点事件的传播中，“标签化传播”成为事件传播的重要特征。“标签化传播”是指抽取某一事件中最突出的特点，利用直白、形象、风趣、容易理解的词句对某一事件进行超浓缩的概括，如“艳照门”“我爸是李刚”“郭美美炫富”等。在近几年的网络热点事件中，几乎所有事件都被贴上了标签，并借助这些标签得以快速传播。“标签化传播”已经成为网络热点事件传播的重要推手。

但是，“标签化传播”容易形成社会刻板印象和社会偏见，造成人们认知的简单化、随意化，也影响人们对事件真相的全面认知。例如将某人归类为“官二代”，这就忽略了其作为个体所特有的个性和经历。“将一个偶发的、当事人无意的行为，贴上富人身份与穷人身份的标签，就使一个平常的事件变成了一个显示社会分裂的标志性公共事件。贴标签不仅不会使问题得到更好解决，反而会使人们的心理不满迅速发酵。媒体过多的标签化式的报道，也在无形中强化了阶层意识、磨损社会和谐。”① 肆意贴标签，只为博人眼球，忽视社会责任最终将导致媒体的公信力大大降低。

二、群体极化

群体极化（Group polarization）是一个社会心理学术语，最早是由传媒学者詹姆斯·斯托纳于1961年提出的。在一个组织群体中，个人决策因为受到群体的影响，容易做出比独自一个人决策时，更极端的决定，这个社会现象被称为“群体极化”。群体极化现象在互联网中更容易发生，极化程度也高于现实世界。微博的自媒体传播特性使以前在现实生活中没有诉求渠道的个体拥有了表达的渠道，个体对于社会中的各种现象、问题的情绪和意见也能借助此平台表达出来。一方面，在微博这一言论平台上，用户可以针对某一个共同话题进行讨论，进而聚集成为一个群体，比如围绕“合肥少女毁容”事件首发微博的评论群、围绕陶父道歉微博的评论群等。另一方面，由于群体内部组成人员在年龄、受教育程度、文化背景等方面存在差异，其在发布言论时不可避免地含有偏激甚至人身攻击之词。一旦发现自己与群体中的多数意见不同，由于害怕被群体成员孤立或被恶言攻击，

① 白天亮：《“贴标签”令社会认知简单化》，《人民日报》2013年4月26日。

持不同意见者往往会选择沉默。在这种情况下，强者愈强，弱者愈弱，多数人的意见进一步强化直至被推向极端，最终导致微博群体极化现象。这与传播学中沉默的螺旋理论不谋而合。

三、网络道德的无害原则

信息管理领域的“无害原则”是由美国信息伦理学家理查德·斯皮内洛首先提出的。谷歌公司的阿米特·帕特尔则提出了互联网领域的“无害原则”。在网络社会中，时间和空间被高度压缩，网民之间的影响程度非常高，因此“无害原则”是所有网民都应坚守的一个原则，它是评价网络行为是否正当的最初的道德检验标准。实际上，不伤害是最基本的、实质性的原则，也是道德的核心，它使得在理性的生物之间对于所有的道德问题都可以达成完全一致成为可能。

无害原则的具体应用，即各伦理主体在提供网络服务或使用网络过程中的任何行为都不应当对社会和他人造成伤害。在网络传播中，无害是最基本也是最重要的一条原则。对于网络媒介伦理来说，无害原则有着重要意义，因为任何伦理失范行为最直接的后果就是伤害他人。无害原则之所以成为网络伦理最核心的价值准则，不仅因为它是人们已达成的伦理共识，还因它非常有助于分析网络中出现的一些具有争议的道德两难问题。在面对伦理失范时，一些人以自己不是故意的来为自己推脱责任，辩称自己主观上并没有恶意，所以不必为其不道德的行为负责，然而这并不能成为对他人造成伤害的托词。由此，尽管有些微博用户的行为并非故意为之，但如果无心之过给他人造成了实质性的伤害，那么此类活动也被认为是不道德的。

【思考与讨论】

1. 在网络主导的大众麦克风时代，面对社会突发事件和公共事件，网民的狂热参与往往使事情走向极端，语言暴力等行为接踵而至。面对网民的失控，主流网络媒体应该如何做才能正确引导舆论？

2. 如今互联网使信息极大丰富，而稀缺的是注意力资源，于是便催生了“眼球经济”“注意力经济”等。在这种环境下，“标签化传播”成功地吸引了人们的注意，无论是“少女毁容事件”还是“城管打老人事件”都被贴上标签。请谈谈“标签化传播”的特点与危害？

案例13 “小凤雅之死”

——后真相时代的媒介伦理失范

【案例概述】

2017年11月，生活在河南农村的两岁半女童王凤雅被查出患上视网膜母细胞瘤，其母杨美芹通过“水滴筹”、火山小视频等平台筹集治疗资金。这本是一起普通的爱心筹款事件，但在2018年4月8日，公益组织“小希望之树”的创始人在不明真相的情况下率先在微博上质疑小凤雅母亲杨美芹诈捐，重男轻女，并在微信公众号“小希望公益联盟”上发布“寻人启事”——《寻找被妈妈消极治疗的患有眼瘤的2岁小女童王凤雅》。网络舆论随即出现一边倒的局面，网民纷纷指责王凤雅家庭不顾女儿死活，将募集善款用于儿子身上。爱心捐款事件演化成一起“诈捐门”。

2018年4月9日，微博名为“作家陈岚”的大V举报王凤雅的母亲杨美芹涉嫌诈捐和虐待，并实名报警，舆论开始发酵，信息量快速增长。4月11日，舆论达到高峰，相关信息与讨论数量约有12万条之多。4月26日，红星新闻发布了调查文章《夫妻被曝用重病幼女诈捐致其死亡，回应：后悔网络筹款，不想再折腾孩子》。5月24日，微信公众号“有槽”发布文章《王凤雅小朋友之死》（已删），再次将这一事件拉回公众视野。文中直指王凤雅父母用15万元善款带儿子赴京治疗唇腭裂，放任女儿眼癌恶化。随后，果壳网主笔“@游识猷”发布微博称“今日最感愤怒的事情，3岁王凤雅小朋友去世”。文章影射小凤雅是被一个“重男轻女”的家庭一步步推向死亡的，同时也给凤雅母亲杨美芹及整个家庭贴上了“虐待幼童致死”的标签。于是围观网友对杨美芹展开声讨和批判，几小时内该文章的阅读量就超过10万，网民情绪被激发，“小凤雅事件”迅速引爆舆论。

5月24日下午，红星新闻记者致电北京嫣然天使儿童医院，该院一名工作人员向记者证实，飞飞（小凤雅弟弟）确实在该院进行了免费手术。5月25日凌晨3点，“水滴筹”平台发布声明，表示王凤雅家属先后两次在该平台发起筹款求助，实际筹得款项 35689 元，并非网络上所传的 15 万元，并表示将全力配合相关部门进行调查。5 月 25 日上午，经河南省太康县公安机关查实，不存在小凤雅被父母虐待致死的情况，也不存在诈捐。据《新京报》的后续报道称，王凤雅爷爷表示家属共筹集善款 3.8 万余元，会将剩余款 1301 元交给政府部门，同时还出示了花销明细以及部分支出收据。

至此，事件真相渐渐明朗：王凤雅并非被父母“虐待致死”，其父母也不存在“诈捐”行为。舆论开始偏向凤雅家人一方，转而批判歪曲事实的陈岚和涉嫌造谣的志愿者以及传播不实信息的自媒体。5 月 25 日，助长此事件二次传播的微博大V@游识猷发文表示“我在转发前没有查证这些细节，是我的错，对不起”，@明日漫画、@作家陈岚纷纷公开道歉并删除微博。短短几个小时，@明日漫画的道歉微博转发量就达到 17000 次，舆情开始发生反转。

5 月 25 日下午，《新京报》、澎湃新闻先后发表多篇评论，对自媒体大 V 带节奏、编故事的言论提出批评，呼吁网友应多些理性。至此，新闻事件发生反转，网友情绪逐渐缓和，更多理性的声音涌现出来，表示静待更多相关信息的公开。

纵观该事件的发展过程，无论是红星新闻这样的主流网媒还是像明日漫画、十元君之类的自媒体平台，都在事件中展现出了不理智、不负责的一面。主流媒体为了与自媒体争抢速度，在尚未确定新闻真实的情况下追求时效；一些自媒体平台借正义之名，追流量之实，对事件进行肆意渲染、歪曲事实，单纯追求传播效果，对小凤雅及其家属均造成了严重的负面影响。碎片化的新闻呈现、片面化的解读视角、煽动性的情感刺激，以及后真相时代事实的稀缺与观点的泛滥，都使得追求事实越来越难。网民们在信息不明朗的条件下纷纷“脑补”相关情节，进一步助推了舆情的发酵，于是媒介伦理失范现象便不可避免地出现了。

【案例分析】

一、时效性追求下新闻真实的没落

新闻界关于“新闻真实”的概念由来已久。1695 年，世界上最早关于新闻报道的指南就指出，“报纸只有通过报道的真实性才能赢得社会声誉”。传媒学者陈力丹教授认为，“新闻的真实是事实的真实，但新闻只是关于事实的叙述，并不是事实本身；专业新闻工作者可以努力缩小新闻与事实之间的差距，但两者不可能等同”。新闻真实一直被誉为“新闻的根基与生命”，新闻也被认为“应该”而且“必须”真实。然而长期以来，人们都以“新闻报道与事实相一致”“新闻报道与客体事件相符合”作为新闻是真实的判断标准，这使新闻的求真实践遭遇重重困境。

现如今，随着新媒体技术的不断更新及其对新闻领域的深度渗透，新闻传播活动中生产主体的公民化与机器化、传播渠道的平台化与社交化、分发过程的数据化与智能化等，都已成为我们无法回避的现实境况。更有虚拟现实技术对新闻的渗透，新闻与游戏题材的结合……这些都使得原本就存在的新闻求真困境被不断凸显与放大。2016 年，由于社交媒体中的政治传播景观，“后真相”一词横空出世并广泛使用，这即是新闻求真困境被凸显与放大的一种直观反映。随后，“后真相”概念的影响超出政治传播领域，被广泛使用于社会各个领域，后真相正在成为一个时代、一种文化。新闻反转成为后真相时代新闻业和舆论场的一个基本现状，在后真相时代的传播背景下，网络媒介不可避免地出现了传播伦理失范现象，追求新闻真实越发艰难。

在“小凤雅事件”的整个新闻反转过程中，网络平台上传播了大量虚假信息，对舆论造成误导，同时也损害了新闻最根本的真实性原则，对此，主流媒体、自媒体、网民均有着不可推卸的责任。

最先针对事件发表文章的主流网媒红星新闻在 4 月 26 日的报道中，大部分篇幅均围绕小凤雅家属一方展开，其中涉及志愿者和爱心人士的内容也多是对家属控诉的回应，至于志愿者的救助工作、资格认证等重要问题则避而不谈，这在某种程度上也导致了此后二次舆论中网友替志愿者打抱不平、声讨家属的情况。作为主流媒体，在事情经过尚未查明时贸然发声，不仅没有履行揭开事实、让公众知情权得到满足的义务，而且还在一定程度上错误引导了舆论走向。虽然红星新闻在后期针对该事件进行了持续性报道，在揭开真相的过程中做了很多努力，但客观上已对其自身的公信力产生了难以弥补的损害。

而像陈岚、有槽、游识猷等自媒体们，为了流量、点击率而迎合受众的好奇心，在热点事件面前，不顾信息的真实性而随意发声。在信息爆炸的时代，野蛮生长且缺乏管束的自媒体极易形成“扳机效应”：在信息不完整的情况下，根据率先发声的几篇文章断章取义，不认真究其消息来源，对虚假的内容进行传播，加之相关评论的出现，很快便引起社会轰动，错误地引导社会舆论，对当事人及其家人造成不良影响。这也说明，在后真相时代，自媒体乱象已经达到了非常严重的态势。

而对于绝大部分受众来说，碎片化的新闻呈现、故事性的情感冲击、片面化的解读等，无不使得追求真相越来越难。他们缺乏判断事实真假的能力，一般只能依靠散播出来的内容以及主观的感觉来选择相信与否。后真相时代，事实式微、情绪膨胀，传统社会中人们共同认可的主流价值被消解，畸化的社会心态转移了人们对公共事务的关注和改进的努力；事实真相和主流价值观被解构，每一次真相碎片被挖掘、扩散之后，都会带动社会情绪、引发热议，使舆论中心和偏向不断发生转移，从而加大了舆情反转发生的可能性。

二、信息碎片化时代网络暴民的产生

古斯塔夫·勒庞在《乌合之众》一书的开头提道："聚集成群的人，他们的感情和思想全都转到同一个方向，他们自觉的个性消失了，形成了一种集体心理。"随着互联网的发展，越来越多的人在体验网络世界的言论自由时，不知不觉地成为网络上的"乌合之众"——网络暴民，他们参与到各种群体性事件当中，充当着无意识、低智商、非理性的刽子手角色，在虚拟空间里进行攻击谩骂。

从心理学角度看，"网络暴民"属于极为典型的心理群体。在网络世界中，传播具有匿名性和虚拟性特点。一方面，网民躲在屏幕后面观看着网络上发生的一切，网络上其他人的言论成为其获取信息的来源，呈现出一种被动接受的特征。在"主流"信息影响下，网民们的思想和感情可能因暗示和相互传染而转向相同的方向，受到群体精神统一支配，从而形成一个共同的心理群体。另一方面，由于群体无意识的作用，他们失去了自己的理性判断，很容易被大多数人持有的态度和立场影响，形成"人云亦云""随大流"的心理，以寻求一种集体认同的安全感。这时，传播群体在集体无意识和非理性的作用下陷入"沉默的螺旋"，促发了网络暴民产生的可能。

在小凤雅事件中，小凤雅的离去使针对其一家的网络暴力达到高潮。自媒体"明白漫画"的微博上了热搜。该微博通过漫画的形式讲述了一个 3 岁的患病女孩是如何被自己的父母和家人给抛弃的过程，其中包含"她喝米汤，弟弟吃鱼"、被弟弟欺负、被爷爷奶奶嫌弃、因为和弟弟吵架而被妈妈"暴打"，甚至还有爷爷奶奶背后讨论"怎么生出那么个东西！她那个脸太恶心了"等诸如此类的内容，而这条微博的点赞数竟超过 20 万。此漫画一出，更多的自媒体蜂拥而上，根据漫画的内容肆意发挥，严厉指控小凤雅的父母，诸如"她全家人都想她死""穷山恶水出刁民""打出妈妈这两个字，我都觉得脏了这个词"这种挑动大众神经的表述层出不穷。在微信搜索栏里输入"王凤雅之死"，排名靠前的文章都是对其父母的声讨。

后真相时代，注意力成为最稀缺的资源，而情绪撕裂、脑补发散则又一次次决定着注意力的走向，被情绪裹挟的受众借助互联网上身份的“藏匿性”，言论无不带着强烈的随意性和攻击性：小凤雅的妈妈为了躲避网友的炮轰，而对外撒谎称孩子早已去世；小凤雅爷爷在接受《局面》采访时哭着说：“我们的孩子多活了20天就是为了证明我们的清白。”或许我们应该思考这样一个问题，网络舆论的力量到底是善是恶？在匿名的网络环境下，网民的行为在虚拟空间的包围中产生安全感，这便使得他们肆无忌惮地对当事人进行谩骂、诋毁等。由此看来，如今网络上的“乌合之众”比勒庞笔下18世纪法国大革命时期的“暴民”要更具杀伤力。

三、数字鸿沟下大众话语权的错位

1970年美国学者蒂奇诺等人提出“知识沟”假说，认为社会经济地位高的人能比社会经济地位低的人更快地获取信息，并且随着技术的发展，二者的知识差距将呈扩大而非缩小趋势。此后该假说不断发展，相继出现“信息沟”“数字鸿沟”等理论。到今天为止，互联网的高速发展使数字鸿沟的裂痕越来越大，国内外学者对数字鸿沟的研究也越发重视。国际电信联盟认为，数字鸿沟的形成是由于贫穷、教育设施缺乏现代化技术及由于文盲而形成的贫穷国家与富裕发达国家、城乡之间、年轻一代与老一代之间在获取信息和通信新技术方面的不平等。

正如约翰·布罗克曼所言，因特网让个人更有机会就公共事务发言，在这些层出不穷的网络事件中，网民在政治、公共事务以及消费等领域都展现出极大的影响力，网络已经成为现代社会重要的权力源。网络提供了网民参与并产生影响力的机会，然而这并不意味着所有网民都能享有网络赋予的权利。事实上，网络赋权不是所有弱势个体都能获得的，“第二道数字鸿沟”指明了不同群体在利用互联网提高自己的参与度和影响力方面仍存在差距。只有那些积极利用网络、参与相应网络行为的人才可能获得网络赋权，当今网络话语权仍主要由信息和技术领域的精英所掌握。

纵观此次事件，舆论场中众声喧哗的主体分别为自媒体、志愿者、爱心人士、水滴平台，他们占有信息资源的绝对优势或因掌握了高端的信息技术而拥有更大的发言权和影响力。反观小凤雅家属一方，只有小凤雅的爷爷通过媒体发声，事件的核心之一杨美芹（凤雅的妈妈）始终没有出现，我们是否应该听听她的声音？她为何此前要对外谎称小凤雅已经去世？针对志愿者和网友的质疑她会做何回应？

据红星新闻报道，杨美芹最早是在朋友和网友的帮助下在火山小视频和水滴平台上筹款的，农村出身的她并不会操作。像杨美芹这样年纪较大、没有接受过良好教育或因生活贫穷没有能力使用网络设备的人群，他们几乎不具备网络资源获取、利用的条件与能力，因而也就无法拥有发表意见的权利。网络的发展为自媒体、志愿者们提供了多个发声平台，却没能让外界从事件核心当事人口中获知事实的真相。值得人们深思的是，最该有发言权的当事人只能“被迫沉默”，而揣测事实的“吃瓜群众”却振振有词。杨美芹的“失声”不但为自媒体编故事、带节奏提供了机会，更成为网友炮轰其“诈捐后一走了之”的把柄。传播技术在变革，同时也对舆论场中的话语权进行着新一轮洗牌。

除了数字鸿沟的差距，“受助者”身份也是杨美芹一家在舆论场中处于劣势地位的原因之一。《新京报》曾这样评论道：“在慈善的两端，确实存在双方话语不对等的地方。慈善行为一旦出现纠纷，掌握话语权的组织、志愿者可以通过不同平台发声，夺得话语先机。而被救助的一家，可能压根就无法辩驳，在舆论场中天然失势。”

话语权的不平等使新闻出现在公众面前时呈现出不完整、不真实的一面，同时也为媒体大 V 们肆意编造、歪曲事实提供了机会。在错位的话语权体系、扭曲的媒介市场下，很多“无良媒体”为了制造噱头，在当事人没有开口发声的情况下随意编造事实，更有甚者为了迎合后真相时代下受众的情绪宣泄、争夺热点爆点话题，“利”字为先，将“信息技术盲”的当事人推向网络暴力的最前线。在 2018 年初震惊全国的“汤兰兰案”事件中，澎湃新闻作为主流媒体在事实真相未经查明的情况下，发表了一篇主观倾向严重的报道。文中多次采用了汤兰兰母亲、姑姑等人的话语，却没有对汤兰兰本人及维护者进行采访。这种刻意剥夺当事人话语权的做法严重违背了媒介应当遵守的职业伦理与道德规范，对媒介公信力造成无法挽回的损害。

【延伸阅读】

一、大数据时代受众的“被遗忘权”

在互联网技术日益发达的今天，大数据以及场景时代已经来临，数字技术的全球化发展使得人类以数字形式存储的信息急剧增加。然而，由于人们越来越依赖各种各样的数字化媒体平台，导致其对个人信息过度挖掘、开发，使得公民毫无隐私可言。当信息脱离纸质媒介被数字化之后，个人的信息，包括不光彩的过往，也都将在网络上留下持久的印记，并随时可以被搜索引擎检索出来。为摆脱这种来自过往的束缚，近年来在一些国家，越来越多的公民要求享有“被遗忘”的权利，即要求网络媒体删除有关自己过去的信息。

几乎无人可以在大数据时代遁形，数据和信息“裸奔”甚至“透明”，数据透视人们的时间与空间，在数字上构建每一个人的人物画像。被遗忘权赋予信息主体对个人信息“遗忘”的权利，在被“监视”的环境中得以“隐身”，保留个人的剩余空间，但保护个人信息的同时也对大众言论自由和知情权等带来一定程度的挑战。

2014年，欧洲联盟法院通过的“冈萨雷斯诉谷歌案”规定，个人可以要求谷歌这样的搜索引擎运营商删除涉及其个人信息的网络链接。这正式以判例的形式确立了“被遗忘权”。但该裁决也因触动了人们长期以来持有的有关互联网信息自由流通的观念而引起个人隐私保护与表达自由之间的争议。新闻传播崇尚言论自由、传播信息、保障大众知情权，而言论自由在某种程度上被限制，大众知情权被侵犯，无论从人性还是法律角度来看，被遗忘权对新闻传播公信力和新闻自由的影响不容忽视。一方面，被遗忘权造成的信息不流通使得具有求知欲的记者和公关专家陷入尴尬的信息空虚境地，当信息被删除时，透明度随之消失，这同样会使社会、经济、政治的发展趋势有被误解和误判的可能。被遗忘权令数据随时面临“失踪”的可能，这种“失踪”带来的后果将使整合数据不准确，这对数据新闻来说将是致命的。另一方面，2014年的“谷歌诉西班牙信息保护局案”事件也引出了被遗忘权的另一个“副作用”——如果搜索引擎运营商持续以被遗忘权的名义来“操纵”信息、新闻信息源和新闻数据等，或者这种“强大”的权利一旦被非法利用，那么正常的自由言论、新闻逻辑和社会秩序将不堪其扰，大众的恐慌也来源于此。被遗忘权赋予信息控制者“审判”者的角色，但信息控制者畏于经济或社会压力，可能难以查证被要求删除的信息是否为“使用例外”，从而言论自由将因此受阻。

二、后真相时代下媒体的“自救”——事实核查

后真相时代的新闻业危机四起，新闻报道呈现出不断迭代和反转的局面。在一次次更迭推新的新闻报道中，由于缺少专业媒体有效快速地对新闻事实展开核查，导致受众获知新闻真相的成本变得过高，立场和情绪取代事实本身，新闻传受两端均更注重新闻故事的情感、价值和观点，甚至推崇假新闻带来的情感冲击和观点输入，新闻背后的真实客观景象被解构。随着假新闻的蔓延，网络媒体组织不得不思考通过技术革新重塑事实核查业务，对新闻的事实核查再次被提到重

要地位。

事实核查（Fact-Checking）概念源于西方，最初指传统媒体生产流程中为避免失实而产生的一种自我纠错工序。近十几年来，其内涵随着新闻实践的不断变化而发生改变。根据美国新闻学会的定义，“新闻事实核查以政客和影响他人生活与生计者为对象，由事实核查人员对上述人士言论中的事实进行调查验证，其工作独立于党派、利益和游说。事实核查的目的是向用户提供清晰的、经过严格核查的信息，以帮助用户运用事实，在投票和其他必要的场合做出基于事实判断的选择。”事实核查新闻致力于辨别真伪、正本清源，重塑新闻业作为事实提供者的重要角色。从某种意义上说，这或许可视为新闻业在后真相时代的自我拯救。

2017 年被西方称为新闻事实核查的爆发之年。这源于 2016 年英国脱欧公投和美国总统选举两大公共事件之中的虚假信息泛滥，各大媒体纷纷推出事实核查栏目或组建专门的事实核查团队。据统计，2016 年 Fact checker 网站的访问量是 2012 年的 5 倍；美国最具影响力的事实核查网站 PolitiFact 关于特朗普的信息高达 270 万浏览量；Fact Check.org 在 2016 年网页浏览量翻了一倍。

在线事实核查网站 PolitiFact 的总编辑兼负责人安吉雅·霍尔曼曾介绍过该网站的信息核查过程：在经过了传统的浏览相关文件和采访专家后，PolitiFact 的新闻会对新闻中的信息重新进行细节上的深究，并在结尾处列出所有的来源。在这个过程结束后，PolitiFact 会有 3 名编辑对该新闻进行评分（评分选项：一半是真的、大部分是真的、可能有一些假的、大部分是假的），以确保新闻中所有信息的真实性。

英国 BBC 新闻编辑室于 2017 年 1 月宣布以“慢新闻”打击假新闻：“我们需要慢新闻，需要数据、调查、分析和专业知识构成的更深入的新闻，以进一步了解我们所身处的这个世界。”同时，BBC 成立了永久的、专门的 12 人事实核查小组，包括聘请数据可视化专家、增加视频作品以及改进数据图形工具，最后将结果在 BBC 的“真实核查”板块予以发布。BBC 新闻特别强调新闻的准确性，其在 BBC 编辑手册中关于“准确性”一项明确写道：“我们必须检查和核实一切信息、事实和既有的资料，尤其是那些从网上获取的信息。”

此外，社交媒体平台逐渐掌握了对新闻的控制权，成为打击假新闻不可缺少的一环。美国 Facebook 公司在美国总统选举期间因“假新闻造就特朗普”而背上骂名，于是采取了大量措施严厉打击假新闻。2018 年，Facebook 决定进一步将新闻从信息流中分开，使受众能清晰辨认哪些是经过核查的新闻，哪些是未经证实的信息；同时 Facebook 在用户信息流的文章中添加了一个小信息按钮“i”，用户点击即可查看分享内容的原站点；最后 Facebook 与第三方事实调查公司 Snopes 合作，将 Facebook 自行筛选出的“可疑”新闻再次由 Snopes 的事实调查员核查。完成核查后，有关新闻将会被贴上标签及事实核查员求证的过程。

【思考与讨论】

1. 正如麦克卢汉“媒介即讯息”这句名言所指出的：媒介技术本身才是真正有意义的信息，它将会影响我们的思考和行为习惯。大数据时代，由于技术的发展而层出不穷的媒介伦理问题使我们不禁思考如下问题：“技术是否无罪？”

2. 面对“后真相”带来的行业危机，西方新闻界选择通过事实核查来重现真相，然而事实核查新闻的有限传播效果却不禁让人怀疑。仅靠“事实核查”是“后真相”时代新闻业的解药吗？

案例14 “滴滴顺风车空姐遇害案”

——自媒体的传播伦理

【案例概述】

2018年5月5日，河南郑州发生一起恶性杀人事件。一名空姐（李某珠）在当晚从酒店乘坐滴滴顺风车前往机场的途中，被滴滴司机残忍杀害。经警方勘查，李某珠死前曾遭到性侵害，后被捅伤二十多刀而亡。为追捕犯罪嫌疑人刘某华，滴滴公司在5月10日公布了其身份信息，公开向全社会征集线索。后经多方搜寻，警方在郑州市附近一河渠内打捞出刘某华的尸体，案件至此告破。

事后滴滴公司发表声明称，嫌疑人刘某华系借用其父的滴滴账号违规接单。有网友曝光称，嫌疑人刘某华在案发之前就曾因对乘客进行性骚扰而遭到投诉，然而滴滴平台的客服却没能对刘某华的行为做出妥善处理，而让他继续接单，监管不力的滴滴公司对这次惨案的发生负有不可推卸的责任。5月11日，滴滴公布了针对“顺风车空姐遇害事件”的自查进展，决定自5月12日零点起，将顺风车业务在全国范围内下线，停业自查整改一周。然而公众对此并不买账，看似诚恳的自查申明和道歉，实则仅以“不合理”“未被处罚”“未做妥善处理”等避重就轻之词来掩饰滴滴平台存在的漏洞，被认为有转移视线之嫌。

该事件经《新京报》《光明日报》等众多主流媒体报道后，引发公众热议。一时间，关于“网约车是否安全”的讨论成为网络舆论的焦点议题。滴滴打车因其方便、快捷的特点，在近年来公众出行的选择上占有绝对优势，其用户市场占有量相当大。此次事件与公众切身利益紧密相关，再加之其本身性质足够恶劣，于是事件一发生便迅速在网络上引发广泛关注和评论。

根据“清博舆情”发布的《2018年上半年企业舆情报告》显示，“滴滴顺风车空姐遇害案”在2018年上半年热度事件排行榜中以1076.33的舆情热值位列第一。该事件在新闻网站、微博、微信以及其他客户端上均有较大搜索量和点击量。一段时间内，关于“空姐遇害”“网约车安全”的自媒体文章在网络中频频爆出。

而某些不良自媒体为了增加流量、获得用户关注度，不惜在文章中大肆臆想撰写出一些血腥、低俗的场面，严重伤害了受害人及其家属。

而在警方勘查现场期间，一警务人员利用自己的职务之便，拍下了案件现场受害人遗体照片并上传到网络，严重损害了受害人的人格尊严，该人员最终也受到了法律的制裁。

纵观该事件的传播过程，媒体人员在报道时存在违背新闻基本原则的不当行为，触及了传媒业的基本伦理，给当事人及全社会造成了恶劣影响。

【案例分析】

一、技术异化导致个人隐私泄露

个人隐私是每个公民所享有的基本人格权，其受到严格的法律保护。现如今，网络技术常常致使个人隐私泄露。因此，对于公民网络隐私权的保护就显得尤为重要。

网络隐私权是隐私权在网络中的延伸，是指自然人在网上享有的私人生活安宁，私人信息、私人空间和私人活动依法受到保护，不被他人非法侵犯、知悉、搜集、复制、利用和公开的一种人格权；也指禁止在网上泄露某些与公民个人相关的敏感信息，包括事实、图像以及诽谤的意见等。在 2009 年出台的《中华人民共和国侵权责任法》中，我国第一次明确规定保护公民的“隐私权”。此外，第三十六条规定：“网络用户、网络服务提供者利用网络侵害他人民事权益的，应当承担侵权责任。”

网络中的隐私泄露常由人肉搜索导致。人肉搜索通常由一个热点事件“引爆”，网友们对事件当事人进行“刨根问底”式的追踪，以满足其自身的窥探欲。在这个过程中，网络技术的不断更新和社交媒体的开放性为这种搜索提供了操作上的便利。通过人肉搜索，事件当事人的个人信息被曝光于网络，网友们仅仅凭借一些搜索出的“碎片化”信息，便自行进行揣测，完成对事件人物的主观再造，并肆意散播于互联网中，这不仅给当事人生活造成极大不便，也最终导致网络暴力的形成。

在该事件中，刘某华作为犯罪嫌疑人，成为网友们抨击、谴责的对象。事件发生后，他的个人照片、社交网络、家庭信息均遭到严重曝光；并且在网络中被曝光的照片并未进行马赛克处理；且在与其妻子的合照中，其妻子的面部也并未进行任何的后期处理。如果说早前滴滴公布嫌疑人的个人信息是为了配合警方工作，那么后来刘某华的更多信息被网友们“扒出”，甚至牵连到与这场杀人事件无关的人身上，这就与早前的初衷相违背，完全成了网友们发泄情绪的狂欢。

对于一个社会热点事件来说，网络中的人肉搜索绝不仅仅针对事件的过错方，事件的受害方也同样是网友们热衷关注的对象。在该事件中，受害人李某珠的个人信息也遭到了严重曝光，其生前经历与未打马赛克的照片在网络中流传，网友们在对此事件的评论中纷纷表达了对这个年轻生命逝去的惋惜。然而不可忽视的一点是，看似是对受害人抱有同情心的公众，却在每一次随手转发、分享中使信息被更广泛地传播，对受害人家庭带来了二次伤害。

从社会效果来看，人肉搜索作为技术异化后的一种表现形式，对社会的稳定与团结带来了负面影响。一些民众打着维护社会公德的旗号，享受着通过人肉搜索带来的获知他人隐私信息的满足感，一些情绪性、非理性的言论在网络空间蔓延，不仅严重污染了网络环境，而且会造成当事人在现实社会环境中的心理压力和精神障碍，而从长远看，这也不利于社会的稳定发展。

二、价值观缺位引发二次伤害

所谓二次伤害，是指受害人在已经受到伤害的前提下再一次受到伤害。新闻中的二次伤害是指当事人出于各种原因受到外界的伤害后，由于媒体的不当报道，使当事人再一次受到精神或物质上的伤害。相较于传统媒体而言，自媒体的交互性和开放性使媒体的不当报道更容易给当事人造成较严重的伤害后果。

随着社交媒体的不断发展，越来越多的自媒体组织应运而生。在快节奏的行业现状下，“流量至上”成为众多自媒体追求的目标，如何寻找到当下受众的“痛点”是自媒体吸引眼球的关键。近年来一直受到传统媒体和公众诟病的自媒体大V“咪蒙”就极擅长制造流量，尤其在社会热点事件爆发后，其极富煽动性的言论往往将公众情绪推向高潮。因此，“咪蒙”式自媒体一直备受争议。

在“空姐遇害事件”中，为了迎合公众的猎奇心理，在追求流量的动机的促使下，自媒体“二更食堂”在5月11日20时3分发布了一篇标题为《托你们的福，那个杀害空姐的司机，正躺在家数钱》的文章。“二更食堂”的这篇文章意在蹭“空姐遇害”的热点。由于自媒体缺乏采访权，因此在面临众多同质化的新闻热点下，它们若想要“突出重围”，通常会围绕以下几点来操作：补充、整合、戏仿、意义泛化等。在获取流量的心理支配下，“二更食堂”就选择了补充这起恶性犯罪的细节。该文章用词露骨、媚俗，作者利用受害人李某珠的“空姐”职业、死前被强暴的“性暗示”，大胆臆想，对受害人的被迫害过程做了细致性描写，严重伤害了死者的生命尊严。凶杀和强暴事件本身就带有强烈的血腥因子，会对受众的心理产生强烈的刺激性，一些不良自媒体通过对事件过程做场景化的描述，添加相应的配图，以迎合受众的低级诉求来追求流量的方式无疑给整个媒体行业抹了黑。

出现这种现象的根本原因在于“二更食堂”的价值观导向出现了偏差。我们不能将这次事件仅仅看作是一家自媒体运营中的伦理失范，透过现象，其暴露出来的是整个行业在“流量变现”诱惑下的病态职业心理。在追逐利益的过程中，一些自媒体忽视审核机制，造成人员把关不到位，也暗含了放任其野蛮生长的意图。然而自媒体的传播存在边界，无论在什么平台上，从顶层价值观导向的塑造到内容的流程设计都需要严格的规范。此次事件也给自媒体行业敲响了警钟。在自媒体行业饱受诟病的情况下，唯愿有更多坚守新闻专业主义的自媒体出现，扛起行业大旗，引领时代风尚。

三、技术算法诱导犯罪事件发生

麦克卢汉的媒介理论认为“媒介即人体的延伸”，任何媒介都是人的感觉的扩展或延伸。在社交媒体不断发展的今天，大数据和算法技术被广泛地应用在人们周围。人们在享受着技术带来便利的同时，也在一定程度上被数据和算法所操控。

新闻和算法的结合使新闻的生产与分发方式都发生了极大的改变，人工智能在一定程度上取代了人进行新闻内容的生产，算法推荐技术改变了媒体信息的分发模式。今日头条就是利用算法技术达到精准推送的一个典型代表。然而，基于个性化的精准推送也将会导致信息茧房效应的出现和算法操控的问题。因此，新技术的出现对人类的生活来说是把双刃剑，为了避免由技术异化带来的难题，我们需要对技术本身进行冷思考，即对技术可能会涉及的伦理问题进行关切。①

在“空姐遇害事件”中，滴滴顺风车服务中具有一项“印象标签”的评论功能，该功能使顺风车车主可以获得乘客的乘车时间、地点、消费价格等信息，并通过印象标签的形式进行评论。据相关领域的律师表示，该功能的主要目的是想提供给司机一个接单时的参考，但若是超出了正常的评价信息，就会对乘客人身财产安全带来隐患。事实上，这项技术背后的潜在风险已经出现。5 月 11 日，一个微信公众号发文称滴滴上的“印象标签”功能存在安全隐患。在该帖晒出的截

---

① 张卓、吴占勇：《虚拟现实新闻的伦理反思——基于技术与媒介的双重视角》，《湖北社会科学》2017 年第 12 期。

图中，司机对乘客的评价多集中在女性乘客的外貌上，用词露骨、低俗，充满“引导性暗示”，例如“颜值爆表”“不化妆也漂亮”“美女下车时丝袜容易走光看得想入非非”，等等。滴滴顺风车业务上线伊始，社交功能就成了其最大的宣传点，增加的“印象标签”功能也是其社交服务的一部分。这项技术的研发人员在开发这项功能时，刻意忽视了其中存在的潜在风险，如今“滴滴顺风车空姐遇害案”的发生给滴滴及同行业敲响了警钟。

此外，“印象标签”这项功能还存在着消费女性的嫌疑。滴滴将带有性别歧视的服务作为营销卖点，将女性的性别优势作为吸引男性用户的手段。从帖子中可以看出，滴滴司机对女性外貌的过度关注与使用带有猥亵性质的词语，使女性群体的安全状况受到威胁。技术中立的说法使大数据完美躲在了人的背后，然而大数据在其中起的诱导犯罪的作用却也是客观存在的。

新技术的出现并不是一蹴而就的，而是一个选择和发展的过程。技术背后真正起决定性作用的依旧是人，如何让技术真正为人所用才是我们当前应该考虑的问题。如果每一项新技术的出现都需要让社会弱势群体承担后果，那么这项技术就是有悖于道德和人性的。在互联网时代，我们更应该关注的是人的温度，只有将人类的正向价值观赋予技术应用领域，技术才能真正地为人所用，朝着人类所希望的方向发展。

四、报道的客观性存在偏差

目的与手段的正当性问题一直是伦理学值得思考的命题，即究竟能不能为了目的的正当性而放弃手段的正当性？马克思曾说：要求的手段既是不正当的，目的也就不是正当的。马克思主义否定唯意志论和实用主义，即“不择手段达成目的”的做法。马克思主义认为，手段的卑鄙性也就证明了目的的卑鄙性，目的与手段必须是辩证统一的。

在新闻报道方面，调查性报道一直备受争议的很大原因就是其目的与手段的正当性之间存在冲突。有时候记者必须在隐藏身份的前提下才能获取真实的情况，而隐藏身份本身就是一种欺骗行为。用欺骗行为获得的真实情况，其目的正当，但手段却值得商榷。因此，这也就成为学界一直在讨论的问题。

在此，笔者对主流网络媒体澎湃新闻关于“滴滴顺风车空姐遇害”事件的报道做了如下考察与分析。在“澎湃新闻”的微信公众号中，截止到 2018 年 6 月 1 日，涉及“空姐遇害事件”的报道一共有 24 篇，其中聚焦于事件本身的报道共有 9 篇。在 5 月 11 日推送的《活要见人，死要见尸！“空姐遇害案”嫌犯弃车跳河，村里人都怕他》和《警方发现尸体，疑似“空姐遇害案”嫌犯》这两篇文章都对嫌疑人刘某华的身份信息做了进一步的公布。在报道中，记者在对刘某华的生平进行介绍时使用了大量的贬义词汇，例如刘某华“总换工作，从小打架狠”“曾把爷爷养老金领走”“妻子因性格问题离开他”“曾扬言要杀人”等，这些描写在公众心中塑造了一个恶贯满盈、咎由自取的恶人形象。然而，在对于受害人李某珠的描述中，与前述做法完全相反，语句以褒义居多，如“人缘好”“大学期间曾勤工助学”等，塑造了一个乖巧听话的邻家女孩形象。

从报道中可以很明显看出，记者对犯罪嫌疑人的聚焦描写往往偏向其坏的一面，而对于受害者更倾向于报道其好的一面，其内容真假，无以辨别。尽管记者亲自采访了刘某华老家的邻居与村民，但也并不能保证在他们的叙述和评价中不含有“墙倒众人推”的倾向。且不论村民话语真假，在报道中记者却没能交代出全部事实，而是只挑取了对自己报道角度有益的素材。因此，记者的报道存在倾向性是必然的。

在报道一个社会热点事件时，尤其涉及公众的切身利益且嫌疑人作案手法残忍的情况下，记者通常对事件双方采取不同的报道态度。从功利主义的角度来说，对弱势群体的关切使社会情绪得到了适当发泄，同时进一步扩大了事件的影响力，使社会上更多公众关注到网约车的安全问题；然而从目的与手段的正当性角度来说，记者对犯罪嫌疑人生平信息的曝光与谴责，使嫌疑人及家属暴露在公众的目光之下，尽管其初衷在于警示社会，但因手段上存在瑕疵，忽视了犯罪嫌疑人应有的人权等问题，难免会使得目的实现效果大打折扣。

【延伸阅读】

一、功利主义与义务论

道德功利主义与道德义务论是伦理学中两个最主要的学说。道德功利主义又称道德目的论，其理论代表者是边沁和密尔。该理论认为善优于正当，道德仅仅是谋求利益的手段，遵守道德是为了功利，是有条件的。在边沁看来，功利就是一种人们趋利避害的特性，即给当事人产生快乐、善或幸福，或防止给当事人带来痛苦、恶或不幸。他认为动机本身本无善恶，只是根据其产生的效果才会有善恶之分。功利主义给出了一种判断人类生活行为的准则——最大多数人的最大幸福原则。因此就媒介而言，作为社会组织的大众传播媒介，应该着力满足社会上大多数人的最大幸福。

义务论又称道义论或非目的论，该理论是与道德功利主义或者道德工具论、道德目的论相对立的道德理论。义务论或道义论以正当和义务为伦理学的核心范畴，认为正当独立于善并支配善，正当的价值高于并优于善的价值。其中，美国政治哲学家、伦理学家约翰·罗尔斯的正义观认为，所有的社会价值——自由与机会、收入和财富、自尊的基础——都要平等地分配，除非对其中一种价值或所有价值的一种不平等分配合乎每个人的利益。因此，就媒体而言，首先需要符合机会平等原则，即人们都拥有通过媒体发表意见的权利，接触媒介的机会是平等的。其次，如果已经存在不平等，那么媒介应该为社会中最不利地位的人们提供最大可能的利益，确保机会的平等。

二、新媒介素养

自媒体时代，每一个用户都可能成为信息的发布者和传播者。用户媒介素养的高低直接决定了网络媒介伦理问题的产生和发展。为了适应互联网革命和社交媒体盛行的时代背景，李·雷恩尼和巴瑞·威曼在他们的著作《网络化：新的社会操作系统》中提出了“新媒介素养”[①] 这一概念。新媒介素养包括公众在新的网络时代背景下所需要具备的能力，具体为图像处理能力、导航能力、信息的组织和联通能力、专注能力、多任务处理的能力、怀疑精神以及道德素养。

图像处理能力：在互联网时代，各种信息都以可视化的方式进行传播，公众无时无刻不在与屏幕进行交流。因此，公众应该熟知利用图像进行信息传播与加工的能力。

导航能力：在数字媒体时代，以印刷和广播为代表的线性信息格式正在逐步被超文本、网络化信息所取代。具备这些新媒介素养的人能够在网络上纷繁复杂的信息渠道和格式间游刃有余。

信息的组织和联通能力：互联网时代所提供的信息基本是碎片化的。从纷繁复杂的信息海洋中，提取出有价值的并能将之与社会背景等更宏观的信息相联系的能力就是信息的组织与联通能力。

专注力：专注力是互联网时代公众最需要也最缺乏的一种能力。信息无处不在，公众的注意力被分散，很少能专注地做一件事。因此，专注力要求公众在面对互联网与智能手机的干扰时，也能开启自己的“独处时刻”。

---

① Lee Rainie, Barry Wellman, *Networked: The New Social Operating System*, Cambridge: The MIT Press, 2012.

多任务处理的能力：成功的网络化个人能够同时处理来自家庭、朋友、工作、公共机构的任务。

怀疑精神：公众在传播或接受来自他人的信息时，要具备批判信息的能力。尤其是对于社会关系网络极为广泛的人来说，这种精神极为重要。怀疑精神能帮助公众过滤掉那些不完整的、有偏见的、提供错误信息的人群和信息。

道德素养：公众在发布或传播信息时应选择真实的、对社会无害的信息。道德素养对公众社会责任感的树立提出了要求。

【思考与讨论】

1. 在大数据时代，个人隐私的边界在哪里？如何避免自己的隐私受到侵害？

2. 面对引发舆论热议的社会公共事件，新闻媒体是否应在报道上更倾向于弱势群体？这是否有违新闻客观性的基本原则？

3. 如何看待由人工智能技术带来的媒介伦理问题？

案例 15 “寻找汤兰兰”

——新闻报道的“二次伤害”

【案例概述】

2008 年 10 月，当时还不满 14 周岁的女孩汤兰兰向黑龙江省五大连池市龙镇警方写了一封举报信，称自己从 6 岁开始被父亲、爷爷、叔叔、姑父、老师、村主任、乡邻等十余人强奸、轮奸，时间长达 7 年。当地警方接到举报后于次日立案。10 月底，陆续有 16 名涉案人员被警方抓捕。其中，汤兰兰的爷爷汤瑞景于 12 月 13 日在看守所内大量呕血，送医院后抢救无效死亡。

经过司法机关的依法侦查，查清了案件犯罪事实，涉案人员全部被抓捕归案。2009 年 8 月，黑龙江省黑河市人民检察院以强奸罪、强迫卖淫罪对汤某海（汤兰兰父亲）、万某玲（汤兰兰母亲）等 11 名被告人提起公诉。9 月，黑河市中级人民法院对“汤兰兰案”进行了第一次开庭审理。庭审过程中，11 名被告人否认犯罪事实，声称他们是在刑讯逼供的情况下做出的有罪供述，只有被告人汤兰兰的姨夫徐某生承认曾对汤兰兰有过猥亵行为，但并没有真正对其实施侵害。

2009 年 12 月，黑河市人民检察院以事实证据发生变化为由，向法院申请撤回起诉。黑河市中级人民法院裁定准许撤回起诉。2010 年 6 月 28 日，在撤回起诉半年之后，黑河市人民检察院重新向黑河市中级人民法院提起公诉。2010 年 10 月 22 日，在经过重审之后，黑河市中级人民法院最终分别以强奸罪、嫖宿幼女罪、强迫卖淫罪对 11 名被告人进行判决。被告人汤某海被判处无期徒刑，其余十名被告人万某玲、刘某海、纪某才、梁某权、王某军、李某才、刘某友、徐某生、陈某付、于某军被判处 5—15 年有期徒刑不等。

一审判决后，11 名被告人以公安机关进行了刑讯逼供为由，上诉到黑龙江省高级人民法院。2012 年 10 月 26 日，黑龙江省高院驳回 11 名被告人的上诉请求，依法做出维持原判的判决。2018 年 1 月 28 日，五大连池市公安局在打击“黄赌毒”专项行动中抓捕了四名卖淫嫖娼人员，其中两名嫌疑人正是“汤兰兰案”的涉案人员。

2018 年 1 月，这样一起不公开审理的强奸幼女案，在尘封近十年后，被媒体以“寻找汤兰兰”为名在网上公开报道，迅速吸引了公众目光并引发各种讨论与猜想。2018 年 1 月 30 日，澎湃新闻在微博上发布了一篇名为《寻找汤兰兰：少女称遭亲友性侵，11 人入狱多年其人“失联”》的报道，该文章将这起十年前的性侵案暴露在大众面前。当晚澎湃新闻的记者王乐发布题为《10 年前，14 岁的她以性侵等罪名把全家送进监狱，然后失踪了……》的文章，阅读量高达 10 亿。紧接着，网络上开始出现大量“少女把全家人送进监狱后失踪”的消息。1 月 31 日，澎湃新闻又发表了《汤兰兰案，性侵还是冤案？复核程序应尽快启动》一文。之后，《新京报》跟进报道，通过《女孩被全家“性侵”、被告喊冤 10 年，是〈素媛〉还是〈狩猎〉?》一文对“汤兰兰案”是一起性侵案还是冤假错案提出质疑。随后《新京报》又针对此案发表一篇题为《被全家“性侵”的女孩，不能就这么失联着》的评论。很多网友在媒体和舆论大潮的带动下，也纷纷表示应该找到当事人重新审理案件，给公众一个真相。在对此案件进行报道的过程中，澎湃新闻首先曝光了汤兰兰的个人户籍信息，《新京报》《中国青年报》和凤凰网等多家主流媒体和各大网站、贴吧也撰写、转载相关新闻来呼吁“寻找汤兰兰”。“寻找汤兰兰”的呼声越发高涨，“汤兰兰案”被推上舆论的风口浪尖。

2018 年 1 月 31 日，五大连池市政法委通过微信公众号“五大连池发布”进行了回应，其中介绍了案件办理情况以及刑满后个别涉案人员违法情况，并提醒广大网友不要听信、传播网络上别有用心之人断章取义、混淆视听的不实炒作，同时也表示将支持引导当事人依法申诉，并依法依规处理相关诉求。在官方文件下面，还附有一篇题为《请停止呼吁寻找“汤兰兰”》的自媒体文章，指出了澎湃新闻关于该案报道中的主观臆断、用词失实、误导舆论等问题。

然而媒体并没有停止寻找汤兰兰。紧接着，关于当年“汤兰兰案”的各种疑点被报道出来，更有媒体声称此案有冤假错案的可能，再次引起网民热议。在强大的舆论压力下，时隔多年，黑龙江省高级人民法院再次复查审理“汤兰兰案”。2018 年 2 月 7 日，黑龙江省高院通过官方微博回应汤兰兰案：“汤继海、刘万友、陈春付、于东军不服生效裁判向我院提出申诉，我院正依法审查处理。”

2018 年 7 月 27 日，经过五个多月的调查和复查，黑龙江省高级人民法院公开开庭宣布驳回“汤兰兰案”原审被告人汤继海、万秀玲等人的申诉。据黑龙江省高级人民法院通报，该院对各申诉人的申诉理由、汤继海代理律师的代理意见、提交的证据材料和申请调查核实的证据，以及网络关注的问题逐一进行了调查核实，对全案的事实、证据进行了认真细致的审查，经该院审判委员会讨论，得出上述审查结论。

最终，“汤兰兰案”的许多疑团被解开，事实的真相也浮出水面。经调查，汤兰兰的母亲万某玲服刑期满被释放后，因不服审判结果，与陈某付、于某军等开始不断到非指定场所上访，并且借助媒体的力量进行炒作，以向当地有关部门施压，企图翻案。相关媒体没有考虑这起未成年人被强奸案的特殊性，没有尊重相关法律和司法程序，也没有核查新闻的真实性就呼吁寻找受害者汤兰兰，最终上演了一场舆论狂欢。这实属媒体失职。

【案例分析】

一、个人信息曝光侵犯受害人隐私权

隐私权是指自然人享有的私人生活安宁与私人信息秘密依法受到保护，不被他人非法侵扰、知悉、收集、利用和公开的一种人格权，而且权利主体对他人在何种程度上可以介入自己的私生活，对自己的隐私是否向他人公开以及公开的人群范围和程度等具有决定权。

在我国现行法律中，《侵权责任法》第二条规定了民事权益范围，隐私权位列其中。以下行为可归入侵犯隐私权范畴：未经公民许可，公开其姓名、肖像、住址、身份证号码和电话号码；私拆他人信件，偷看他人日记，刺探他人私人文件内容，以及将他们公开；调查、刺探他人社会关系并非法公之于众；泄露公民的个人材料或公之于众或扩大公开范围；收集公民不愿向社会公开的纯属个人的情况。澎湃新闻和《新京报》等媒体未经受害人汤兰兰同意就擅自将其举报信图片和户籍信息发布出来，侵犯了汤兰兰的隐私权。

除此之外，案件中关于汤兰兰遭遇性侵过程的私密信息也被媒体曝光。在这样一个未成年少女遭受侵犯的案件中，媒体在对其进行报道时应该严格遵循法律规定。就这起特殊案件的细节来讲，民众的知情权本就应让位于当事人的隐私权，媒体不能为了满足部分受众的猎奇心理和窥私欲，对强奸犯罪的细节进行过于细致的描述和曝光。

在媒体的推波助澜下，民众对查清“汤兰兰案”究竟是一起性侵案还是冤假错案的呼声越来越高。中央电视台新闻频道对这一案件进行了详细报道，为了保证报道的真实性同时保证受害人的隐私不受侵犯，记者连线了汤兰兰并对其声音进行了处理。汤兰兰在电话里说，网络上的这些报道与议论让她时隔十年之后再次感受到了恐惧，“我害怕他们找到我，我害怕所有的人都相信他们说的是事实，害怕我周围的人知道这个人就是我，我只想要一个安静的生活，就这么难吗?”

北京青少年法律援助与研究中心主任佟丽华认为，在儿童遭性侵这类案件中，必须要保障受到伤害的孩子的权益，对于一个司法机关确认的或者一个可能的未成年性侵案件的被害人，媒体也好，公众也罢，都不能去人肉搜索、不能去大规模地寻找，即使寻找，也只是司法机关在保障当事人隐私和名誉的前提下进行的行为，媒体不能这样。因此，不论“汤兰兰案”存在怎样的疑点，汤兰兰的隐私都应该在一定程度上得到保护。

二、媒体行为违背新闻专业主义原则和新闻职业道德

新闻专业主义是一种独立于任何权威之外的新闻从业理念，带有一定的理想主义色彩和强烈反权威精神。它要求记者以客观、真实、准确的标准去报道事实、挖掘事情的真相。其最突出的特点是相信可以从非党派、非团体的立场客观地报道新闻事实。新闻专业主义的目标是服务于全体人民而不是某一利益团体。①

在新闻专业主义中，事实和观点必须明确区分，新闻工作者在报道新闻事件时应该坚持不偏不倚、客观中立的原则，坚持用事实说话，将事情的真相呈现给受众。这既是对新闻事实的尊重，也是对受众的尊重。保证新闻报道真实性的一个重要前提就是：多方质证，即给予事件涉及的各方平等的表达机会。而在“汤兰兰案”的相关报道中，一些媒体在没有查清案件原委时就呼吁“寻找汤兰兰”，在没有采访到与案件相关的多方当事人时，仅听汤母等被告人一面之词，不经查证就进行报道，报道立场存在明显倾向性，误导受众质疑此案的司法公正性，暗示案件可能是冤假错案，毫无疑问这种做法违背了新闻专业主义的原则。

新闻职业道德是新闻工作者在长期的新闻实践活动中形成的、调整人们相互关系的新闻规范和准则，是社会道德对新闻记者这一职业所提出的特殊要求。我国的《中国新闻工作者职业道德准则》提出：新闻工作者要通过合法途径和方式获取新闻素材，新闻采访要出示有效的新闻记者证，认真核实新闻信息来源，确保新闻要素及情节准确；报道新闻不夸大不缩小不歪曲事实，不摆布采访报道对象，禁止虚构或制造新闻；维护采访报道对象的合法权益，尊重采访报道对象的正当要求，不揭个人隐私，不诽谤他人。

---

① 郭镇之：《舆论监督、客观性与新闻专业主义》，《电视研究》2000年第3期。

澎湃新闻记者王乐发表的报道《10 年前，14 岁的她以性侵等罪名把全家送进监狱，然后失踪了……》中，第一句话就写道："14 岁那年，正在读初一的汤兰兰（化名）把全家人送进了监狱。"这句话忽略了判决中汤兰兰的受害者身份，反而带有预设性地怀疑受害人诬告被告人，导致读者看完这篇报道后质疑案件的公正性。美国《报人守则》中指出：出言不逊者，不适宜从事于新闻之写作。受本身偏见所左右及他人偏见之笼络，都应该避免，绝不能因威逼利诱而逃避本身之责任。记者王乐在没有确凿证据的情况下就怀疑被害人汤兰兰有可能诬陷被告，而且使用带有预设立场和引导性的陈述报道措辞的行为非常不妥，违反了记者的职业操守，丧失了媒体人应该秉承的客观中立立场。

三、报道缺乏人文关怀，使受害人受到"二次伤害"

人文关怀是指以人为本，强调对人的尊重和关心，代表一种博爱的精神。目前，人文关怀已经深入到众多领域。新闻媒体作为信息与人的交流中介，与人息息相关，所以也需要重视人文关怀。新闻报道中的人文关怀指的是在报道中从以人为本的理念出发，体现出对人的关怀，这不仅是媒体提高自身报道水平的要求，更是媒体具有社会责任感的重要体现。

澎湃新闻和《新京报》在报道"汤兰兰案"时，非但没有对汤兰兰年少时被性侵的遭遇表示同情和关心，反而站在汤母等被告人的立场上预设冤假错案的可能，将汤兰兰的"人间蒸发"解读为可能因为诬告才选择换另外一种身份不被别人找到。比如在相关报道中有如下话语："这样充满张力的案情，比无数影视剧都更富戏剧性：14 岁女孩举报全家及村中多人共同对其性侵，11 人因此获罪，涉案家庭申诉 10 年，举报者突然'失联'，'悬疑'气息浓郁。"字里行间冷淡疏离，甚至将案件与影视剧做对比，漠视受害人的人格尊严，明显缺乏人文关怀。

传媒领域的"二次伤害"主要是指突发事件或者灾难事件在对受害者及其家属造成第一次身体、精神伤害或者财产损失后，由于新闻记者的不当采访或者渲染式报道，给受害者及其家属造成身体或者精神的再一次伤害，即二次伤害。本案发生多年之后，媒体突然开始呼吁"寻找汤兰兰"，案件的疑点以及汤兰兰被性侵的细节都被曝光，甚至有些媒体怀疑是汤兰兰蓄意诬陷其父母及亲人等被告人。这种报道无疑是对受众认知的扭曲。

依据卷宗，汤兰兰受害时未满 14 周岁。结案后，政府做了一系列保护汤兰兰的后续工作，包括重新指派监护人、更改受害者姓名、转移户籍和学校等。但十年后媒体公布出她的生日、户籍、住址、身份证号、就读学校等大量私人信息，令之前政府所做的一切帮助工作功亏一篑。媒体的这些做法无疑对受害人汤兰兰造成了“二次伤害”，也反映出一些新闻机构及从业者人文关怀精神的丧失。

在新闻报道中，应尽可能避免暴露不能公开或不适合公开的画面，规避不当的言辞，确保被采访对象个人隐私与个人生活不受到侵犯。特别是在犯罪新闻报道中，要予以受害人必要的人文关怀，在揭露违法犯罪的同时，降低新闻报道对受害人造成的二次情感伤害。当被采访对象不愿意接受记者采访或者拒绝回答某些问题时，应该尊重被采访对象的意愿，不能强迫其进行回答或者没有得到充分的信息就随意报道。

四、新闻媒体行使舆论监督权不当

新闻媒体拥有舆论监督权。威尔伯·施拉姆在《大众传播的责任》一书中提道：“不少美国人已经觉得大众传播事业规模如此之大，力量如此之强，与阅听人相距又如此之远，除开政府，已经没有别的机构能出面管制。”在中国，新闻媒体同样拥有强大的力量，正是因为媒体拥有舆论监督权，如何正确行使这项权利就更应该引起重视和反思。网民寻求真相与公正，各媒体“寻找汤兰兰”的初衷也许是为了寻求公正，但寻求公正必须在相应的法律程序下进行，否则就会演变成舆论的暴力狂欢。

新闻媒体行使舆论监督权必须尊重法律程序。在新闻实践中，媒体从业人员往往因为缺乏足够的法治观念或对法律的各项规定不够注意而违反相关法律规定，这些错误必须要重视并且尽力避免。监督权一旦滥用，媒体的公信力就会丧失，媒体监督的有效性与公正性也就被破坏了。

澎湃新闻曝光受害人汤兰兰的个人信息无异于将一个刚刚脱离苦海的人再次置身于危险之中。《新京报》发表的题为《女孩被全家“性侵”、被告喊冤10年，是〈素媛〉还是〈狩猎〉?》文章，警示新闻从业者在报道涉及性侵幼女的案件时，必须要坐实证据，否则的话不仅给当事人带来“二次伤害”，还冲击人们对司法公正的期待。纵使该案存在冤假错案的可能，翻案也应该由相关的司法机关来审查，新闻媒体没有权利妄下结论。澎湃新闻和《新京报》也因此受到众多网民的质疑和批评。

对于“汤兰兰案”或其他引发争议的案件，作为向社会公众传播信息的重要途径，新闻媒体应该做的是尽可能向公众呈现事件的真相，而不应该只顾一面之词去传播信息使受害人受到“二次伤害”。毫无疑问，公众需要真相，新闻媒体也有责任和义务去报道真相，但在犯罪报道中如何把握报道分寸，是新闻媒体机构和新闻人应该慎重思考的重要问题。只有回归法律，按照司法程序，用证据呈现真相，才能让人们感受到公平正义。

【延伸阅读】

一、新闻消费主义

新闻消费主义是指以市场为指向的一系列新闻生产理念的集合。市场是新闻运作与生产的指挥棒与无形的手，强调对受众的迎合，新闻市场营销观念也由“4Ps”转向“4Cs”。①也就是说，新闻生产以受众为主，新闻的内容、形式以及新闻理念都以受众的接受作为标准。“由此引发的新闻制作准则是：以尽量小的成本制作新闻，吸引最大多数的对广告商有价值的目标受众、尽量不触犯利益攸关者。”②这样的新闻生产与制作理念无疑会对新闻的客观性带来消极影响。

新闻消费主义区别于新闻专业主义，二者具有不同的价值观。新闻消费主义把观众看作消费者，把新闻资讯看作商品，它营造一种新闻消费社会氛围，使新闻商业化、娱乐化。新闻消费主义主要指新闻商业化、娱乐化，具体表现为报道内容由“硬新闻”转向“软新闻”，报道形式追求故事化、娱乐化的手法，强化悬念和煽情。

新闻消费主义的出现对新闻专业主义造成了一定程度的消解。在媒介观上，新闻专业主义注重公共利益，坚持以公共服务为目标，在这种理念指导下的新闻工作通过保障信息流通来提供公共服务。新闻消费主义注重利润，着眼于最大限度地争取利润。在受众观上，新闻专业主义理念在满足受众知情权的前提下，注重关系国计民生的大事的报道，倾向报道硬新闻。而新闻消费主义为了提高媒体效益，注重富有人情味的软新闻的报道，更有甚者，广告与新闻混淆，为了广告费而刻意误导受众，以新闻报道的方式登载广告。

在市场经济、消费主义的社会背景下，媒体在赚取经济利益的同时，不可放弃专业操守和社会责任。尤其是互联网媒体及其从业者，要培养正确的新闻观、提高新闻报道专业素质以及做好新闻消费主义背景下的“软新闻”报道等，积极借鉴新闻专业主义的报道理念，充分发挥新闻报道的社会公器职能，正确引导公众的价值观，避免庸俗化、暴力化的“眼球经济”，推动网络新闻生态良性发展。

---

① 4Ps是指产品（Product）、定价（Price）、渠道（Place）和促销（Promotion）；4Cs是指消费者的需要（Consumer）、消费者愿意付出的成本（Cost）、便利（Convenience）和沟通（Communication）。

② 沈浩：《新闻理念与市场理念——两种新闻制作理念在当代美国的交锋》，《新闻大学》2002年第2期。

二、被遗忘权

被遗忘权是指服从人们的要求、顺从民意，把新闻报道和其他网页上可能会令人尴尬的内容链接从搜索结果中移除。欧盟早在1995年就在相关数据保护法律中提出了“被遗忘权”，即任何公民可以在其个人数据不再需要时提出删除要求。欧盟委员会从2012年开始建议制定关于“网上被遗忘权利”的法律，提议包括要求搜索引擎修改结果，以符合欧盟保护个人信息的方针。

欧盟最高法院2014年5月裁定，允许用户从搜索引擎结果页面中删除自己的名字或者相关历史事件，即所谓“被遗忘的权利”。根据该裁决，用户可以要求搜索引擎在搜索结果当中隐藏特定条目。北京时间2014年6月26日，谷歌公司宣布已经开始根据欧盟最高法院的裁定而在搜索结果中删除一些特定内容，给予用户“被遗忘权”。

互联网时代，网络便于共享的特性使信息得以大范围传播，信息生产与扩散呈现出繁荣态势。但是，这也极易导致个人信息泄露以及被滥用。近年来，很多网络事件中的当事人遭到人肉搜索，其照片、个人信息、家庭住址，乃至家庭成员的信息也都被曝光。目前，在微博、网站或贴吧中搜索“寻找汤兰兰”等关键词会发现，汤兰兰的户籍信息、举报信、卷宗记录和汤兰兰被性侵过程的描述等内容依然未做技术处理并在网上流传。

事实上，“被遗忘权”拓展了个人隐私保护的内涵。信息主体有权要求数据控制者永久删除有关的个人数据，有权被互联网所遗忘。“被遗忘权”的出现，意在改变数据主体难以“被网络遗忘”的格局，赋予信息主体控制个人信息的自决权利。“被遗忘权”对于网络事件中个人信息的保护，做到了在技术层面予以弥补，可以通过“删除”或“隐匿”的形式实现个人信息在网络上的“消失”。

【思考与讨论】

1. 媒体应该为公众提供事实真相，但在保障公民知情权的前提下，如何界定新闻媒体的报道边界？

2. 新闻媒体拥有监督权，但在很多犯罪案件的报道中，媒体往往会逾越相关法律或司法程序。在今后的新闻报道中，媒体怎样处理舆论监督与司法实践之间的关系？

法 规 篇

案例1　“今日头条”侵权案

——聚合型网站对著作权的侵犯

【案例概述】

“今日头条”是一款为用户推荐个性化信息的新闻客户端，它通过技术手段抓取其他网站的新闻，并根据用户的阅读习惯把这些新闻进行整理后推送给用户，为用户提供感兴趣的信息。“今日头条”以“我们不生产新闻，我们是新闻的搬运工”为口号，截至2018年6月，累计激活用户超7亿，月活跃用户数量达2.63亿。其中，“头条号”已经有超过4.1万个账号，包括超过11000家媒体、企业和政府机构账号。

然而自2014年以来，有关“今日头条”侵权的争议却持续不断。当年6月4日，《广州日报》起诉“今日头条”，认为其侵犯了自身著作权；6月5日《新京报》发表社论称：“事实上，‘今日头条’搬运的不仅是新闻，更是版权。”该篇社论认为，所谓的“新闻搬运工”掩盖了侵权的事实。“今日头条”的内容发布形式与其他客户端并不相同，其多是以链接其他网站内容的形式做出，而非直接转载他人作品。“今日头条”所展现的新闻并非用户直接使用搜索引擎精度搜索得来的，而是该款App事先通过对信息的整理、归类、排行和大数据运算之后，得到“二次加工”的新闻。这种通过经营者自身行为展现新闻的方式，在著作权法领域是典型的侵权行为。

6月24日，搜狐宣布对“今日头条”侵犯著作权和不正当竞争提起诉讼，要求对方立刻停止侵权行为，赔礼道歉，并赔偿经济损失1100万元。北京市海淀区法院于6月27日正式受理该诉讼。搜狐方面认为，“今日头条”未经许可复制、篡改搜狐享有著作权的内容，严重侵犯了搜狐的著作权。搜狐公司指出，“今日头条”侵权模式主要有两种：第一，直接抓取复制使用搜狐网、搜狐网手机版及搜狐新闻客户端里的文章、图片；第二，采用App内置的浏览器框架嵌套显示第三方的新闻页面，还在其移动端软件的网页上端设置原文链接地址，但同时“今日头条”在页面上增加自己的推广内容、评论内容等。

“今日头条”则认为自己并不侵权，其CEO张一鸣回应称，“今日头条”的运作模式类似于搜索引擎。他认为“今日头条”在技术上使用了搜索引擎的爬虫技术，机器人从网页自动抓取内容，在访问量上，大部分转向直接链接，这部分内容不会对原网页有修改，而是把原网页完整呈现给用户。“今日头条”还发表声明称：“今日头条此前与搜狐公司的诸多部门都保持着友好的合作往来，搜狐不仅主动要求导流量，还主动为今日头条适配接口。”这之前，搜狐曾经主动找“今日头条”，表示希望把搜狐咨询业务并入“今日头条”，但是遭到拒绝。“今日头条”认为，这次搜狐状告“今日头条”本质上是行业竞争行为。

2014年9月15日，时任国家新闻出版广电总局（国家版权局）副局长阎晓宏表示，6月份国家版权局联合其他多个部门启动了打击网络侵权盗版专项治理的“剑网行动”，重点就是要保护数字版权、规范网络转载。在此行动之前，国家版权局就收到部分媒体的投诉，称“今日头条”涉嫌侵权。之后，国家版权局依法对“今日头条”涉嫌侵权立案调查。从调查情况看，“今日头条”网站及其移动客户端通过信息网络向公众提供他人新闻作品及相关图片内容的集成、聚合、搜索、浏览和评论等服务。经调查确认，权利人投诉的部分新闻作品及相关图片均由该网站存储和传播，而非链接跳转方式，构成侵犯著作权人信息网络传播权。之后，该公司积极整改，迅速删除了所有侵权作品，并主动全面与媒体洽谈使用作品的版权采购事宜。

【案例分析】

互联网为人们带来便利的同时也使人们置身于繁杂的信息之中，于是聚合型网络平台应运而生。“今日头条”就是这种聚合型网络平台的代表，它凭借“你关心的，才是头条”的个性化信息推送服务赢得人们的喜爱。“不做内容生产者，只做内容分发者”，生动地说明了“今日头条”的运作模式。

一、“今日头条”侵犯著作权人著作权

虽然“今日头条”称自己并未侵权，客户端只是像百度搜索引擎一样，应该把“今日头条”理解成相当于PC互联网上的百度这样的工具，根据用户的习惯抓取其需要的内容进行呈现，并且如果对内容有异议，还会断开链接。但事实上，用户在点击“今日头条”客户端推送的其他媒体的作品时，并不是直接通过链接进入其他媒体的网页上。“今日头条”会对其他网站的网页进行转码，使作品内容更适合在手机上查看。在用户使用上，当点击某一则新闻时，“今日头条”只会在新闻最后加上一行小字，写明新闻来源，而且会去除掉原始新闻网站的广告，这样用户很难知道新闻的真正来源，同时也损害了原网站的商业利益。这种使用方式其实属于“深度链接”。所谓深度链接，即将网站内部页面与对方网站内部页面进行链接，包括加框链接和嵌入式链接等类型。目前对这种链接是否侵权争议很大，多数认定为侵权。

“今日头条”称自己只是提供了链接，而无侵权行为。但是正如上文所说，“今日头条”不仅是链接了内容，而且还对内容进行“转码”，使内容适合在手机上查看。并且“今日头条”不仅对内容进行了“转码”，还把“转码”后的网页保存在了自己的服务器里。用户在点击新闻标题查看新闻内容时，不是跳转到原新闻来源的网站上，而是在“今日头条”的服务器中获取内容。该行为属于未经许可复制，也即最高人民法院在《关于审理侵害信息网络传播权民事纠纷案件适用法律若干问题的规定》第三条规定的“网络用户、网络服务提供者未经许可，通过上传到网络服务器、设置共享文件或者利用文件分享软件等方式将作品置于信息网络中，使公众能够在个人选定的时间和地点以下载、浏览或者其他方式获得”的行为。这种行为应该被认定为构成侵害信息网络传播权。

根据《中华人民共和国著作权法》总则第五条的规定：本法不适用于时事新闻。这里的“时事新闻”被定义为“通过报纸、期刊、广播电台、电视台等媒体报道的单纯事实消息”，其一般都具有时效性。如果作者在报道时事新闻的同时涵盖了具体细节、加入个人的判断或评论或对其进行创造性的编排，作品就会因为含有“事实性的表达”而上升为“新闻作品”，并因其独创性表达而受到著作权保护。而“今日头条”上的“头条”，虽然有一部分是时事新闻，但是也有很大一部分涉及其他新闻报道类型，不是单纯的时事新闻，这些内容显然应当受著作权法保护。

另外，“今日头条”设置链接的方式，由于没有显示原网页中的广告，导致新闻来源网站无法收回获取著作权授权的成本，并且它还分流了原网站手机客户端的用户，损害了这些网站的合法利益，构成不正当竞争。那么，“今日头条”是否可以主张如果其他网站有一些内容不希望被“今日头条”的爬虫抓取，他们可以设置“机器人协议”告知爬虫，网站上的哪些内容不能抓取，哪些可以被抓取，所以抓取他人网站内容不是未经许可？这种主张也是不合理的，我国也有相关案例。例如，在大众点评网诉爱帮网不正当竞争案中，被告爱帮网作为搜索引擎提供商，大量复制大众点评网中对商户的点评内容，并且声称“任何网站如果不想被爱帮收录，应该遵照互联网行业惯例在其网站中用机器人除外协议加注拒绝收录标记，否则，爱帮将视其为可收录网站”。但是，北京市第一中级人民法院终审认为，点评的内容体现了作者的个性、情感和体验，具有独创性，著作权受法律保护。同时，爱帮网的行为在形式和内容上均明显超出了提供搜索引擎服务的范围，其涉案内容已构成对大众点评相应内容的实质性替代，损害了大众点评的商业利益，构成《中华人民共和国反不正当竞争法》所禁止的不正当竞争行为，依法应当承担停止侵害的法律责任。

综上，“今日头条”在没有获得著作权人授权的情况下设置了深度链接，如果其对原网页内容有修改，或者对网页进行重新布局等，那么就侵犯了相关著作权人的信息网络传播权；即使没有对原网页的内容进行改动，也有可能构成不正当竞争。

二、侵权行为不利于传媒业发展

“今日头条”自己不生产内容，不购买版权，而只是通过深度链接从其他网站上“转码”新闻内容，并且以这种方式赢得用户、赚取利润。这种方式侵犯了被链接新闻网站的权益，影响了它们的收益，挤占了市场份额，并且也威胁到了原网站的生存。

传统媒体采写原创内容是有成本的，这些作品的策划、采写、编辑、发行等各个方面都包含着很多记者和编辑的心血和汗水，所以传统媒体一般会通过刊载广告、收取订阅费等方式获得收益。如果用户能够轻易地从“今日头条”等聚合类网站上看到这些内容，并且养成习惯，那无疑会减少传统媒体的受众，其订阅量和网站访问量都会下降，原有商业模式难以为继。“今日头条”依靠其技术优势抓取和推荐新闻，屏蔽掉原有网站广告，自己植入各种广告获得收入的商业模式是建立在寄生并损害原创内容媒体之上的，显然自利性大于共赢性。这种方式也会打击传统媒体和原创内容媒体的创作积极性，不利于新闻事业的良性发展。

著作权法立法的目的是促进文化交流，推动文化产业发展。所以，无论是新型媒体还是传统媒体，尊重他人著作权、遵守著作权法的规定才是在大数据时代的生存之道。而传统媒体在维护自身权益的同时，也要多与新媒体合作，形成互利共赢的局面，充分利用新媒体平台创新自身发展路径。

实际上，“今日头条”已和包括凤凰网、新浪网、浙江在线、《参考消息》、北京卫视、央视财经、上海 SMG、光明网、财新网、环球网、虎嗅、新华网等在内的数千家各类媒体达成合作协议，部分媒体也已经入驻“今日头条”媒体平台，“今日头条”基本上已经完成对国内主流报业集团的版权覆盖，并且在不断扩大合作的范围。其实无论是新媒体还是传统媒体，都应该在尊重版权的前提下，探索共同合作发展的路径。

【延伸阅读】

一、中国版权第一案：思路网侵权案

被称为“中国数字高清第一门户网站”的思路网创立于 2004 年 9 月。该网站成立以来向用户提供了大量的游戏和蓝光高清格式的影片，会员人数最多时达 140 余万人。

2012 年底，北京市文化执法总队接到举报，称思路网涉嫌侵权。经调查发现，该网站中有大量盗版蓝光高清的电影和电视剧资源，用户注册付费后即可购买这些资源。为了防止被查，思路网设置了三层进入门槛：第一层主要介绍影讯；第二层需要注册才能登录进入思路网的论坛；第三层含有大量盗版影片，需要有管理员的邀请才可以加入。2013 年 4 月，思路网 CEO 周志全被抓获归案。

2014 年 5 月 14 日，思路网侵权案在北京市海淀区人民法院审理结案。依照《中华人民共和国刑法》第二百一十七条的规定：以营利为目的，未经著作权人许可，复制发行其文字作品、音乐、电影、电视、录像作品、计算机软件及其他作品的；未经录音录像制作者许可，复制发行其制作的录音录像的，违法所得数额较大或者有其他严重情节的，处三年以下有期徒刑或者拘役，并处或者单处罚金；违法所得数额巨大或者有其他特别严重情节的，处三年以上七年以下有期徒刑，并处罚金。周志全因侵犯著作权罪被判处有期徒刑 5 年，并处罚金 100 万元。同案 6 人分别被判处 1 年到 3 年不等的有期徒刑。

二、互联网上侵犯著作权的主要形式

1. 未经作者允许，下载使用原创作品

单位与个人只要未经作者允许，擅自对其作品进行下载即侵犯了作者的发表权，应当为此承担相应的法律后果。发表权，指的是仅作者有权决定其作品是否发表、何时发表、以何种方式发表、通过哪些表现形式发表（如以书籍形式、刊物上连载形式、录音制品形式或广播形式等）。

2. 未经允许，将他人作品刊登在互联网上公开传播

单位或个人要想使用他人的作品，必须获得授权。实际上，网络上传播作品，

在性质上与出版商通过印刷的方式获得作品复制品后向社会发行，本质上是一样的。网络上的作品不会因其数字化而丧失掉“独创性”。目前，我国的网络用户数量已经居于世界第一位，通过网络获得大量免费的资源逐渐成为人们的一种习惯。互联网的开放性也为人们上传文件提供了便利，人们在上传文件时很少联想到著作权的问题，相应地，网络侵权行为时有发生。其实，将他人作品上传互联网需要经过其本人的同意，否则有可能侵犯作者的著作权，需要承担相应的法律后果。

3. 网络媒体深度链接

对原有网页设置链接，并且在点击时进行转码，这样的深度链接行为也有可能构成侵权。

三、时事新闻与著作权

关于时事新闻与著作权，我国现行《著作权法》第五条规定，本法不适用于：（1）法律、法规，国家机关的决议、决定、命令和其他具有立法、行政、司法性质的文件及其官方正式译文；（2）时事新闻；（3）历法、通用数表、通用表格和公式。时事新闻不属于著作权法保护的对象。《著作权法实施条例》把“时事新闻”定义为：“通过报纸、期刊、广播电台、电视台等媒体报道的单纯事实消息。”

其实，无论是在我国还是在国际上，单纯事实消息都是不受著作权法保护的。关于著作权保护的国际条约《伯尔尼公约》第二条第八项规定：“本公约所提供的保护，不适用于日常新闻或属纯粹报刊消息性质的社会新闻。”世界知识产权组织（WIPO）出版的《伯尔尼公约指南》对《伯尔尼公约》第二条第八款的正当性的解释是：“公约之所以规定不保护纯粹新闻或繁杂事实，也不保护对这些消息或事实的单纯报道，是因为这些材料不具备可以被称之为作品的必要条件。”

新闻报道形式是多样的，包括消息、通讯、深度报道、评论等，其中有一些报道可能只包含事实消息，但是还有一些可能包含独创性的表达，后一类新闻应该受到著作权法的保护。而时事新闻不受《著作权法》的保护，一是为满足受众的知情权，方便时事新闻能够快速、广泛传播；二是时事新闻单纯报道客观事实，不具备著作权保护客体必须具有的独创性。①

在我国司法实务中，法院通常也依具体情况确定新闻报道的可版权性。如在金报电子音像出版中心诉北京北方国联信息技术公司侵犯著作权一案中，法院指出，《克里斯·卢埃林：国际期刊联盟在电子时代的新发展》一文中，议题、出席

---

① 魏永征、王晋：《从〈今日头条〉事件看新闻媒体维权》，《新闻记者》2014年第7期。

人员、发言人员等都是客观事实的组成部分，没有明显的思想、情感、修辞、评论成分。基于新闻报道的真实性要求，报道者只能按照时间、地点、顺序对客观事实进行叙述，没有作者发挥的余地，也没有个性表达的空间。最终，法院认为上述内容属于著作权法中的时事新闻即属于单纯事实消息，不受著作权法保护。

【思考与讨论】

1. 盗版带来的免费狂欢曾被认为是互联网发展的推动力，这也正是快播等公司迅猛发展的基础。这种情况在成就了互联网繁荣的同时，也成为悬在互联网媒体头上的“达摩克利斯之剑”。那么在互联网时代，如何保护著作权？

2. 时事新闻为什么不属于著作权法保护的范围？

案例2　作家联盟诉百度文库侵犯著作权案

【案例概述】

2011年3月15日，贾平凹、韩寒等50位作家公开发布《中国作家声讨百度书》，指责百度文库“偷走了我们的作品，偷走了我们的权利，偷走了我们的财物，把百度文库变成了一个贼赃市场”。两天后，中国音像协会唱片工作委员会加入“战团”，公开声援文学界维权行动。

面对声讨，百度网援引避风港规则概念予以回应，称百度文库中的所有文稿均系网友上传，百度网本身并不上传书籍和作品，没有实施侵权的行为，因此并未侵害作家和出版机构的合法利益。作家及出版界则认为，一方面，百度网实质是对避风港规则的滥用，因为从百度文库页面来看，其对搜索和链接结果进行了有意识的编辑、修改和选择，且百度文库给百度网带来了巨大流量和广告收入，所以不能适用该规则；另一方面，百度文库提供文档作品免费下载，对中国原创文学造成巨大伤害，并认为在中文互联网中，涉及文学和图书作品的“分享”，99%都是侵权行为，都是“偷”来别人的著作去和别人分享。

2011年3月28日，李彦宏首度对百度文库版权问题予以回应，他表示百度很多部门正在做这项工作，希望能跟版权方和作家探讨共赢的商业模式。“我本人也正与公司的相关人员进行沟通，如果百度文库不能有效地清除盗版，百度文库甚至可以关掉。这个事情调动了百度和很多其他部门的力量做这项工作，我也希望加强这方面的管理，我也跟我的团队讲得非常清楚，态度非常明确，如何管好。当然了，我们更希望跟版权方和作家能够共同探讨一种各方共赢的商业模式，我也非常期待会得到一个满意的答案。”

在舆论压力下，百度承诺3天内彻底删除百度文库内未获授权的作品，对伤害作家感情表示歉意，并随即推出版权合作平台。作家与出版商在声讨百度文库侵权之初曾声称将要起诉百度侵权，但是在之后双方经过多次谈判大致达成共识。

虽然外界不了解共识的具体内容，但是在随后，百度文库首页上“和万千网友分享文档资料”的口号并未改变。不过，百库文库的文档分享数量却有所变化：3月21日，共享文档为20409953份；3月26日，共享文档下降为18966311份。

关于百度文库是否对著作权人构成侵权，目前学界主要存在两种不同的观点。

一说认为百度文库不构成侵权。这一观点的依据主要来自于自2006年7月1日起施行的《信息网络传播权保护条例》第二十二条的规定。首先，百度文库的服务方式属于“为服务对象提供信息存储空间”，因此，根据《信息网络传播权保护条例》，当百度满足“明确标示该信息存储空间是为服务对象所提供，并公开网络服务提供者的名称、联系人、网络地址；未改变服务对象所提供的作品、表演、录音录像制品；不知道也没有合理的理由应当知道服务对象提供的作品、表演、录音录像制品侵权；未从服务对象提供作品、表演、录音录像制品中直接获得经济利益；在接到权利人的通知书后，根据本条例规定删除权利人认为侵权的作品、表演、录音录像制品”五个条件时应当免责。同时，针对百度是否符合其中第三个条件的质疑，支持该观点的学者表示，当前网络服务提供者要做到对平台上所有信息进行有效监督，这在经济上和技术上都是不可行的，例如对上传信息者的身份进行鉴定就是一大难题。因此百度文库并不存在侵权行为。

笔者对该观点持怀疑态度。《信息网络传播权保护条例》中的相关规定只是为保护互联网的稳定发展而在特定情形下对网络服务提供者提供免责保护，但并不意味着此时网络服务提供者的行为不构成侵权。实质上，该说法回避了对百度文库是否构成侵权行为的论证，只利用了《信息网络传播权保护条例》中的“避风港原则”强调百度文库不需要承担侵权责任。这种将免除侵权责任与不存在侵权行为等同的做法略显片面。同时，由于民事诉讼中“谁主张谁举证”的原则，受害者维权的可能性将遭到严重削弱：像百度这样的大企业，要证明自己已经尽到注意义务、不知道用户上传的内容盗版是很容易的；而势单力薄的作者要证明百度“明知或应知”是盗版而故意放纵，则是几乎不可能实现的。另外，在我国目前的司法实践中，法院一般不会把这类侵权案件合并为普通共同诉讼来处理，这又进一步使作者的维权难上加难。

另外一些学者和法律界人士坚持认为百度已构成侵权，并应当与上传相关侵权文档的用户承担共同侵权责任。该观点主要有以下几点依据：

首先，百度公司将搜索推广和关联广告等网络营销手段作为其主营业务，在搜索结果呈现页面中将自己的产品（文库、百科等）提前，以增强用户黏性，延长用户在其站点内的停留时间，增加站内广告链接被阅览、点击的概率，符合“以刊登收费广告等方式直接或间接收取费用”的情形，应当认定为“以营利为目的”。同时，百度文库中绝大多数的作品传播未能获得著作权人的许可。因此，根据我国《刑法》第二百一十七条和《最高人民法院、最高人民检察院关于办理侵犯知识产权刑事案件具体应用法律若干问题的解释》第十一条关于著作权的规定，百度文库的这种行为已构成侵权，并应当负相应的侵权责任。

其次，上传文档的百度文库用户“未经著作权人许可”，将著作权人的作品“通过信息网络向公众传播其作品”，已构成我国《著作权法》第四十八条中所提的侵权行为，应当承担相应的侵权责任。同时根据《侵权责任法》第三十六条，在被侵权人通知其之前，百度作为网络服务提供者知道但未采取删除等必要措施终止侵权行为，应当与该网络用户承担连带责任。

同时，持该观点的学者提到了《信息网络传播权保护条例》的适用问题。依据红旗原则其强调了该条例第二十三条后半部分的规定，即“明知或者应知所链接的作品、表演、录音录像制品侵权的，应当承担共同侵权责任”。相关学者认为，百度作为百度文库这一网络信息平台的维护者，不可能也不应该不了解平台上的信息。因此，百度对该平台上的侵权内容即使没有“明知”之事实，也应有“应知”之义务，无论如何都构成了上述条款中认定的侵权行为，应当承担相应责任。

类似的案件还有“十一大唱片公司诉雅虎案”。在该案中，被告雅虎网站的音乐频道提供了大量免费网络音乐的深度链接，当用户在搜索框中输入关键词后，搜索结果就会以歌曲列表的形式出现，并通过“歌曲名称、歌手、所属专辑”等项目排列。点击列表中任意歌曲条目，就出现对话框形式的试听页面，用户可以通过其中包含的深度链接实现对歌曲的免费试听和下载。此外，被告还主动编辑制作了各类歌曲推荐栏目，包括“全部女歌手”“影视金典”等 18 个榜单和板块。原告作为大量流行音乐的权利人，数次向被告发出书面通知，要求被告删除与原告录音制品有关的全部侵权链接。该书面通知列举了相关录音制品、演唱者和专辑的名单，并提供了部分侵权链接的 URL 地址以及视频截图作为示例。同时原告强调，与列举录音制品相关的所有链接均未获得授权，而不仅限于示例。但是被告在收到书面通知后，仅删除了提供具体 URL 地址的链接，而未删除其他与列举录音制品有关的链接。

法院最终判决认为，被告客观上参与和帮助了第三方网站的侵权行为，主观过错明显，构成间接侵犯信息网络传播权。在客观上，被告的参与和帮助指的是为侵权录音制品提供搜索链接，为其传播提供渠道和便利。在主观上，被告按照自己的意志，在搜集和整理相关音乐信息的基础上，制作了系统的搜索结果和各种分类栏目、板块；作为向用户提供音乐服务并从中营利的专业性网站，被告对其行为的后果具有专业预见水平。所以，被告应当知道也能够知道其链接歌曲的合法性。尤其在原告数次书面通知被告其网站提供的所有涉案歌曲链接均为侵权性质之后，被告仍然仅删除了指明 URL 地址的链接，而未删除与涉案歌曲相关的其他侵权链接，怠于履行注意义务、放任侵权结果发生的主观过错明显。

【案例分析】

一、规则的移植要符合国情

避风港规则属法律概念的移植，但此概念在美国与我国有所不同。美国法就避风港规则的理解是一种反向责任认定的逻辑模式，其思维是先考虑被诉网络服务行为是否符合该规则适用的前提，而后再考虑该规则的适用。但我国在民事侵权方面，继承了大陆法系国家的立法传统，历来重视严密的抽象逻辑推理，对责任的承担必须以对注意义务的违反或法律的特殊规定为基础。因此，上述反向责任认定逻辑在我国并不适用。但从“百度文库事件”中可以看到，网络服务商实则运用了美国法律的逻辑思维模式来解释避风港规则，引起广泛争议并招致对该规则本身合理性的质疑。究其原因，还是立法者在法律移植时对于法律概念的解释和说明不足，从而在理解适用中留下了漏洞。

因此，笔者建议应从立法层面制定一个统一的网络著作权保护的法律规定，明确避风港规则的相关问题。这无论是对司法审判实践，还是对民众正确理解网络著作权的司法保护都很有价值，也很有必要。

二、对于规则中的细节把控不严

我国法律中就避风港规则的相关规定均是较为笼统的说明，并无具体的操作细则，这给司法实践带来诸多难点和问题。如不同类型作品中适合通知的要件标准问题，以及不适合通知的法律后果问题。因为在司法实践中，对于权利人发出的侵权通知标准存有较大争议。若不完全符合适合通知的要求，即便网络服务商明确知道网络服务侵权发生的事实，版权人仍有可能面临败诉的风险；但若僵化地适用此项条例的侵权通知条款，对于包含数以千万计的侵权链接的网络服务来说，该要求不仅远远脱离实际、缺乏可操作性，且网络服务商也完全没有技术上的可行性。此外，避风港规则是否具有一般要件或适用的前提条件等都有待进一步予以明确。

因此，一定要采取相关技术措施来应对这种现象，这主要指作者出于防止他人滥用其作品的目的而采取的一些保密方法，比如加密、扰频和口令等。任何一项技术都会存在超越与被超越、破解与被破解的过程。因此，技术措施需要不断进行完善和更新。这就要求网络服务商充分加强和提升版权保护意识，综合考虑其服务的性质、被用于侵权的可能性、同行业所普遍采取的技术措施等因素，平衡经济成本及预防侵权的可能性。

三、反盗版机制的发展

在百度案中可以发现，网站和作家两方就如同对手一般，都想从对方那里获得更多的利益，但却从未想过彼此之间的合作，这就难免会产生更多矛盾，从而影响行业的整体发展。

在百度文库侵权案发生后，百度发表声明，称已建立了一套反盗版机制，并自主研发反盗版“DNA 比对识别”系统，以从源头上阻止侵权作品流入网络，并希望作家维权联盟可以与其合作，一起打击盗版侵权行为。笔者认为这不失为一个好方法，虽然作者没有义务给网络运营商提供自己作品的相关资料，但如果作者主动把自己作品的信息告诉给网络运营商，则是一举三得的事情：第一，可以方便网站识别那些盗版的作品，有效阻止盗版作品被上传到网络中进行传播，在网络传输的第一步就“卡”住那些盗版作品；第二，一旦网站中出现了盗版作品，权利人在维权时就可以较为容易地证明网络服务提供商主观上有过错，因为作者已经把作品的相关资料交给了服务商，服务商就不能以“不知道”作为借口；第三，作者与网站合作，一方面可以利用网络这个平台推广自己的作品，使作品的传播范围更广，另一方面还可以从网站获得的利润里分得一杯羹。

【延伸阅读】

一、避风港规则

避风港条款最早来自美国 1998 年制定的《数字千年版权法案》（DMCA 法案），最早适用于著作权领域，后来由于网络中介服务商没有能力进行内容事先审查，一般事先对侵权信息的存在不知情，所以，采取“通知＋移除”规则。大意即“网络服务提供者使用信息定位工具，包括目录、索引、超文本链接、在线存储网站，如果由于其链接、存储的相关内容涉嫌侵权，在其能够证明自己并无恶意，并且及时删除侵权链接或者内容的情况下，网络服务提供者不承担赔偿责任”。

中国对于“避风港原则”的吸收和立法，主要体现在《信息网络传播权保护条例》的相关条款中。《信息网络传播权保护条例》分别针对网络自动接入或传输服务提供者、网络自动存储服务提供者、信息存储空间出租服务提供者、搜索引擎服务提供者等。而互联网服务提供商在什么条件下可以免责，能够享受避风港待遇，详细规定和条件可以参看《信息网络传播权保护条例》第二十条至二十三条。

二、“红旗”原则

“红旗”原则是“避风港原则”的例外适用。红旗原则是指如果侵犯信息网络传播权的事实是显而易见的，就像是红旗一样飘扬，网络服务商就不能装作看不见，或以不知道侵权的理由来推脱责任，如果在这样的情况下不移除链接的话，就算权利人没有发出过通知，也应该认定这个设链者知道第三方是侵权的。“红旗”原则最早出现在1998年美国版权法修正案中，中国的《信息网络传播权保护条例》也借鉴了这个原则。该条例中规定，网络服务商必须“不知道也没有合理的理由应当知道”盗版的存在，才能获得“避风港原则”的庇护。

【思考与讨论】

网络版权也算是著作权，是指文学、音乐、电影、科学作品、软件以及图片等知识作品的作者在互联网中对其作品享有的权利。侵权行为不断，被起诉的却寥寥无几。究其原因一方面是人们普遍缺乏版权保护意识；另一方面盗版者多，分布范围广，起诉成功的补偿常常不及起诉时人力财力的消耗。为了培养公民的版权意识，你以为可以采取哪些举措？

案例3　微信公众号抄袭第一案

——新媒体的版权保护问题

【案例概述】

现实生活中，微信已经成为人们日常获取新闻资讯和社交信息的重要平台。微信在带给公众便捷的同时也衍生了大量侵权案件，尤其以公众号抄袭现象最为突出。2015 年出现的国内第一起微信公众号抄袭案的立案，填补了之前微信版权问题领域中的维权空白。

2015 年 2 月 2 日，公众号“异见”发表原创文章《谁将成为第五座直辖市?》。2 月 17 日公众号“酿名斋”以自己的名义发表了同样的文章。与此同时，涉嫌被抄袭的内容还有公众号“花边阅读”的原创文章《谈恋爱好难，我都不想干了》《我执着，因为你值得》等。这些文章被一些公众号全文抄袭转载，而文章来源则变成了“网络”。

2015 年 3 月中旬，上海律师朱斌接受“花边阅读”和“异见”的委托，向深圳南山区法院提交民事起诉状，起诉涉嫌抄袭的“酿名斋”和“文字撰稿人”两个微信公众号。这被认为是国内首起针对公众号抄袭起诉的案例，这起诉讼也是自媒体网站“一道网”的首个公益维权项目。一道网 CEO、版权公益维权发起者连清川说：“一道网通过授权协议，让自媒体人将维权的权利托付给第三方，由第三方来承担维权中花费的时间和金钱成本，最后希望通过这则案件的审判，能够为我国探索出一条微信公号的维权之路。”

案件审理于 2015 年 7 月 1 日开庭，经过协商，双方当庭达成和解，被告之一的“酿名斋”根据对方公众号的粉丝数量和阅读量，同意赔偿一万元，并在公众号上发表致歉声明。

其实，微信公众号的抄袭等侵犯著作权的行为相当普遍。这种侵权主要体现在两方面：一是转载著作权人的作品时，没有得到权利人的许可，也没有支付报酬；二是转载著作权人的作品时不署名，或者张冠李戴、随意署名。就前者来说，按中国《著作权法》的规定，除非是合理使用（比如适当引用）或者法定许可使用，否则就是侵权行为。如果是后者行为，即不仅抄袭著作权人的作品，还侵犯著作权的人身权部分——署名权，那么此行为用通俗的话来讲就是“抄袭”。

有人对公众号抄袭泛滥情况这样形容道：“1 人原创，99 人抄袭。”很多营销号视抄袭为“潜规则”，对这种行为已经习以为常。案件庭审时，“酿名斋”的员工辩解称他们的抄袭行为并不是来源于原作者“异见”，“很多人发表了这篇文章，我们也是从其中一个抄袭号搬运的”。

虽然抄袭现象如此严重，但站出来维权的自媒体却少之又少，其中最重要的一个原因就是个人维权成本过高。被立案只是维权的开始，后期的开庭、宣判等等环节，都需要耗费大量的人力财力，与真正的损失相比往往得不偿失。其实，首起微信公众号抄袭案立案，表面上是维权人士权利意识的觉醒，但从侧面而言，无疑凸显出了微信公众号抄袭现象之严重和维权的尴尬。一道网 CEO、版权公益维权发起者连清川说：“起诉是必要的反击。”正是因为其他维权手段的弱化和无力，无法实现维权目的，受害者才会将微信侵权案寄希望于维权代理平台和法律诉讼。虽然先例尚少，微信公众号抄袭还无法得到迅速有效的司法处理，然而随着社会的发展，类似维权案件必定会大幅度增加。

仅靠道德约束无法遏制微信内容侵犯版权问题，在第三方机构维权平台的介入下，未来针对公众号抄袭的起诉将会越来越多。在互联网实验室创始人方兴东看来，面对抄袭，只有利益相关方都努力，原创者、读者、平台作为几股力量联合起来，建立一种社会化反抄袭机制，才能让抄袭者无所遁形。

该案庭审法官表示，微信公众号在转载内容时若没有标明作者及出处，改头换面冒充原创，会侵犯著作权人的复制权和信息网络传播权等财产权利，而在上述行为基础上篡改原作的，还将同时构成对作者的署名权、保护作品完整权等精神权利的侵犯。无论抄袭来源是谁，抄袭行为都侵犯了原作者的著作权。

面对日益严重的微信公众号抄袭行为，微信团队上线了“原创声明”功能，并率先在其公众平台发布抄袭行为处罚规则：第一次删文并警告，第二次封号 7 天，第三次封 15 天，第四次封 30 天，第五次永久封号。对于不遵守平台规则、乱使用“原创声明”功能的恶意违规行为，一经发现或被举报，微信平台将永久收回其“原创声明”功能，并进行阶段性封号处理。

【案例分析】

微信创立于 2011 年 1 月，经过几年的活跃发展，到 2018 年已成为拥有全球 10 亿用户的新媒体平台。用户使用微信除了用来社交和通信外，也从中获得大量信息资讯。截至 2017 年底，微信公众号超过 1000 万个，其中活跃账号约 350 万个。公众号的出现极大方便了网友们获取各类信息，同时激烈的竞争也考验着其内容的原创性。微信抄袭现象日益严重，将严重损害原创作者的积极性，并且不利于我国版权保护的推进。

一、抄袭行为违反《著作权法》等法律法规

微信公众号的文章属于文学作品创作，作品一旦发表，原创作者便享有对作品的著作权，对作品的抄袭则直接违反《著作权法》。在我国，对著作权进行保护的最主要法律是于 1990 年 9 月 7 日第七届全国人大常委会第十五次会议通过的《著作权法》，其中指出："为介绍、评论某一作品或者说明某一问题，在作品中适当引用他人已经发表的作品"时，和"为报道时事新闻，在报纸、期刊、广播电台、电视台等媒体中不可避免地再现或者引用已经发表的作品"时，"可以不经著作权人许可，不向其支付报酬，但应当指明作者姓名、作品名称，并且不得侵犯著作权人依照本法享有的其他权利"，如有以下侵权行为，如"未经合作作者许可，将与他人合作创作的作品当作自己单独创作的作品发表的""没有参加创作，为谋取个人名利，在他人作品上署名的""使用他人作品，应当支付报酬而未支付的"等侵权行为时，应当"根据情况，承担停止侵害、消除影响、赔礼道歉、赔偿损失等民事责任"。

在涉及互联网传播的侵权问题上，该法第四十八条指出，有以下类似侵权行为的，如"未经著作权人许可，复制、发行、表演、放映、广播、汇编、通过信息网络向公众传播其作品的，本法另有规定的除外"，也应当"根据情况，承担停止侵害、消除影响、赔礼道歉、赔偿损失等民事责任；同时损害公共利益的，可以由著作权行政管理部门责令停止侵权行为，没收违法所得，没收、销毁侵权复制品，并可处以罚款；情节严重的，著作权行政管理部门还可以没收主要用于制作侵权复制品的材料、工具、设备等；构成犯罪的，依法追究刑事责任"。

本案件中，"酿名斋"和"文字撰稿人"两个微信公众号直接转载"花边阅读"和"异见"两个微信公众号的原创文章而没有对原作者进行署名，属于"在作品中适当引用他人作品"但未"指明作者姓名、作品名称"，这种行为直接违反了《著作权法》。在类似的抄袭案件中，有的抄袭者是直接对其他公众号原创内容进行抄袭剽窃；还有的是没有做到对文章来源进行准确无误的核实，结果造成失误。

信息技术的快速发展使得法律条文在面对新增案件时缺乏针对性，这就需要相关法规来进行补充。在相关法规层面，国务院于2006年5月18日以中华人民共和国国务院令第468号公布《信息网络传播权保护条例》。根据《条例》第二条规定，任何组织或个人将他人的作品、表演、录音录像制品通过信息网络向公众提供，应当取得权利人许可，并支付报酬。如果未经作者许可进行传播的，首先侵犯了著作权人的信息网络传播权。如果未给予作者署名，甚至篡改原作的，则同时构成对作者署名权、保护作品完整权的侵犯。2000年12月28日第九届全国人大常委会第十九次会议通过的《全国人大常委会关于维护互联网安全的决定》中也明确指出，有利用互联网侵犯他人知识产权行为的，如构成犯罪，应依照刑法有关规定追究刑事责任。

二、版权维护成本高助长抄袭之风

在互联网上，简单的复制粘贴就可以完成一篇内容的制作，进入搜索引擎输入关键字，相关图片也唾手可得，再经过简单的加工处理，一篇抄袭来的文章就变成了本媒体的原创。这种"创作"方式成本低廉，给侵权行为提供了极大便利。在传统媒体时代，报刊上白纸黑字的印刷必须要经过严格的把关和筛选，否则一旦被发现是侵权行为，将对媒体的名誉造成严重损害。而在互联网时代，抄袭的内容大量存在，侵权成本较低，比如微信公众号对抄袭的惩罚措施也只是道歉和封号。

互联网发布的内容具有公共性和私人性双重特质，很多抄袭者会以互联网内容要共享为由来为自己的侵权行为做辩解，但是资源的共享要以合乎法律为前提，不合法的共享不能长久，一味索取也不能无度。只有尊重和保护他人的劳动和知识产权，才能够让原创者拥有创作的动力，否则互联网上抄袭成风，辛辛苦苦的劳动得不到尊重和承认，只会让原创者丧失创作的积极性。

虽然互联网上抄袭的作品数不胜数，但好在有媒体面对自己受到侵权的处境时，勇于发声和维权。比如"专注时政与思想"的澎湃新闻，自2014年上线后得到广泛关注，并且获得大众好评。然而上线以后，其原创作品不断遭到其他媒体的抄袭，于是澎湃新闻在2014年12月31日发布了《反侵权声明》，捍卫自己的原创作品著作权。声明中列举了其他媒体的种种侵权行为，并对这些行为进行了谴责和警告，表示“自 2015 年 1 月 1 日起，澎湃新闻将对所有无协议无授权的转载、抄袭以及肆无忌惮地篡改新闻来源的行为登记入档，并适时向具有管辖权的法院（包括新成立的上海知识产权法院）提起诉讼。”

创刊于 2003 年的传统媒体《新京报》以深度报道见长，它的一些原创报道也经常遭到其他网络媒体的抄袭。面对这种现象，《新京报》在 2015 年 6 月推出的微信公众号“政事儿”上屡次发表侵权声明。例如发表于 2014 年 4 月 6 日的一期侵权声明《网络新闻联播、大连晚报、第一新闻、大兴这些事儿，你们侵权了!》指出，以上标明的微信公众号未经许可，擅自转载《新京报》的原创报道；面对这种行为，《新京报》对这些媒体提出警告，如果警告无效，报社将依法向法院提起诉讼来维护自身合法权益。

由于维权成本较高，对于抄袭者，原创者只能一次次地给予警告。新闻媒体对维护自身权利的呼声从侧面反映出抄袭现象的猖獗与维权者的无奈。

三、盲目追逐经济利益破坏新闻业生态

1991 年 1 月，中华全国新闻工作者协会第四届理事会第一次全体会议通过《中国新闻工作者职业道德准则》，其中指出，“新闻工作者要通过合法途径和方式获取新闻素材”“刊播新闻报道要署作者的真名”。由此可见，禁止抄袭、剽窃是新闻界历来的职业准则。

然而，随着市场经济改革的逐步深入，很多新闻媒体在日常经营中越来越看重经济效益。对经济效益的追逐主要体现在对点击率的盲目追随。微信于 2014 年上线了“广点通”，邀请少量订阅号参与广告系统测试，订阅号的广告收入在扣税后完全归账号持有者，每个点击的价格为 5 角到 1 元不等。这种行为必然会刺激微信公众号的持有者想尽办法来增加点击率；并且为了彰显自身的独家性和原创性，即便是转载作品，一些公众号也会隐去原创者的姓名等信息。如果这种侵权行为不被追究，很可能让读者认为此内容就是该媒体的原创，从而提升媒体的传播度与影响力，给媒体带来关注度和点击率。追求点击率的经济动力成为很多微信公众号大胆抄袭的深层动因。

【延伸阅读】

一、世纪公司侵权案

互联网在我国发展迅速，作为不同于传统媒体的新兴媒介，近年来在网络领域中出现了很多传统领域中没有出现过，或传统法律中并没有明确适用条文的案件。

1995年5月，王蒙、张抗抗、张承志、张洁、毕淑敏、刘震云等六位作家分别起诉世纪互联通讯技术有限公司（以下称世纪公司）侵犯著作权。世纪公司的网页栏目《小说一族》未经作者许可便刊载了几位作家的小说，几位作家要求世纪公司停止侵权行为，并且赔偿经济损失和精神损失。世纪公司以作品是从互联网上下载不需要征得作者本人同意为理由辩解，认为公司并不存在侵权行为，不同意几位作家的要求。

最终，法院认为《著作权法》不可能穷尽列举所有的合法作品使用方式，在互联网时代，作品的使用范围已经得到了扩张，互联网领域中的作品也应当得到《著作权法》的保护。因此，未经作者本人同意许可，私自在互联网上发表其作品的行为属于侵犯著作权行为，也属于抄袭的范围，该公司违反了《著作权法》，应当立即停止侵害并且赔偿作者经济损失和精神损失。

二、《中华人民共和国传媒法典》

《中华人民共和国传媒法典》在2008年1月由法律出版社出版，属于“中华人民共和国分类法典”系列，是一本专门针对传媒行业的应用型法律法规工具书，意在指引读者全面了解、掌握相关领域的法律概貌，在需要时便于翻阅和查找。书中章节按照传媒事业的发展情况共分为九个部分，分别是综合、新闻出版管理、图书出版类、报纸期刊类、音像制品与电子出版物、互联网出版类、广播电视类、广告类和著作权与名誉权保护。各个章节收录了相关的法律、行政法规和司法解释，以及常用的部门规章、司法文件和请示复函，内容较为全面，便于读者详细了解相关法律文件。

书中将“著作权与名誉权保护”和“互联网出版类”单独列为章节，可见互联网的发展态势不容小觑，尤其是近年来有关互联网侵权案件增多，社会上关于著作权和名誉权的纠纷也一直是重要的法律问题，对相关法律法规进行归纳整理正逢其时。

【思考与讨论】

1. 如果你正在运营一个微信公众号，有一天发现你的原创内容被抄袭，你会怎么办？

2. 在“1人原创，99人抄袭”的现状下，应如何提高微信公众号核心竞争力？

案例4 《舌尖上的中国》信息网络传播权纠纷案

【案例概述】

《舌尖上的中国》是由中央电视台制作的大型美食纪录片，播出后引起社会广泛关注。中央电视台将该节目的信息网络传播权授予央视国际网络有限公司（以下简称“央视国际”）独占行使。在节目播出后，原告央视国际发现被告上海全土豆文化传播有限公司（以下简称“全土豆公司”）未经许可，在其网站上提供涉案节目的在线点播服务。原告提起诉讼，请求判令被告停止侵权并赔偿经济损失人民币80万元及合理费用人民币5万元。

上海市闵行区人民法院经审理认为，纪录片《舌尖上的中国》受著作权法保护。原告央视国际经中央电视台授权，独占享有该作品的信息网络传播权。被告全土豆公司未经授权于作品热播期内，在其网站上提供涉案作品的在线点播服务，是侵犯权利人对作品享有的信息网络传播权的行为，应该承担相应的侵权责任。法院认为，被告虽称其网站仅提供信息存储空间服务，涉案作品为网友上传，但未就该主张提供实际上传者的信息等证据予以证明，其自行删除原始数据的行为导致该事实无法查明，因此被告应对此承担不利后果。

同时，闵行法院还认为，原告对其主张的经济损失，未能提供有效的证据证明。在法院确定赔偿金额时，充分考虑了涉案作品的类型、社会知名度、侵权行为的性质以及侵权网站的经营规模、经营模式、影响力等因素，最终判决全土豆公司赔偿央视国际经济损失及合理费用共计人民币24.8万元。

一审判决后，被告全土豆公司对判决不服，上诉至上海一中院。全土豆公司辩称其网站无事先审查义务，不明知也不应知涉案视频的存在。对此，上海一中院经审理认为，有关实际上传者的信息属于被告掌控和管理的范围，理应由其举证，但全土豆公司在涉诉后删除了涉案视频以及原始数据，导致事实无法查明，应承担举证不力的后果。最终，上海一中院做出判决，维持原判。

本案的争议焦点有以下两点：

第一，原告是否享有涉案作品的信息网络传播权。被告全土豆公司辩称，原告举证的由中央电视台出具的《授权书》中未明确具体作品名称，因此原告获得的授权是不完整的。闵行法院经审理认为，纪录片《舌尖上的中国》的著作权归中央电视台享有，其《授权书》中虽未明确具体作品名称，但该授权书表明中央电视台将其制作的包括纪录片在内的全部电视节目的信息网络传播权授权给原告，而涉案作品系纪录片，属于相关授权范围内的作品，故原告享有涉案作品的信息网络传播权。

第二，被告是否侵害了原告关于涉案作品的信息网络传播权及应否承担相应的民事责任。闵行法院认为，根据原告提交的证据表明，被告未经许可，擅自在其网站上直接向公众提供涉案作品的在线播放的情况属实，该行为侵犯了原告对该作品享有的信息网络传播权，损害了原告作为权利人的合法利益，应当依法承担相应的民事责任。

【案例分析】

一、网络视频版权保护的必要性

从 2008 年起，盗版行为和盗链行为在网络视频市场屡见不鲜。版权保护乏力的现实情况以及缺乏对高质量内容生产的激励机制，导致了网络视频生态的恶化。2009 年，由央视网牵头设立的“网络视频版权保护联盟”以行业协会的形式，通过行业自律要求联盟成员尊重网络版权，共同打击侵权行为。随着越来越多的视频网站加入行业自律公约，网络视频版权保护的意识逐渐建立。

伴随着社会的全面进步和经济的迅速发展，互联网逐渐成为一个举足轻重的角色。为了协调在网络环境中不断产生的版权纠纷和矛盾，我国已经逐步建立起了一套较为完善的关于网络版权的法律制度。例如，在《著作权法》的修改过程中明确规定了版权人的权利包括信息网络传播权；将权利人的范围延伸至表演者及录音及录像的制造者；并与国际接轨，对作品的权利管理信息和技术保护措施做了相应规定，等等。

由于网络技术的发展为复制作品提供了新的载体和手段，因此“以数字化的方式”复制作品的行为也应该被纳入著作权法的调整范围。不过，在我国的网络版权保护的相关法律法规中，对版权中精神权利的保护缺少条文内容的体现。虽然 2000 年通过的《最高人民法院关于审理涉及计算机网络著作权纠纷案件适用法律若干问题的解释》规定“著作权法第十条对著作权各项权利的规定均适用于数字化作品的著作权”，但是，国内很多资料在谈及网络版权时都是简单地将权利内容归为信息网络传播权、版权技术措施和权利管理信息等，忽视了网络版权的精神权利的内容。由此可见，我国与著作权相关的法律法规尚不完善，仍需要与时俱进地补充、修订，从而为著作权人维权提供切实法律依据。

二、互联网媒体行业要向法制化方向发展

就行业整体而言，加强网络视频监管有利于为网络视频产业的发展营造良好的社会环境。网络视频监管要依靠科学高效的监管体系和日益完善的法律法规。对于涉及无证经营和版权侵权的视频网站的整改要常规化、制度化，取缔违规视频网站；视频作品如若涉及法律问题，如肖像权、隐私权、著作权等，应该严格依照相关法律法规予以处理。

就视频企业来说，应当加强行业自律，提升视频制作方和视频网站从业人员的法律意识、自律意识，以自律求自由。对于不涉及法律问题的网络视频，应该采取更加灵活的监管形式，依靠道德约束和创作者自律解决。同时，完善社会监督，使事前监管与事后监督共同发挥作用，实行违规重罚、举报有奖的策略，增强网络视频监管的有效性和及时性。通过综合性的网络视频监管，为网络视频的发展营造良好的环境。

三、注重培养人们的版权意识

在互联网时代，“内容为王”的观念已经逐渐让渡于“产品为王”，而今，“产品为王”这一观念开始让渡于“版权为王”。在版权保护意识淡漠的氛围中，产品生产者、技术创新者的劳动付出得不到应有的保障，必然挫伤其产品生产的积极性和创造性，从而导致创作者堕入模仿、抄袭和盗版的怪圈。

而以版权为互联网产业发展和经济增长的核心点，就是要让一切有助于产品变现的资源和要素在法制框架内充分激发活力，实现产品链、产业链在时间和空间中的拓展与增值。正如时任国家互联网信息办公室副主任彭波所指出的，“保护知识产权成为中国互联网发展的命门”。

有法学界人士曾指出“任何法律都是有关互联网的法律”，在互联网法制化建设相对滞后的时期，人们普遍期待互联网能够真正纳入法制轨道。目前，国家有关部门已经意识到版权保护对经济增长的重要意义，并且这一理念也已经得到各类互联网公司的普遍认同，但实践和理想依然有一定的差距。这主要表现在法制规范相对滞后、维权成本过高、侵权行为查处进程过慢、网络用户版权思维缺失等方面。

没有创新就没有互联网的未来，没有版权保护任何创新都无从谈起。迎接大数据时代新一轮互联网发展热潮，版权保护是一道永远绕不过的门槛。这意味着，在当前和今后的一段时间内，完善基于互联网的版权保护法制规范，加大对恶意侵权行为的惩治力度，优化侵权行为查处的响应机制，强化对网络用户版权素养的培育应摆在一个至关重要的位置。

在 2013 年 11 月 30 日的第六届中国版权年会上，诺贝尔文学奖获奖者莫言就曾谈及网络版权的问题。他提道："在当下这个时代里面，在移动互联网时代，网络上的版权、电子版权比纸质书的版权更加复杂，出现了很多新的现象，有很多是我们能想到的，有很多是我们根本想不到的。比如说我刚才提到的，我的一部作品被人搬到网上去了，这个我可以看得到，也可以想得到，但是有些情况你想不到。有些情况，比如说你写的一条微博，发了一篇博客，被人广泛地传播，有人就把这些收到他自己的书里去，这实际上也是一种版权，甚至我想精彩的短信是不是也是一种版权。所以我想如果写了一条非常精彩的短信，要不要发表，你要认真考虑，发表的时候你要注上这是谁创作的，否则的话广泛传播，假如有一天有个人把很多条精彩的短信变成一本书，你再跟他打官司就来不及了。"

提高版权意识离不开法律的"保驾护航"。想要提高人们的版权意识，真正维护创作者的版权，完善相关法律法规势在必行。时代在不断变化，我们的法律法规也应与时俱进。而且，还应加大对侵权人的惩罚力度，提高其违法成本，让人们不敢轻易侵权，更不敢轻易挑战法律的底线。此外，联合企业的力量也不容小觑。目前市场上一些音乐播放软件已经开始尝试 VIP 功能，想要听或者下载歌手的一些新歌时就要付费，表面上看消费者的权益受损，但实质上是在保护歌手及其创作团队的版权。虽然一些影音播放器早已采用此方式，但市场的反馈并不十分理想，所以企业应该时刻保持与市场接轨的状态，关注网友们的意愿，在维护作者版权的同时满足消费者的需求，稳定网络市场。只有这样才能实现真正意义上的"双赢"。

四、新技术为维护网络版权提供保障

具有版权的作品在互联网上传播，一方面使作品得以迅速、方便地为更大范围的公众接受，另一方面也增加了版权保护的难度。因为，数字化的作品很容易被他人简便快速地通过技术手段复制，然后再通过网络在全球范围内进行非法传播，从而造成权利人的极大损失。所以，权利人必须借助一定的技术措施保障自己的合法权利——可以是防止他人行使自己权利的措施，可以是限制他人访问自己作品的措施，如要求登记、设置密码、限制或禁止他人访问、加设电子水印等。但是，随着技术的发展，又会出现破解这些措施的技术手段。因此，法律又必须对版权人设置的技术措施予以保护，禁止他人开发、应用非法破解有关的技术措施。这样，法律不仅要对版权人控制作品在网上传播的权利加以保护，也需要对版权人控制作品传播的技术措施加以适当的保护。

目前，我国各大网络视频提供者与作品权利人之间关于信息网络传播权的纠纷时有发生。本案例中所涉及的作品《舌尖上的中国》具有较强独创性和较高知名度；侵权网站土豆网是我国规模较大的网络视频平台，具有较强的行业和社会影响力。法院做出的判决考虑到了多方面因素，确定了合理的赔偿，不仅弥补了权利人的经济损失，也有利于促进网络从业者加强对互联网知识产权的保护意识。最高人民法院的相关负责人介绍，该案将促进各互联网视频提供者的自律和行业管理，对日益多发的互联网视频侵权行为具有警示作用。

【延伸阅读】

一、《信息网络传播权保护条例》

《信息网络传播权保护条例》于 2006 年 5 月 18 日以中华人民共和国国务院令第 468 号公布，后根据《国务院关于修改〈信息网络传播权保护条例〉的决定》做了相应修改，重新公布，于 2013 年 3 月 1 日起施行。该条例共 27 条，比较明确地规定了使用者可以在什么样的条件下无偿使用版权，版权人发现被侵权应该采取什么行动维护自身利益，等等。

《信息网络传播权保护条例》主要包括合理使用、法定许可、避风港原则、版权管理技术等一系列内容，区分了著作权人、图书馆、网络服务商、读者各自可以享受的权益，使得网络传播和使用都有法可依，形成一个相互依存、相互作用、相互影响的“对立统一”关系，更好地体现了产业发展与权利人利益、公众利益的平衡，为产业加速发展、促进信息网络繁荣做好了法律保证。

二、《互联网著作权行政保护办法》

《互联网著作权行政保护办法》由国家版权局与信息产业部联合发布，于 2005 年 5 月 30 日起实施。全文共 19 条，规定了如何通过行政手段对著作权人的信息网络传播权进行保护。

《互联网著作权行政保护办法》规定了适用范围，划分了著作权行政管理部门

（版权局）与信息产业主管部门在互联网著作权保护方面的权责，界定了著作权人、互联网内容提供者、互联网接入服务提供者、互联网信息服务提供者在保护网上著作权方面的权利义务，并规定了相应的处罚措施。

作为我国第一部真正意义上的互联网内容著作权保护法规，此《办法》的制定实施必将对互联网产业乃至整个信息服务业的发展产生重要和深远的影响。《互联网著作权行政保护办法》的制定实施填补了国内关于网上著作权行政保护的法律空白，对规范著作权人信息网络传播权的保护具有一定的积极意义，为互联网信息服务业的发展营造了良好的环境。

【思考与讨论】

根据《信息网络传播权保护条例》，所谓信息网络传播权，是指以有线或者无线方式向公众提供作品、表演或者录音录像制品，使公众可以在其个人选定的时间和地点获得作品、表演或者录音录像制品的权利。但是在相关监管方面依然存在着空缺，对于监管的缺位，你认为可采取哪些措施来弥补？

案例5　中国“人肉搜索第一案”

——网络表达自由与侵权

【案例概述】

2007年12月29日晚，姜某从自己居住楼房的24层跳楼自杀死亡。姜某生前在网络上注册了名为“北飞的候鸟”的个人博客进行写作。在自杀前2个月，姜某在自己的博客中以日记形式记载了走向死亡的心路历程，她将丈夫王某与一女性的合影照片贴在博客中，认为二人有不正当两性关系，自己的婚姻很失败。其中，王某的姓名、工作单位地址等信息在姜某的博客中“一览无余”。姜某在2007年12月27日第一次试图自杀前，将自己博客的密码告诉了一名网友，并委托该网友在12小时后打开博客。

姜某的网友在姜某死后将博客的密码告诉了姜某的姐姐，后姜某的博客被打开。天涯论坛于2008年1月10日刊登了《大家好，我是姜岩的姐姐》一文，引发网民的广泛转发、评论。1月14日，大旗网制作了标题为《从24楼跳下自杀的MM最后的BLOG日记》的专题报道，网民的参与性再度升温。其中，姜某的大学同学张某在得知姜某死亡后，于1月11日注册了非经营性网站，名称与姜某博客名称相同，即“北飞的候鸟”。在网站首页，张某介绍该网站是“祭奠姜某和为姜某讨回公道的地方”，并将该网站与天涯、新浪等网站进行了链接。张某、姜某的亲属及朋友先后在该网站上发表纪念姜某的文章，有关姜某的文章也被不断转载、传播。上述网站的文章均使用了张某的真实姓名、照片等个人信息，王某的“婚外情”行为等情节引发众多网民的持续性关注和评论。

一些网民在参与评论的同时，在天涯网等网站上发起对王某的“人肉搜索”，使王某的姓名、工作单位、家庭住址等详细个人信息逐渐被披露；一些网民在网络上对王某进行指名道姓的谩骂，更有网民到王某和其父母住处进行骚扰，在王家门口墙壁上刷写、张贴“无良王家”“逼死贤妻”“血债血偿”等标语。直至案件审理期间，许多网站上仍有大量网民的评论文章。王某认为“北飞的候鸟”网站上刊登的部分文章中披露了其“婚外情”以及姓名、工作单位、家庭住址等个人隐私信息，并包含有侮辱和诽谤的内容，侵犯了其隐私权和名誉权，故起诉要求张某立即停止侵害、删除侵权信息，为其恢复名誉、消除影响、赔礼道歉，并赔偿其经济损失及精神损害抚慰金5万余元。

该案件历经三审，2008年12月23日，北京市第二中级人民法院对这起备受关注的“人肉搜索第一案”进行了终审宣判，判决最终确认张某侵害王某名誉权的事实成立，判令张某删除网站上的侵权文章，在其开办的网站上对王某进行赔礼道歉，并赔偿王某精神损害抚慰金及公证费共计5684元。

【案例分析】

北京一位女白领姜某写下“死亡博客”后跳楼身亡，她生前留下的“死亡博客”却引出中国第一次进入司法程序的“人肉搜索”案。虽然法院终审判决最终确认姜某生前好友张某侵害王某名誉权的事实成立，并对张某进行了处罚，但是“人肉搜索”实实在在地对王某造成了物质和精神上的伤害；由于天涯网及时删除了相关帖子，法院判定该网站并不承担法律责任。“人肉搜索第一案”虽然告一段落，但由此引发的对于网络表达自由和网络侵权责任问题的博弈值得深入思考，媒体从业人员也应该深刻反思如何遵守媒体职业道德、规范自身行为。

一、当前的“人肉搜索”脱离了原本舆论监督的范畴

“人肉搜索”是一种区别于搜索引擎的信息搜索方式，它由最初猫扑网上的公开求助活动，逐渐“演变”为网民自发通过网络社区集合大众的力量，对某些人的隐私或事件的真相进行“网上追捕”，尤其是将涉嫌违法、违纪或者道德上存在严重问题的人或事件的相关信息公布在网上。“人肉搜索”的出现在一定程度上弥补了舆论监督的不足，比如“表哥”杨达才事件、周久耕天价烟事件、雷政富不雅视频事件等，网友的“人肉搜索”对事件的处理提供了有利协助。

网民最初进行“人肉搜索”，是其行使表达自由权、监督权的一种方式，但当前的“人肉搜索”严重变质为肆意公布个人隐私、群起攻击单个网民的行为，这显然已经脱离了原本舆论监督的范畴。在本案中，这些看似正义的行为却给被“人肉搜索”的当事人的生活带来极大的负面影响，其本人及家属都遭受着数以万计网民的共同声讨、谩骂，甚至失去工作。“人肉搜索”越来越显现出一种媒介暴力倾向，而这极其容易并在事实上形成对他人隐私权、名誉权等合法权利的侵害和践踏。

二、“人肉搜索”涉嫌侵犯当事人的隐私权

在本案审理过程中，被告的律师认为“北飞的候鸟”在网站公布的信息是在网络上已经可以被搜索到的信息，因此不能认为是“隐私”。但从严格意义上来说，公民的个人信息、感情生活，包括婚外男女关系，只要是当事人不愿意在大范围内公开的都属个人隐私范畴。此案中，被告并非只是将网上已有信息进行公布，更多的是带有明显批评性的恶意发布，而网民在明知信息公布并非当事人自愿的情况下，却仍进行发表、评论和转载，显然是对当事人隐私权的侵犯。

1993 年 8 月 7 日，最高人民法院颁布了专门针对名誉权案件审理的司法解释《关于审理名誉权案件若干问题的解答》。其中第 7 问的相关回答规定：“对未经他人同意，擅自公布他人的隐私材料或以书面、口头形式宣扬他人隐私，致他人名誉受到损害的，按照侵害他人名誉权处理。”张某和大旗网、天涯论坛等网站将王某的“婚外情”、照片、工作单位、家庭地址等信息进行了详细披露，而这成为网民知晓王某真实身份的重要依据。因此，从法理上来说，披露王某姓名、工作单位、家庭住址等个人信息的张某、北京凌云互动信息技术有限公司（大旗网）和天涯网，均实实在在对王某的隐私权构成侵害。

另外，天涯网、大旗网等与其他网站建立链接，扩大了相关信息在互联网上的传播范围，从而使更多的网民知晓，进一步激化了大众的不满情绪，这无疑是对当事人隐私权的忽视。

三、“人肉搜索”涉嫌侵犯当事人的名誉权

名誉权是一种人格权，是“公民和法人对于根据自己的观点、行为、工作表现所形成的有关其素质、才干、品德的社会评价等方面享有的不可侵犯的权利”。1986 年 4 月 12 日第六届全国人民代表大会第四次会议通过的《中华人民共和国民法通则》第一百零一条规定：公民、法人享有名誉权，公民的人格尊严受法律保护，严格禁止用侮辱、诽谤等方式损害公民、法人的名誉。最高人民法院 1993 年在《关于审理名誉权案件若干问题的解答》中指出：“是否构成侵害名誉权的责任，应当根据受害人确有名誉被损害的事实、行为人行为违法、违法行为与损害后果之间有因果关系、行为人主观上有过错来认定。”

本案中，张某、大旗网、天涯网发布、转载了王某的“婚外情”致姜某自杀这一信息后，激起网民的极度不满情绪，大量站在道德制高点上的谴责性言论把王某推到了舆论的风口浪尖。随即网站对于王某的姓名、照片、家庭住址等个人信息的披露，引发网民对王某的“人肉搜索”，并逐步发展为“媒体暴力”：一些言辞激烈的网民对王某进行了持续性的肆意侮辱，甚至有的网民到王某及其父母住所张贴、刷写侮辱性标语。这不仅严重干扰了王某及其家人的正常生活，而且使其社会评价明显降低。依据《最高人民法院关于贯彻执行〈中华人民共和国民法通则〉若干问题的意见（试行）》第一百四十条规定：“以书面、口头等形式宣扬他人的隐私，或者捏造事实公然丑化他人人格，以及用侮辱、诽谤等方式损害他人名誉，造成一定影响的，应当认定为侵害公民名誉权的行为。”这也是法院判定王某的名誉权受到侵害的依据所在。

在此案件中，相关网络媒体的表现明显违背了职业道德与规范：传播的重点是对当事人王某的人格进行道德审判，而不是根据事实本身进行评论。这并不是网络表达自由的体现，而是对于法律的漠视，也是媒体责任的缺失，不利于社会舆论的积极引导。

【延伸阅读】

一、《侵权责任法》中关于网络侵权行为的规定

针对“人肉搜索”这种新的侵权案件，相关部门和专家学者不断提出制定《侵权责任法》的意见和建议。2009 年 12 月 26 日，《中华人民共和国侵权责任法》经第十一届全国人大常委会第十二次会议审议通过，自 2010 年 7 月 1 日起施行。该法第三十六条规定：“网络用户、网络服务提供者利用网络侵害他人民事权益的，应当承担侵权责任。网络用户利用网络服务实施侵权行为的，被侵权人有权通知网络服务提供者采取删除、屏蔽、断开链接等必要措施。网络服务提供者接到通知后未及时采取必要措施的，对损害的扩大部分与该网络用户承担连带责任。网络服务提供者知道网络用户利用其网络服务侵害他人民事权益，未采取必要措施的，与该网络用户承担连带责任。”《侵权责任法》首次在民事基本法领域直接确立了隐私权的法律地位，将受保护的隐私利益上升为独立的法律权利，开创了我国隐私权保护的“新权利时代”，在我国隐私权保护的法律制度发展史上具有里程碑式的重大意义。

二、国外如何约束“人肉搜索”

美国：对于网上个人数据及隐私权益的保护，美国倾向于业界自律。但这种自律远远不够，于是官方进行立法介入，如《联邦电子通讯隐私法案》《公民网络隐私权保护暂行条例》和《儿童网上隐私保护法》等。

欧盟：1999 年，制定《互联网上个人隐私权保护的一般原则》，在成员国内

有效建立起有关网络隐私权保护的统一法律法规体系。2018 年 5 月 25 日，欧盟出台《通用数据保护条例》，明文规定了用户的“被遗忘权”（right to be forgotten），即用户个人可以要求责任方删除关于自己的数据记录。此外，还规定，网站经营者必须事先向客户说明会自动记录客户的搜索和购物记录，并获得用户同意，否则按“未告知记录用户行为”做违法处理；企业不能再使用模糊、难以理解的语言，或冗长的隐私政策来从用户处获得数据使用许可。几天后，Facebook 和谷歌等美国企业成为该法案下的第一批被告。

韩国：2008 年 10 月，演员崔真实因难抵“借高利贷给男演员安在焕”传言而自杀，推动了韩国网络实名制，让“人肉搜索”逐渐平息下来。

【思考与讨论】

1. 众多网友认为，王某的“婚外情”行为理应受到道德批判，进行“人肉搜索”无可厚非。你认同这种观点吗？

2. 天涯网由于及时删除了相关帖子，法院判定该网站不承担法律责任。你如何看待网络服务商在“人肉搜索”中扮演的角色？

3. 在“移动互联”时代，怎样更好地保护个人隐私不受侵犯？

案例6 陈堂发诉中国博客网案

——中国博客第一案

【案例概述】

2005年9月上旬某晚，南京大学新闻传播学院副教授陈堂发在家上网，偶然间想查询一下网络上是否有人引用自己的文章，于是便在搜索引擎里输入“陈堂发”进行搜索。在搜索列表中，来自中国博客网的一个网页引起了陈堂发的注意。在该网页上一篇名为《烂人烂教材》的心情日记里，博客的主人“K007”用“烂人”“猥琐人”“流氓”等侮辱性词汇对陈堂发进行了指名道姓的辱骂。以下为原博文：

“今天一觉睡到下午3点，突然想起来明天要考陈堂发的《新闻伦理与法规》，遂起，复印笔记。陈堂发果然是个猥琐人，从他写的书可见一斑，没有任何逻辑可言，甚至都没有自己的观点。一本书倘若没有作者自己的观点，我不认为有读的必要性，除非是一本介绍历史或科学知识的灌输型书，但偏偏新闻伦理本身就是一个说不清的东西。举例而言，他每次在概括类型时不是按照一定的逻辑归类，而是想到几个例子就一一列举为一二三四……类，最后再加上一条：除此之外的其他类型为……简直就是流氓。难怪一遍下来什么都记不住。最烂的教材，x的!”

据陈堂发称，自己看到“烂人”“果然是猥琐”“简直是流氓”等字句非常气愤，认为这是对自己人格的侮辱。另外，陈堂发还表示，“根据帖子的内容判断，博客的主人是我的一个学生。但是我不会去找他，学生发发牢骚，我可以理解。对我进行人身攻击的确是违法，但是中国博客网没有尽到监管的义务。”这篇日记的上网时间是2005年6月24日，在陈堂发发现时已经在网上保留了两个多月。陈堂发很快拨通了总部设在浙江省杭州市的中国博客网的客服热线电话，要求中国博客网将《烂人烂教材》的帖子删除。但是网站方面的答复是不能删除，除非陈堂发能够提供书面材料证实《烂人烂教材》一文中侵害的人就是其本人。此后，陈堂发多次打电话与中国博客网交涉，可是该网站态度依旧，《烂人烂教材》帖子也依然存在于中国博客网上。

2005 年 10 月 14 日，陈堂发到南京市公证处对中国博客网上的《烂人烂教材》这篇帖子进行公证。2005 年 11 月 2 日，陈堂发向南京市鼓楼区人民法院提起诉讼，请求判令被告中国博客网停止侵权，赔偿精神抚慰金 1 万元。在收到起诉书副本之后，被告中国博客网声称自己不具备法人资格。南京市鼓楼区人民法院审理中查明，中国博客网为被告注册的通用网址，并不具备诉讼主体资格。2005 年 12 月 7 日，因诉讼主体错误，陈堂发撤回起诉，转而将杭州博客信息技术有限公司告上法院。

2006 年 1 月，被告杭州博客信息技术有限公司向南京市鼓楼区人民法院提出管辖权异议，要求案件由被告所在地法院杭州市西湖区人民法院审理，该异议被南京市鼓楼区人民法院裁定驳回。被告杭州博客信息技术有限公司不服此裁定，又向南京市中级人民法院提起上诉。2005 年 4 月 17 日，南京市中级人民法院裁定，案件由南京市鼓楼区法院管辖审理。

2006 年 8 月 2 日，江苏省南京市鼓楼区人民法院对陈堂发诉杭州博客信息技术有限公司侵权一案公开宣判。法院认定，被告杭州博客信息技术有限公司没有直接对原告陈堂发实施侵权，其过错主要在于对有害信息的判断标准存在失误，发现有害信息后监管不力。法院判决被告杭州博客信息技术有限公司，自判决生效之日起 5 日内，在中国博客网首页刊登向原告南京大学副教授陈堂发致歉的声明并保留 10 日；赔偿原告经济损失 1000 元。

本案是我国首起进入公众视野的博客侵权纠纷案，在此之前博客领域的法律纠纷一直没有走上过法庭，因此，众多媒体将本案称为“中国博客侵权第一案”。该案件的审判引起了学界和业界的广泛关注，一时间就如何规制网络信息领域失范行为的讨论层出不穷。这起案件的积极意义是不言而喻的，一方面，陈堂发的胜诉对于其他有类似经历的互联网受害者和维权者来说，提供了一个很好的借鉴；另一方面，中国博客网的败诉对广大网民和博客网站而言，则是敲响了一记警钟。

【案例分析】

“中国博客第一案”的出现，在自媒体时代具有十分重要的意义，该案件不仅为有类似经历的受害者维权提供了范例，也对网络内容服务商起到了警示作用。虽然博客时代已经过去，但是该案例给人们带来的启示仍具有十分重要的现实意义。

一、博客的自由最大化使得许多不良内容得以传播

博客提升了网民的个人话语权，但是也使得一些不良思想与内容得以在网络上传播。在信息不对称的情况下，对陈堂发的人身攻击与侮辱语言会对其他不了解陈堂发的人起到误导作用。

博客是随着知识经济的兴起而出现的一种文化传播形式，它并不是单纯的个人情感发泄的场所，网民在使用博客进行信息传播时必须要考虑到对社会公众的影响。然而，许多博客主却没有考虑这一点，现实中的博客更像一个“众声喧哗”的自由发挥的空间，各种文化类型、思想意识、价值观念、生活准则、道德规范都可在其中占据一席之地，甚至一些腐朽的、反动的内容。人们在享受这些内容带来的新鲜与刺激时，也极易导致自身世界观、人生观、价值观的扭曲，从而迷失前行的方向。

二、公民在网络空间行使表达自由权不能逾越法律底线

在自媒体时代，人人都有“麦克风”，每个人都有成为传播者的可能。网络给予了大众充分的自由，个人可以在网络上建立属于自己的“信息发布台”，无须像传统媒体那样考虑到各种限制，只要懂得基本的电脑操作就能将自己所掌握的新闻事实或评论观点发布出去，成为信息的发布者。这是网络时代赋予大众的自由权利。但是，没有无权利的义务，也没有无义务的权利，享受权利的同时意味着要履行义务，二者是相伴而生的。网民既然在网络上发表言论，那么就要对自己发表的言论负责。可能有些网民会疑惑不解：“为什么在自己的博客里写点日记类型的文字还要受到约束呢?”事实上，博客并不是纯私人空间，因为博客是在网络上公开发布的，有公共空间的属性，个人在博客发泄情绪或表达观点时要考虑到经过网络传播以后可能产生的影响。在本案例中，博客的主人“K0C7”在自己的博客中用“烂人”“猥琐人”“流氓”等侮辱性词汇对陈堂发进行了指名道姓的谩骂，这是侵犯陈堂发名誉权的行为。名誉权，是指公民或法人保持并维护自己名誉的权利，它是人格权的一种。《中华人民共和国民法通则》第一百零一条规定：“公民、法人享有名誉权，公民的人格尊严受法律保护，禁止用侮辱、诽谤等方式损害公民、法人的名誉。”在互联网时代，网络传播具有传播范围广和传播速度快的特点。一旦含有侵害他人名誉权的信息在网络上发布，其危害是巨大的，对于公民个人而言，会对其生活、工作、学习等方面产生不良影响，进而带来精神上的痛苦。

在本案例中，博客的主人“K007”享受了网络空间的自由权利，却没有履行遵守社会道德和法律的义务。如果网民只享受自由，不履行义务，那么网络空间的秩序就会被破坏。如果人人都不履行义务，那么每个网民随时都有可能成为受害者，反过来也会损害网民自由利用网络的权利。这个局面显然不是大众所希望的。

三、博客运营商对本平台上传播的内容应负有合理注意义务

有一部分人认为中国博客网不应该为此事承担责任，因为中国博客网仅仅是作为服务提供商而存在，并不是博客内容的制作者与发布者，所以无须对平台上的内容负责。这种观点是不成立的。中国博客网关于“网站服务内容”第二条规定：“本网站的内容主要来自注册用户所发表的文章。本网站用户以任何形式上传、发布于本网站的信息内容，为用户个人行为，如果第三方对该内容提出包括版权在内的异议，本站应确实权利人的请求，将该内容删除。”从这条服务条款中可以看出，博客运营商本身也认同其对于其平台上的内容有管理职能。虽然我国目前还没有具体的关于如何认定网络服务提供商责任的法律，但是国务院、全国人大常委会等相关部门针对类似问题制定了相应的规章条例，如《电信条例》《互联网文化管理暂行规定》《互联网信息服务管理办法》《互联网站从事登载新闻业务管理暂行规定》《关于维护互联网安全的决定》《互联网电子公告服务管理规定》等。从这些规章条例对网络内容提供商的责任规定来看，制定者倾向于对网络内容提供商适用疏忽责任原则，即当第三方发布的言论造成名誉侵权时，网络内容提供商如果没有尽到合理的注意义务就要承担责任。

在“陈堂发诉杭州博客信息技术有限公司名誉侵权”一案中，原告陈堂发在告知杭州博客信息技术有限公司以后，该公司却要求陈堂发提供书面材料证实《烂人烂教材》一文中侵害的人就是其本人，否则不能删除。在此过程中，中国博客网对于有害信息的传播没有尽到监管的义务，违反了相关规定。如《全国人大常委会关于维护互联网安全的决定》第七条规定：从事互联网业务的单位发现网上出现违法犯罪行为和有害信息时，要采取措施，停止传输有害信息，并及时向有关机关报告。因此，本案被告应承担监督控制、停止传输有害信息的法定义务。《互联网信息服务管理办法》第十五条规定，互联网信息服务提供者不得制作、复制、发布、传播含有下列内容的信息（其中八）：“侮辱或者诽谤他人，侵害他人合法权益的”；第十六条规定：互联网信息服务提供者发现其网站传输的信息明显属于本办法第十五条所列内容之一的，应当立即停止传输，保存有关记录，并向

国家有关机关报告。

但是，我们必须清楚地认识到一点，那就是要求网络内容提供商对其平台上传播的内容进行一一监测。这样会使网络内容提供商花费大量的人力、物力、财力来防止侵权事件的发生，从眼前来看，这种做法虽然有利于侵权事件的减少，但是从长期来看，不利于互联网行业的整体发展，会损害互联网企业技术创新的积极性。

因此，笔者认为网络内容提供商承担的应当是合理注意义务。如果网络服务平台满足以下两点中的任意一点，那么网络内容提供商就算是已经尽到了合理注意义务，如果被起诉，那么在庭审过程中可以以此为抗辩理由为自己辩护。

第一，一经发现侵权内容便及时进行阻止，从而使得侵权行为无法实施。

第二，当收到被侵权人的通知后，网络服务提供商及时将涉嫌侵权的内容进行删除。

在我国的司法实践中，当被告网络内容提供商做到以上两点中的任意一点时，法院一般会判决他们不必承担责任。

【延伸阅读】

一、类似的事件，不同的结果

事件一：2002年6月12日晚，肖先生接到一个陌生女人电话，询问是否需要特殊服务。后来此类来电源源不断，事后统计共有31个。肖先生询问一名来电者因何打电话找自己，被告知是在某网站“跳蚤市场”看到的招聘信息。肖先生发现该信息内容为：“本人资金雄厚，来北京不久，心情寂寞，需要一个能整天或晚上陪我的女生，希望对方年轻、漂亮，可以带我去游北京或去酒吧体验北京新生活，价格优厚，有意者，请晚6点以后相约（手机号）。”肖先生“网上召妓”一事传开后，家人与朋友一度对其产生误解，以为平时为人正直的肖先生背地里竟干出龌龊之事。肖先生认为某网站未尽到审查义务，且不能提供发帖人的相应资料，应承担该帖内容失实的责任。昌平区法院审理后认为，发现“召妓”帖子后，肖先生与该网站取得联系，该网站及时删除了侵权帖子，由于网站只是为网民提供发帖的平台，无法对帖子内容的真实性一一核实，因此该网站已经履行了自己的义务，无须承担“网上召妓”帖的侵权责任。

事件二：云南某媒体从业人员龙慧为方便工作，将其移动电话号码登记在单位编印的通信录中，没想到2002年“五一”长假前夕不断接到异性的“是否需要男友”之类的骚扰电话。因为这件事，龙慧的工作、生活及通信受到严重影响，原本快乐的假期顿时变得烦恼无比。“五一”黄金周一结束，龙慧便向昆明市公安局信息管理监督处报案。该处立案后，经调查核实确认系龙慧的同事张浩、王东于4月30日下午3时许，在某网站上发布了一条“黄帖”：“漂亮 mm 找×友，电话：1398769××××，联系人：龙小姐。”为保全清誉，龙慧将昔日同事诉至法庭。2002年6月28日，龙慧以名誉侵权为由提起诉讼，要求张浩与王东向其公开赔礼道歉，恢复其名誉，消除因侵权行为给其造成的影响；由王东赔偿其精神损失费5000元；由二人共同承担本案诉讼费210元及公告费200元。庭审时，王东经法院公告传唤后，未到庭应诉，昆明市五华区人民法院依法缺席审理。法院审理后认为：我国《民法通则》规定，公民享有名誉权，公民的人格尊严受法律保护，禁止用侮辱、诽谤等方式损害公民的名誉；最高人民法院《关于审理名誉权案件若干问题的解答》已明确指出，以书面或者口头形式侮辱或者诽谤他人、损害他人名誉的，应认定为侵害他人名誉权。两名被告利用网络发布侮辱原告、有损原告人格的虚假信息，虽然有一般开玩笑的意思，但在主观上两被告实施了故意过错行为，客观上已造成了原告人格尊严被损害的事实，遂判决由张浩、王东在发“黄帖”的网站上公开向龙慧赔礼道歉、恢复名誉，以消除影响；由2人共同赔偿龙慧公告费200元，由王东赔偿精神损失费5000元；诉讼费210元，由二人负担。

二、美国法学界对网络内容提供商为第三方侵权承担责任的认定

美国法学界主要提出过三种原则：疏忽责任原则、严格责任原则、不承担责任或者有条件地免责。疏忽责任原则是指如果网络内容提供商对第三方在网上发布的内容进行监管时没有尽到应尽的注意义务，就要承担责任。严格责任是指网络内容提供商为第三方在网上发布的内容造成的所有伤害承担责任。不承担责任或有条件的免责原则认为网络内容提供商对第三方的内容几乎完全免责，或者有条件地承担极小的责任。

【思考与讨论】

1. 有人认为“博客网与博客内容的关系就像黑板与黑板上的字的关系一样，不能因为黑板上的字违法就惩罚黑板，所以不能因为平台上的内容违法就处罚博客网”。你怎么看待这种说法？

2. 本案例所涉案件对当下微博、微信的运营有何借鉴意义？

案例 7　蔡继明诉百度侵权纠纷

【案例概述】

蔡继明，清华大学人文社会科学学院经济学研究所副所长，清华大学假日改革课题组负责人。2006 年，蔡继明教授所领导的课题组向民进中央提交方案，建议变黄金周集中休假为分散休假，增加部分传统节日为法定节假日，全面推行带薪休假。该方案后由全国假日办转呈国家发改委。2007 年 11 月，国家发改委发布国家假日调整征求意见稿，其中采纳了假日制度改革课题组方案的大部分内容。2008 年起，“五一”黄金周被正式取消。取消“五一”黄金周的消息公布以来，一些反对者就把蔡继明当成了发泄怨气的对象。在之后近两年的时间里，蔡继明及家人一直遭受着来自网络的谩骂和侮辱，还有网民在百度贴吧设立了一个“蔡继明吧”。在这里，部分网民发表了具有侮辱、诽谤性质的文字和图片信息，如“蔡鸡鸣”“菜叫兽”，还有人咒骂他的家人，或者进行语言威胁，扬言要“找人暗杀蔡继明”，警告他“以后出门要小心”。从 2007 年 12 月到蔡继明起诉百度为止，这个贴吧中一共发表了 3000 多条对他进行人身攻击的帖子，并且蔡继明的个人手机号码、家庭电话等隐私信息也被公布。

百度公司在百度贴吧首页分别规定了使用百度贴吧的基本规则和投诉方式及规则。其中规定，任何用户发现贴吧帖子内容涉嫌侮辱或诽谤他人，侵害他人合法权益或违反贴吧协议的，有权按贴吧投诉规则进行投诉。蔡继明委托梁文燕以电话方式与百度公司就涉案贴吧进行交涉，但百度公司未予处理；梁文燕又申请作“蔡继明吧”管理员，未获通过；后梁文燕发信息给贴吧管理组申请删除该贴吧侵权帖子，但该管理组未予答复。2009 年 10 月 13 日，蔡继明委托律师向百度公司发送律师函要求该公司履行法定义务、删除侵权言论并关闭“蔡继明吧”。百度公司在收到该律师函后，删除了“蔡继明吧”中涉嫌侵权的网帖。随后，蔡继明起诉百度公司要求删除侵权信息，关闭蔡继明吧、披露发布侵权信息的网络用户的个人信息以及赔偿损失。

北京市海淀区法院一审认为，百度贴吧是以特定的电子交互形式为上网用户提供信息发布条件的网络服务，法律并未规定网络服务商有对贴吧内的帖子逐一审查的法律义务，因此，不能因在网络服务商提供的电子公告服务中出现了涉嫌侵犯个人民事权益的事实就当然推定其应当“知道”该侵权事实。根据《互联网电子公告服务管理规定》，网络服务商仅需对其电子公告平台上发布的涉嫌侵害私人权益的侵权信息承担“事前提示”及“事后监管”的义务，提供权利人方便投诉的渠道并保证该投诉渠道的有效性。百度公司已尽到了法定的事前提示和提供有效投诉渠道的事后监督义务，未违反法定注意义务。百度公司在 2009 年 10 月 15 日收到蔡继明律师函后，立即对侵权信息进行了删除处理，不承担侵权责任。由于百度公司已经删除了侵权信息并采取了屏蔽措施防止新的侵权信息发布，蔡继明继续要求百度公司关闭涉诉贴吧于法无据，且蔡继明因公众关注的“国家假日改革”事件而被动成为公众人物，成为公众关注的焦点，出于舆论监督及言论自由的考虑，应当允许公众通过各种渠道发表不同的意见，只要不对蔡继明本人进行恶意的人身攻击及侮辱即可。而“蔡继明吧”只是公众舆论对公众人物和公众事件发表言论的渠道，以“蔡继明”命名吧名只是指代舆论关注的焦点，其本身并无侵害其姓名权的故意，对关闭蔡继明吧的请求不予支持。关于蔡继明诉前要求百度公司提供相关网络用户的个人信息，百度公司依照《互联网电子公告服务管理规定》第十五条未直接向蔡继明提供侵权网络用户信息，并无过错。蔡继明诉讼要求百度公司提供上述信息，百度公司亦当庭表示在技术上可以提供，故蔡继明要求百度公司通过法院向蔡继明提供涉嫌侵权的网络用户信息的诉讼请求理由正当，一审法院对此予以支持。

对于一审判决，蔡继明认为其混淆了侵权行为与舆论监督，而且认为百度虽然采取了措施，但不能称之为“有效的措施”。他表示人大常委会已通过了《侵权责任法》，根据相关管理条例和《侵权责任法》规定，百度作为一个网络服务提供商，在知道它所提供的服务里有侵权行为，或有损害他人名誉、暴露他人隐私时，必须采取措施。如果它没有做到有效地消除负面影响或者有效地警告时，就要负连带责任。于是，他提起上诉。北京市第一中级人民法院二审认为，百度公司在收到梁文燕投诉后未及时采取相应措施，直至蔡继明委托发出正式的律师函，才采取删除信息等措施，在梁文燕投诉后和蔡继明发出正式律师函这一时间段内怠于履行事后管理的义务，致使网络用户侵犯蔡继明的损害后果扩大，应当承担相应侵权责任。根据本案具体情况，百度公司应当赔偿蔡继明精神抚慰金十万元。

【案例分析】

在网络迅猛发展的时代，用户不仅仅只是网络平台的使用者，也是网络信息的发布者；网络服务商既是信息服务平台的提供者，又是营利主体。在这种媒介环境下，侵权争议时有发生，一旦发生侵权行为，侵权责任由谁来承担、如何承担便成为不容回避的问题。在“蔡继明诉百度贴吧案”中，由于侵权主体很难认定，于是被侵权人便将矛头直指百度公司这一可寻实体。百度贴吧是否构成侵权、将承担什么样的责任是围绕本案需要探讨的重点。

一、百度构成间接侵权承担连带责任

根据《民法通则》第一百零一条的规定，公民、法人的名誉权受法律保护。如果以侮辱、诽谤等方式损害、侵害他人名誉，导致受害者的名誉毁损、社会评价降低，则构成名誉权侵权。虽然《民法通则》中没有直接规定隐私权是公民的人格权，但是隐私权也是众多法律系统所支持的一种人身基本权利，是指自然人享有的私人生活安宁与私人信息秘密依法受到保护，不被他人非法侵扰、知悉、收集、利用和公开的一种人格权，而且权利主体对他人在何种程度上可以介入自己的私生活，对自己是否向他人公开隐私以及公开的范围和程度等具有决定权。

认定某行为构成名誉侵权与隐私侵权需要在主客观方面具备以下要件：一是要有损害事实发生；二是行为造成的后果；三是损害事实和行为之间存在因果关系；四是行为人主观上有过错。因此，在认定网络服务提供者是否构成侵害他人的名誉权与隐私权时，主要看行为人在互联网上有没有实施侮辱、诽谤、散布隐私消息等行为。从行为的方式上看，在贴吧内确实出现了部分帖子侵犯蔡继明名誉权的事实，且将蔡的私人信息散布到网上，侵犯了当事人的隐私权；从行为后果看，造成当事人精神上的痛苦，名誉毁损，并且具有因果关系；而且百度贴吧的行为具有主观故意和过失的过错。因此，贴吧构成侵犯名誉权和隐私权。但是蔡继明名誉权、隐私权的侵权主体是对其进行名誉损害、隐私披露行为的“蔡继明吧”中的部分发帖人。在本案中，蔡继明并没有起诉其侵权主体而起诉百度，网络服务商在此类侵权案中要承担什么样的法律责任，这就涉及网络服务商而非侵权主体的责任界定。

2009年12月审议通过并于2010年7月开始实施的《中华人民共和国侵权责任法》第三十六条规定：“网络用户、网络服务提供者利用网络侵害他人民事权益的，应当承担侵权责任。网络用户利用网络服务实施侵权行为的，被侵权人有权通知网络服务提供者采取删除、屏蔽、断开链接等必要措施。网络服务提供者接到通知后未及时采取必要措施的，对损害的扩大部分与该网络用户承担连带责任。网络服务提供者知道网络用户利用其网络服务侵害他人民事权益，未采取必要措施的与该网络用户承担连带责任。”这是基于公共政策考量而划定的连带责任，因为互联网的特殊性使得网络用户具有隐匿性，尤其在自媒体环境下，信息源更难以确定，甚至确定了信息源以后会发现侵权信息是在重复多次传播过程中变形损耗形成，很难归责于某个具体的个体。在这种情况下，为了维护权利人的权利、平衡法益，就让相对更好确定责任主体的本应承担补充责任的网络服务提供者承担了连带责任。

在本案中，百度公司在接到蔡继明的删除相关信息的要求、知道网络用户侵权行为的情况下，并未及时采取必要措施，造成损害事实扩大，因此百度公司在此案中应该承担连带责任。

二、百度作为直接赢利主体理应承担“代理责任”

未经本人同意，在网络上占有、再现和使用他人肖像的，都属于侵害他人肖像权的行为。肖像权侵权的构成要件包括：未经肖像权人同意，使用目的是为了赢利。在此案中，虽然百度贴吧用户使用蔡继明肖像并非出于营利目的，但是百度却在这一过程中直接获得收益。百度贴吧虽然不是利用侵犯肖像权的行为直接赢利，但使用具有真实性的肖像和高互动性的攻击性言语可有助获得点击量、提高人气，而最终结果是百度成为最大的赢利主体。因此蔡继明对肖像权侵权的起诉也明确地指向了利益获得的主体百度公司。

但是对蔡继明肖像直接侵权的也并非百度公司这个网络服务提供商，而是部分贴吧用户。在网络时代，侵权往往是一个集体行为，并非一人所为，于是就产生了集体行为所造成的后果由谁来承担责任的问题。为了解决这一问题美国的法院提出了“代理责任”的概念。“代理责任”是“间接侵权责任”的另一种形式，其必须符合两个构成要件：其一，具有监督侵权的权利和能力；其二，获得直接经济利益。美国的法院将“代理责任”理解为：如果对他人的侵权行为具有监督的权利和能力，同时又从侵权行为中获得了直接经济利益，即使不知道他人的侵权行为，也应当为其侵权行为承担责任。这里的承担责任则不以“知道”为衡量标准，只要符合其两个构成要件就应承担责任。因此，在“蔡继明案”中，如果按照“代理责任”原则，百度公司作为利益直接获得者，并且又是有权且有能力对这一侵权行为进行监督的一方，因此应承担“代理责任”。

三、百度不构成姓名权侵权

《中华人民共和国民法通则》第一百二十条规定：“公民的姓名权、肖像权、名誉权、荣誉权受到侵害的，有权要求停止侵害，恢复名誉，消除影响，赔礼道歉，并可以要求赔偿损失。”在本案中，蔡继明要求百度贴吧删除“蔡继明吧”的理由是因为其侵犯了自己的姓名权。

百度贴吧是否构成姓名权侵权？在“蔡继明诉百度贴吧案”的审理过程中存在着这样的争议：百度认为其删除“蔡继明吧”中侵权性帖子即可作为其停止侵害的责任履行，而蔡继明则提出关闭贴吧、停止侵害的要求。那么究竟两者哪个应作为停止侵害的结点呢？

目前，法律法规对于姓名权等人身权利侵权责任形式的规定不完善，对停止侵害的方式也没有具体指出。但构成侵犯姓名权的四个要件是明确的：第一，行为人主观故意；第二，行为人的行为具有违法性；第三，存在损害事实；第四，侵害行为与损害事实之间具有因果关系。在“蔡继明诉百度贴吧案”中，如果贴吧停止侵害名誉权、隐私权、肖像权等相关违法行为，那么百度贴吧使用蔡继明的姓名则不符合姓名权侵权的构成要件，也就是说在删除所有侵权内容后，百度公司即履行了姓名权侵权的停止侵害责任，不再构成姓名侵权。从判决结果来看，法院对于蔡继明提出的侵犯姓名权的指控也不予支持。

【延伸阅读】

一、《中华人民共和国侵权责任法》第三十六条

《中华人民共和国侵权责任法》第三十六条规定：网络用户、网络服务提供者利用网络侵害他人民事权益的，应当承担侵权责任。网络用户利用网络服务实施侵权行为的，被侵权人有权通知网络服务提供者采取删除、屏蔽、断开链接等必要措施。网络服务提供者接到通知后未及时采取必要措施的，对损害的扩大部分与该网络用户承担连带责任。网络服务提供者知道网络用户利用其网络服务侵害他人民事权益，未采取必要措施的，与该网络用户承担连带责任。

《中华人民共和国侵权责任法》第三十六条第一款规定的是网络用户、网路服务提供商的直接侵权责任，是对网络侵权责任做出的基本认定。作为原则性规定，它不仅仅表达出了对网络隐私权的保护，而且又作为兜底条款囊括了对其他没有被条所纳入的侵权行为的惩罚，从而达到全面保护网络隐私权的目的。

《中华人民共和国侵权责任法》第三十六条第二款规定了“通知规则”，也就是说网络服务提供者在得到被侵权人网络隐私权被侵害后的告知后，应当及时采取删除、屏蔽、断开链接等必要措施以防止损害结果的扩大。若在被侵权人告知其网络隐私权被损害的事实后，网络服务提供商未及时采取相应救济措施而导致损害结果扩大，那么当认定网络服务提供商此时的主观状态为故意，存在主观过错：因为它的行为对损害结果扩大的部分起到了促进作用。这样的话，网络服务提供商就应当在其造成的损害结果部分承担相应的侵权责任，但从责任承担上来看，此时网络服务提供商承担的是连带责任。此款与第一款主要的区别就在于，对网络服务提供商来讲是承担直接责任还是连带责任：第一款规定的是网络服务提供商主观直接故意、单独实施侵害行为，承担直接侵权责任；第二款则是网络服务提供商间接故意而间接侵害被侵权人，承担连带责任。

《中华人民共和国侵权责任法》第三十六条第三款则规定，网络服务提供商在侵权行为进行之初以及进行时的“明知”状态下的责任承担。明知规则就是网络服务提供者明知网络用户利用其网络实施侵权行为，而不采取删除、屏蔽或者断开链接等必要措施，不履行相应的监管义务，可以推定其主观状态为故意，在客观上为侵权人的侵权行为提供了帮助和支持。损害事实是在网络服务提供商和侵权人的共同作用下产生，此时二者形成共同侵权，网络服务提供商承担连带责任。

二、夏弗诺测试

夏弗诺案在代理侵权责任发展史上具有里程碑式的意义。在该案中，加伦（Jalen）娱乐公司在格林（Green）商店中贩卖盗版的音像制品，侵犯了夏弗诺（Shapiro）的著作权，夏弗诺便以代理侵权将格林商店诉至法庭。法院认为，第一，加伦公司在格林商店中长期设有柜台，加伦公司及其员工要遵守格林商店的规章制度，格林商店可以直接解雇加伦公司的雇员而无须经过加伦公司的同意，并且加伦公司的所有收入都要通过格林商店的现金账户，这些说明格林商店在事实上可以监督和控制加伦的活动。第二，格林商店从加伦公司的收入中抽取一定比例的提成，构成了直接的经济利益。符合上述两点，法院判决格林商店负代理侵权责任。法院的这一判决将以往判例中认定代理侵权的复杂理论最终概括为两个测试：第一个测试即是否对侵权行为有控制的权利和能力；第二个测试为是否从侵权行为中直接获取经济利益。一旦同时符合上述两个要件，那么就构成代理侵权。这便是夏弗诺测试，它确立了代理侵权的两个构成要件，并成为法院日后判定代理侵权责任的基础。

三、《互联网电子公告服务管理规定》的相关条款

第九条第八款规定：不得侮辱或者诽谤他人，侵害他人合法权益。

第十三条：电子公告服务提供者发现其电子公告服务系统中出现明显属于本办法第九条所列的信息内容之一的，应当立即删除，保存有关记录，并向国家有关机关报告。

第十四条：电子公告服务提供者应当记录在电子公告服务系统中发布的信息内容及其发布时间、互联网地址或者域名。记录备份应当保存 60 日，并在国家有关机关依法查询时予以提供。

第十五条：互联网接入服务提供者应当记录上网用户的上网时间、用户账号、互联网地址或者域名、主叫电话号码等信息，记录备份应当保 60 日，并在国家有关机关依法查询时予以提供。

【思考与讨论】

1. 目前针对网络侵犯公民人格权的行为，诉讼的难度很大、成本很高，尤其是对侵权信息转发者的追责，由于法不责众，也无法追究，虽理论上可行，但实践上很难操作。对于互联网上侵犯他人人格权的行为，谈谈你的看法。

2. 在网络这个虚拟的世界里，侵权主体很难确定，这使得被侵权人倾向于将矛头指向网络服务商这个可查的实体。这样避开侵权主体而追责非侵权主体的网络服务商，你认为合理吗？

案例8　搜狐网“标题党”名誉侵权案

【案例概述】

2004年，昆明女子杨某只身赴奥地利留学，离奇卷入一起偷渡案。法院历经两年审理，最终判定杨某无罪。杨某却为此蒙冤入狱4个多月，学业中断生活亦受到影响，还患上了精神分裂症。2007年，《南风窗》杂志以《偷渡，留学中介与国家赔偿》为题报道了杨某的遭遇。国内最大门户网站之一搜狐网在转载该报道时，将标题改为《中国女子偷渡奥地利留学被关押四个月精神分裂》，并一度被列为“搜狐出国”专题的头条。篡改的标题不仅包含“偷渡”“被关押”“精神分裂”等刺激性字眼，而且还混淆逻辑、颠倒事实。在快餐式的阅读时代，搜狐的“标题党”行为成功吸引了受众的眼球，该新闻的点击率一路攀升。很多网友对杨某的“离奇”遭遇纷纷跟帖评论，但有不少网友只是阅读过标题并未通读整篇新闻稿件就盲目跟帖发表言论，一时间杨某压力倍增。

杨某事后以搜狐公司侵犯名誉权为由将后者告上法庭，索赔20万元。昆明市官渡区法院经审理后认为，搜狐网以《中国女子偷渡奥地利留学被关押四个月精神分裂》为标题，与《偷渡，留学中介与国家赔偿》一文的报道主题相悖，违反了法律规定。搜狐网擅自改标题的行为，引起了众多不明真相的网民望文生义。很多网民读完该报道后，在留言中写下许多不堪入目的评论，如“这位杨小姐的确活该，丢尽中国的脸，报应”“献丑，活该”“想出国的人就是这个下场”等言论，给杨某造成极大的精神伤害以及负面社会影响。据此，法院于2008年6月初做出一审判决：搜狐公司赔偿杨某精神损失等费用30620元，并责令该公司于判决生效之日起5日内在其搜狐网的新闻页面上向原告杨某赔礼道歉，消除影响。

一审宣判后，搜狐公司不服，上诉至昆明中院。昆明中院2008年11月开庭审理了此案。庭审中，搜狐公司提出，他们在刊载《中国女子偷渡奥地利留学被关押四个月精神分裂》时是原文转载，是充分尊重《南风窗》上所登载的《偷渡，留学中介与国家赔偿》一文的，杨某在起诉书中也称《南风窗》的《偷渡，留学中介与国家赔偿》一文的报道内容是客观公正的，那么搜狐网按照原文转载的涉诉新闻内容，也应该是客观公正的，并且杨某确实因为涉嫌偷渡留学而被奥地利警方拘留。就涉诉新闻标题而言，其并没有体现杨某的真实姓名，不可能仅仅因为涉诉新闻标题与原载媒体《南风窗》的稍有不同，就侵犯了杨某的名誉权。而就新闻报道而言，只能是“严重失实”的情况才会承担侵犯名誉权责任。

昆明中院认为，搜狐网擅自改动后的标题，使一些读者和网民产生错误印象，望文生义，认为杨某是偷渡客，以一般人的观点可以确定言语具有诽谤性，因此，搜狐网的行为具有违法性。昆明中院于2009年1月19日做出终审判决：驳回上诉，维持原判。2月6日上午9时许，搜狐公司在其网站新闻页面发布了致歉申明，正式向杨某道歉。

【案例分析】

新闻标题是对所报道新闻事实的概括与浓缩，可以说是一篇新闻报道的眼睛。但是随着新闻事业的发展，特别是在网络媒介生态环境下，由于媒体间的竞争不断加剧，一些网络媒体屡屡突破新闻伦理法规的边界，其中“标题党”不惜断章取义、混淆视听，甚至捏造事实制造哗众取宠的效果来骗取受众，这种做法严重违反了媒体人的职业道德，降低了媒体的公信力。网络媒体从业者需要反思的是，怎样才能做好一个媒体人，怎样才能做好社会的瞭望者。

一、搜狐网篡改新闻标题构成名誉侵权

在此案中，一审、二审均认定搜狐网对杨某构成名誉侵权。一审判决后，搜狐网之所以不服，是因为搜狐方面认为他们在刊载《中国女子偷渡奥地利留学被关押四个月精神分裂》时是原文转载，是充分尊重《南风窗》上所登载的《偷渡，留学中介与国家赔偿》一文的。

就搜狐网是否侵犯杨某名誉权这一问题，可以结合《民法通则》规定的侵权行为构成要件来分析。

1. 行为人客观上存在损害他人名誉的事实，并为第三人知悉。在此案件中，搜狐网在篡改标题转载此消息后，其他一些网络媒体纷纷转载了搜狐网的这则新闻，之后包括篡改标题在内的报道在互联网上疯狂传播，点击率极高、评论众多，符合该要件。

2. 行为人主观上有过错。这种过错包括故意和过失，从搜狐网篡改的标题来看，“偷渡”“被关押”“精神分裂”等刺激字眼严重与原文主题不符，并不是客观转载，也不是客观事实，是搜狐网为了吸引读者眼球而刻意进行的曲解篡改，因此可以认定这是一种主观过错。

3. 被侵害的对象应当是特定的人。信息传播后给杨某造成了严重的困扰，损害了杨某的名誉，符合该要件。

4. 在后果上，侵权人的行为对受害人的名誉造成一定的损害。搜狐网篡改标题的行为导致杨某的社会评价降低。事件报道后，通过其他媒体的转载和网民的跟帖，大众的漫骂、声讨在一定程度上影响了杨某的声誉。

综上，足以认定搜狐网对杨某构成名誉侵权，违反了《民法通则》的相关规定。

除此之外，与此案直接相关的法律依据还有2013年最高人民法院和最高人民检察院发布的《最高人民法院、最高人民检察院关于办理利用信息网络实施诽谤等刑事案件适用法律若干问题的解释》（以下简称《解释》），将刑法中的诽谤罪、寻衅滋事罪等扩展到网络空间。我国刑法第二百四十六条规定：以暴力或者其他方法公然侮辱他人或者捏造事实诽谤他人，情节严重的，处三年以下有期徒刑、拘役、管制或者剥夺政治权利。《解释》第一条明确了利用信息网络实施诽谤犯罪的行为方式，对刑法第二百四十六条中的“捏造事实诽谤他人”的规定进行了类型化和具体化。其中第一款第二条包含“篡改并发布”，即将信息网络上涉及他人的原始信息内容篡改为损害他人名誉的事实，在信息网络上散布，或者组织指使人员在信息网络上散布的，即认定为“捏造事实诽谤他人”。搜狐网在转发《南风窗》的文章时，篡改了原文标题，使之与客观事实不符，因此其违反了《解释》的第一款第二条，构成“捏造事实诽谤他人”。

二、搜狐网篡改新闻标题片面追求轰动效应

现今，为追逐“轰动效应”片面追求点击量的新闻报道屡见不鲜，即使是全球最具影响力和权威性的媒体也不例外。在此案中，搜狐网通过篡改新闻标题，使报道偏离原文主题，歪曲了报道的实质内容。虽然搜狐网并未对原文内容进行修改，但在选择制作新闻标题时故意歪曲个别细节，突出不应该突出的内容，淡化报道重点，使整个新闻报道偏离主题，形成错误的舆论引导。

在这起搜狐网“标题党”侵权事件中，搜狐网把原文标题篡改为《中国女子偷渡奥地利留学被关押四个月精神分裂》，题目中充斥着“偷渡”“被关押”“精神分裂”等字眼，可以说成功打造了一篇负面报道。网络媒体服务的大部分需求是对娱乐的需求，而受众对负面事件的关注，有寻求娱乐信息的因素存在。相比正面报道，负面报道更能引起受众持久而强烈的谴责与批判态度。搜狐网为迎合受众的心理而赋予这种负面报道更高的新闻价值，于是在传播中就体现出了报道倾向性，引导方向出现错位。而“互联网是负面新闻或口碑的放大器”，上述情况在网络传播场域进一步加剧。网络新闻突出负面因素本身并无过错，但是如果只是片面追逐“轰动效应”，则显然有悖客观真实报道的原则。

新闻媒介的一个重要功能就在于向社会公众提供大量准确、及时的信息，构筑现代信息环境，以供人们了解外部变化，作用于人们的认识，引导舆论。而“标题党”行为往往会形成错误的舆论引导。因此，媒体应该强化社会责任观念，加强自律，杜绝片面追求“轰动效应”而枉顾事实本身的行为。

三、“标题党”现象易导致媒体公信力下降

媒体公信力是指新闻媒体本身所具有的一种被社会公众所信赖的内在力量。它是媒体自身内在品质和外在形象在社会公众心目中所占据的位置，是衡量媒体权威性、信誉度和社会影响力的标尺，也是媒体赢得受众信赖的能力。媒体公信力是衡量、评判其舆论影响力最重要、最根本的标准之一。对于媒体来说，就是以其主体业务为核心形成的能够赢得受众、占领市场、获得最佳社会效益和经济效益，并在众多竞争对手中保持独特优势的资源和能力。

媒体的公信力并非一夜之间就可以建立或者拥有。作为媒体的一种无形资产，它是媒体在长期发展过程中日积月累形成的。一般而言，媒体的公信力与其传播效果成正比，公信力高的媒体，其传播效果好。在网络媒体环境下，“标题党”现象泛滥直接危害网络媒体的公信力。网络媒体公信力降低的一个重要原因就是新闻失实。如果媒体长期刊登欺骗或误导受众的新闻，表面上看增加了点击量，吸引了受众的一时关注，但时间长了，受众反而对媒体的品位、权威性和公信力产生怀疑，最终对媒体产生不信任感，甚至弃之而去。一个经常靠“标题党”赚取点击率吸引眼球而误导受众的媒体，是不可能有良好影响和公信力的。如果导向存在错误，这样的媒体不仅谈不上公信力，其形象更大打折扣，甚至危及自身的生存。

四、搜狐网篡改新闻标题违背人道主义原则，缺乏人文关怀

新闻媒体作为舆论宣传的主阵地和主渠道，不仅要向群众传播信息，更要正确引导舆论，服务社会。正是这样的使命，才使新闻媒体具有公信力和权威性，同时也决定了新闻工作者必须要有高度的社会责任感和伦理精神。要保证新闻媒

体的公信力就必须对新闻报道伦理失范现象进行矫正，同时必须要制定良性、合理的道德规范，并在新闻报道实践中切实遵循这些道德原则。

人道主义原则将人本身看作是最高的价值，主张要和善对待一切的人和事，要最大限度地尊重人的尊严和个性。人道主义的核心主张就是倡导提升人的社会地位，捍卫人性的尊严，体现人的自身价值，从而实现人类的自由平等和个性解放。新闻传播活动本质是人的活动，新闻活动离开了人，它就失去了存在的意义。传媒作为文明的载体，在新闻传播中，应当呈现出人道主义的情怀，尊重人的生命、人格和基本权利。本案例中，搜狐网在报道时并未尊重杨某的人格权，严重侵犯了当事人的名誉权，缺乏必要的人文关怀，违背了人道主义的伦理规范。

【延伸阅读】

一、《职业新闻工作者协会伦理规约》

美国职业记者协会（SPJ）于 1926 年正式通过的第一个伦理规范，主要借用了美国报纸编辑协会 1923 年的“新闻规约”。1973 年，SPJ 正式制订了自己的规范，并在 1996 年 9 月进行了第三次修订。

《伦理规约》分为五个部分，在这里主要介绍第二部分“探究与报道事实真相”。其前言部分就提到新闻记者的责任是探究事实真相以及就事件和议题提供公正而全面的报道，进而实现上述目标。所有媒体行业的有良知的记者均要努力全面而诚实地为公众利益服务。职业廉正是新闻记者可信度的基石。

“探究与报道事实真相”部分还指出，在采集、报道和解释信息时，新闻记者要诚实、公正而勇敢。具体而言，新闻记者应该：

· 根据所有的消息来源来检验信息的准确性，以谨慎行事来避免因疏忽而导致的差错。绝对不允许蓄意歪曲。

· 努力找到新闻报道对象，向他们提供回应对其不正当行为的指陈的机会。

· 只要有可能就交代消息来源的身份。公众有权就消息来源的可靠性获得尽可能多的信息。

· 在允诺匿名之前，一律要质疑消息来源的动机。说明为获取信息而做出任何承诺的附带条件。信守诺言。

· 防止标题、新闻引子和宣传材料、图片、录像、录音、图表、同期声、引语失实。它们不能背离语境而过于简化或夸大事件。

· 杜绝扭曲新闻图片或录像的内容。为了提高技术清晰度而强化形象是允许的。使用蒙太奇或图片说明需要注明。

·不得重现或导演新闻事件，以避免误导。如果为了讲述故事而有必要重现，必须加以说明。

·避免暗中进行的或其他鬼鬼祟祟的信息采集方式，除非传统的公开方法不能产生对公众来说至关重要的信息。对这些方式的运用应当作为报道的一部分加以解释。

·杜绝抄袭剽窃。

·大胆地讲述关于人类经验的多样性和重要性的故事，即便这种做法不受欢迎。

·审视自身的文化价值观，避免将这些价值观强加于人。

·避免就种族、性别、年龄、宗教、族裔、地理、性取向、残障、体貌或社会地位形成刻板成见。

·支持观点的公开交流，即便这些观点是相互抵触的。

·给无发言权者以发言权；官方和非官方的消息来源具有同等效用。

·区分观点鼓吹与新闻报道。分析与评论应该标明出处，以避免歪曲事实或语境。

·区分新闻与广告，警惕模糊二者界限的混合物。

二、“标题党”与新闻失实的关系

新闻失实就其性质来说，可以分为故意性失实和非故意性失实。非故意性失实指在新闻采写编过程中，作者、编辑并没有觉察到所报道的事实与实际情况不符。这种失实多半是由于新闻工作者在采访中获得的原始材料失实造成的。故意性失实是指新闻从业者明明知道自己所写的新闻与实际情况不符，却明知故犯，造成新闻失实。其原因比较复杂，有新闻队伍内部问题，也有社会原因。此外，新闻失实可分为宏观失实与微观失实。宏观失实是指虽然报道中的某一事实或全部事实符合客观实际，但放在整个社会大背景下，则可能存在某些思想性或导向性错误，引起受众对某一类事件的“同一”看法，甚至是偏见，从而对某一类事物产生不良的社会影响。微观失实是指报道中的某一事实失实或新闻六要素中的某一要素失实。

“标题党”现象虽然与新闻失实不同，但不论何种标题党类型，都会伴随着不同程度的新闻失实。即便是报道内容不存在失实，标题的处理也可能构成新闻失实。在新闻报道中即使出现部分虚假内容，如细节上的偏差，也会对表述整个事件性质造成影响。在确定新闻标题时，如果片面追求轰动效应，哗众取宠，突出不应该突出的内容、淡化报道重点，便会出现新闻失实的现象，形成错误的舆论导向。

【思考与讨论】

1. 在网络媒介环境下，“标题党”现象屡见不鲜。网易财经曾发表题为《上海冠生园董事长被猴子弄死》的报道，引起舆论哗然，人们纷纷指责网易对生命缺乏尊重。迫于舆论压力，网易财经不得不向公众致歉。“标题党”现象不仅会错误引导舆论，也会导致媒体公信力下降，在信息爆炸时代，媒体该如何找到生存之道而不是依靠夸张、失实的标题吸引眼球？

2. 有人认为“标题党”现象符合大众媒体传播时代“快餐式”阅读的需求。你怎样看待“标题党”现象？

3. 新闻标题具有提示、评论新闻内容的作用，是对所报道的新闻事实的浓缩与概括，可以说是一篇新闻报道的点睛之处。那么，新闻标题应该如何制作？什么样的标题才可以称之为好标题？

案例9　凤凰网编辑有偿删帖案

——非法经营罪的认定

【案例概述】

邱某是凤凰网互联网部资讯中心要闻组的编辑，他在2010年10月到该单位实习，2011年6月正式入职，负责发表、转载、编辑、删除新闻的工作。2012年10月至2013年10月，邱某多次受卢某某的委托，利用网站编辑的职务便利违规删帖，每删除一条收费800元，先后累计收取卢某某给付的11.8万余元人民币。

邱某称，2012年8月卢某某找到他，询问其能否帮助删帖，之后他们通过QQ和电话联系。邱某收到卢某某想要删去的帖子的链接后，“查看内容后判断是否能删除”。如果是感觉可以删除的，他就通过公司后台用自己的权限将该条链接修改后隐藏，使其不能正常访问。有时候，他会修改帖子内容，或把帖子标题和内容换成其他的新闻，以此掩人耳目。然而，凤凰网所属的北京天盈九州网络技术有限公司内部对删除稿件有存档与核查机制，编辑对稿件不能擅自删除，而是应该先由负责人审批。同时，删稿还需要填写包括谁通知、谁同意、原因等说明。对稿件进行修改，则可以由编辑自己决定。

据邱某交代，删除一条链接，他能得到报酬800元，卢某某通过支付宝或者银行卡转账的方式给他。邱某说，一年来他合计删除帖子100条左右，收到报酬8万多元。

检方认为，邱某的行为触犯了我国《刑法》的相关规定，构成了非国家工作人员受贿罪。对此罪名，邱某并无异议，不过他认为指控的受贿总额有误差，而且他认为其改动的部分网页链接是经过正常删帖流程审批之后的操作，这部分的帖子不应纳入指控的范围。

案发后，凤凰网对邱某权限下的后台数据进行筛查，发现其修改的稿子有9846篇，下线的稿子约1500篇。

一审法院经审理认为，被告人邱某作为公司的工作人员，利用职务上的便利非法收受他人财物，为他人牟取利益，数额巨大，其行为触犯了刑律，已构成非国家工作人员受贿罪。鉴于邱某归案后能够如实供述自己罪行，积极退缴犯罪所得，故法院对其所犯罪行予以从轻处罚。

对邱某认为检方指控其受贿数额有问题一事，法院调查后予以否定。另外，邱某认为其改动的链接中有一部分是审批之后的，这部分帖子不能纳入指控范围。对此，法院认为检方并未指控邱某具体的删帖数量，所以不构成冲突。因此，一审法院判处邱某有期徒刑 5 年。

一审后，邱某不服，提起上诉。上诉法院经审理认为，一审法院判决量刑并无不妥，做出驳回其上诉、维持原判的终审裁定。

【案例分析】

所谓“有偿删帖”是指一方当事人（多指网络有偿删帖公司）接受他人委托，通过采取覆盖、删除、黑客攻击以及与相应的网站管理人员沟通等方法删除网络上出现的对他人有负面影响的信息的一种行为。① 现在也出现了一些网络编辑利用职权有偿删帖的案件。

有偿删帖被一些不法分子当作生财之道，侵害了受众合法权益，损害了媒体公信力，影响社会的健康发展。

一、提供有偿删帖服务违反《刑法》相关规定

有偿删帖服务提供者有可能构成非国家工作人员受贿罪。根据《中华人民共和国刑法》第一百六十三条的规定，公司、企业的工作人员利用职务上的便利，索取他人财物或者非法收受他人财物，为他人谋取利益，数额较大的，处五年以下有期徒刑或者拘役；数额巨大的，处五年以上有期徒刑，可以并处没收财产。2007 年 11 月 5 日，“两高”出台了《最高人民法院、最高人民检察院关于执行〈中华人民共和国刑法〉确定罪名的补充规定（三）》，补充、修改了部分刑法罪名。在该规定中，由“非国家工作人员受贿罪”替代了“公司、企业人员受贿罪”的罪名。最高人民法院《关于办理违反公司法受贿、侵占、挪用等刑事案件适用法律若干问题的解释》对数额较大的界定是：索取或者收受贿赂 5000 元至 20000 元的，属于数额较大；索取或者收受贿赂 10 万元以上，属于数额巨大。

本案中，邱某正是利用自己在凤凰网从事发表、转载、编辑、删除新闻这一

---

① 宋鹏：《试析网络有偿删帖的刑事规制》，《河南工程学院学报（社会科学版）》2012 年第 4 期。

工作的便利，收取卢某某的财物，将凤凰网上卢某某想要删去的帖子予以删除或屏蔽，构成了非国家工作人员受贿罪。

提供有偿删帖服务还可能构成非法经营罪。2013年9月9日，最高人民法院、最高人民检察院联合公布了《关于办理利用信息网络实施诽谤等刑事案件适用法律若干问题的解释》，其中第七条规定：违反国家规定，以营利为目的，通过信息网络有偿提供删除信息服务，或者明知是虚假信息，通过信息网络有偿提供发布信息等服务，扰乱市场秩序，具有下列情形之一的，属于非法经营"情节严重"，依照《刑法》第二百二十五条第四款的规定，以非法经营罪定罪处罚。

我国《刑法》第二百二十五条关于非法经营罪的规定，具体为："违反国家规定，有下列非法经营行为之一，扰乱市场秩序，情节严重的，处五年以下有期徒刑或者拘役，并处或者单处违法所得一倍以上五倍以下罚金；情节特别严重的，处五年以上有期徒刑，并处违法所得一倍以上五倍以下罚金或者没收财产：(1) 未经许可经营法律、行政法规规定的专营、专卖物品或者其他限制买卖的物品的；(2) 买卖进出口许可证、进出口原产地证明以及其他法律、行政法规规定的经营许可证或者批准文件的；(3) 未经国家有关主管部门批准非法经营证券、期货、保险业务的，或者非法从事资金支付结算业务的；(4) 其他严重扰乱市场秩序的非法经营行为。"有偿删帖案件属于非法经营案件中的一种，是情节严重的刑事案件。

2015年，国新办、公安部、国家新闻出版广电总局对网络敲诈和有偿删帖行为进行了专项整治。但整体来看，我国目前针对有偿删帖的法律尚不健全，要从根本上杜绝这种行为，还需要互联网立法的完善，提高违法删帖者的违法成本，用法律防止违法删帖势头蔓延。

二、有偿删帖背离了媒体的舆论监督功能

广义上的舆论监督是指公众通过舆论这种集合性意见形态，对各种权力组织和其工作人员，以及社会公众人物（包括著名记者）自由表达看法所产生的一种客观效果。[①] 所以，舆论监督的主体是公众。在现实社会中，由于公众很多情况下需要通过新闻媒体进行舆论监督，于是很多时候便把新闻媒体视为舆论监督的主体。

舆论监督是社会监督体系中的重要组成部分。它揭露社会的阴暗面，对其批

---

① 陈力丹、闫伊默：《论我国舆论监督的制度困境》，《南通大学学报（社会科学版）》2007年第2期。

评和谴责，同时也意味着对社会正面的支持。舆论监督能够制约人们的行为，并对社会秩序的维护起到潜移默化的积极作用。

随着互联网的发展，越来越多的公众能够通过网络进行舆论监督，网络已经成为民意表达的重要工具。所谓网络舆论监督，是传统监督方式在网络信息化条件下的拓展，它是指以互联网为平台，通过网络技术（如电子数据库、电子课件等）和各种网络形式（如网页、电子邮箱、电子留言板、虚拟社区等）对掌握一定社会公共权力者行使权力的行为进行监督的过程，以达到权为民所用的目的。

现如今，网络有偿删帖已经形成了一条由公关公司和门户网站高层组成的灰色产业链。每年“3·15”消费者权益日前夕，很多企业、单位为了防止负面信息大范围流传，希望采取有偿删帖的方式删除相关信息。面对删不了的帖子，公关公司也会通过其他途径处理，如在网上发一些含有相同关键词的正面信息，并且提高这些信息的排名，从而使负面信息位置靠后，不易被人搜索到或关注到。

有偿删帖是媒体在舆论监督上的一种不作为，其出于利益诉求，主动放弃舆论监督的权力，在本应该发表意见、监督社会环境时却选择删去不良信息。媒体所享有的舆论监督权是公众赋予的权力。媒体在行使这一权力的同时，必须自觉地承担对公众的责任，以公众的群体利益为目标，发表意见，施加影响。因此，媒体可以决定进行监督的具体方式，但无权决定是否进行监督。是否进行监督，对什么进行监督，这应该是由公众利益决定的。有偿删帖则恰恰突破了这一权限，它并不是不监督，而是进行有选择的监督，或是在监督的基础上与被监督者进行利益交换，完全抛开公众的利益，把公众赋予它的话语权，变成自身垄断信息发布的话语霸权。

三、有偿删帖违背新闻工作者职业道德

新闻职业道德是职业道德中的一种，是从事新闻职业的人们在其特定的工作中形成的有关新闻工作的社会责任与义务的道德观念、行为规范和道德品质的总和，是在社会职业道德体系中适用于新闻职业活动的一种表现形式。[①]

新闻媒体具有传递信息、监督舆论、环境监测、提供知识和娱乐等多种功能，为更好地履行自身职能，新闻工作者必须接受职业道德的监督。新闻职业道德对新闻工作者具有约束、鼓励、教育的作用，新闻职业道德也关系到整个社会的风气，新闻工作者遵守职业道德能够推动整个社会风气的好转，相反，则会引导社

① 黄瑚：《新闻法规与新闻职业道德》，四川人民出版社1998年版，第228页。

会向不良方向发展。然而，现实中一些公关公司伙同网站高层无视道德、法律的约束，凭借手中的权力有偿为企业或单位删除稿件，一些互联网编辑明知不可为而为之，滑向职业道德失范的境地。

有偿删帖是对公民知情权的侵犯。知情权泛指公民知悉、获取信息的自由与权利。随着互联网的发展，网络已经成为人们获取信息的一个快捷而高效的途径，而有偿删帖使网民失去了对部分信息获取的可能。如果删除的帖子是被证实的负面信息，则是对网民言论自由的侵犯。

在市场经济下，一些网站和编辑为了追逐自身利益，不顾公共利益，违反职业道德，把网站所占有的平台、信息等资源作为寻租的方式，通过向他人提供有偿删除信息服务为自己谋取利益。就如凤凰网有偿删帖案，邱某每删除一条链接得到 800 元报酬。一年来，他删除的帖子有 100 条左右，得到总计 8 万余元好处费。

新闻工作者应该认识到自身肩负着重要的社会责任。新闻网站的工作人员应该加强自律，坚持正确的价值导向，自觉抵制有偿删帖行为；新闻网站也要把好用人关，对员工定期进行职业道德培训，定期考核，并对有偿删帖行为的工作人员予以惩戒。

【延伸阅读】

一、广东省首例网络删帖敲诈勒索案

从 2009 年底开始，王智权和梁尚荣、梁士新父子俩利用采集软件和网络论坛，对出现负面信息的公务员、教师等以有偿删帖之名进行网络敲诈。

王智权利用采集软件在互联网上采集有关广东省化州市一些单位及个人的负面帖子，并将这些帖子转载到自己开设的网站“化州论坛”上，然后注册多个身份对这些帖子进行炒作，迫使相关单位与个人支付删帖费，然后再删除这些负面帖子。梁尚荣则凭借记者的身份，主动联系与帖子相关的单位或个人，收取“删帖费”。收到“删帖费”后，梁尚荣根据事先商量的价钱，将钱交给梁士新，让其汇入王智权的银行账户，王智权再将网上的负面帖子删除。

在 2009 年底到 2011 年 5 月这段时间，王智权和梁尚荣、梁士新父子多次把陈某云、邱某顺等人的负面信息在“化州论坛”上进行炒作，每次收取当事人 500 元至 1 万元不等的现金作为删帖费。

2012 年 7 月 20 日，该案作为广东省首例网络删帖敲诈勒索案在化州市人民法院一审公开宣判王智权、梁尚荣、梁士新3名被告人被法院以敲诈勒索罪分别判处有期徒刑六年、四年和三年六个月。法院认为，被告人王智权、梁尚荣、梁士新无视国家法律，以非法占有为目的，利用互联网发帖子毁坏他人名誉，再以胁迫的方法敲诈勒索他人财物，数额巨大，其行为已构成敲诈勒索罪，公诉机关指控的事实和罪名成立。被告人王智权归案后，认罪态度好，协助公安机关退还赃款，并能通过家属缴纳部分罚金，依法可酌情从轻处罚；被告人梁尚荣、梁士新归案后，基本认罪，并能通过家属缴纳罚金，有悔罪表现，依法可酌情从轻处罚。综合三被告人的犯罪事实、情节、性质及悔罪表现，遂做出上述判决。

二、《中国新闻工作者职业道德准则》

《中国新闻工作者职业道德准则》于1991年1月中华全国新闻工作者协会第四届理事会第一次全体会议通过，此后分别于1994年、1997年和2009年11月进行了三次修订。中国新闻事业是中国特色社会主义事业的重要组成部分。新闻工作者要坚持以马克思列宁主义、毛泽东思想、邓小平理论和“三个代表”重要思想和习近平新时代中国特色社会主义思想为指导，深入贯彻落实科学发展观，高举旗帜、围绕大局、服务人民、改革创新，贴近实际、贴近生活、贴近群众，用马克思主义新闻观指导新闻实践，学习宣传贯彻党的理论、路线、方针、政策，继承和发扬党的新闻工作优良传统，积极传播社会主义核心价值体系，努力践行社会主义荣辱观，恪守新闻职业道德，自觉承担社会责任，敬业奉献、诚实公正、清正廉洁、团结协作、严守法纪，做到政治强、业务精、纪律严、作风正。

第一条 全心全意为人民服务。要忠于党、忠于祖国、忠于人民，把体现党的主张与反映人民心声统一起来，把坚持正确导向与通达社情民意统一起来，把坚持正面宣传为主与加强和改进舆论监督统一起来，发挥党和政府联系人民群众的桥梁纽带作用。

第二条 坚持正确舆论导向。要坚持团结稳定鼓劲、正面宣传为主，唱响主旋律，不断巩固和壮大积极健康向上的舆论。

第三条 坚持新闻真实性原则。要把真实作为新闻的生命，坚持深入调查研究，报道做到真实、准确、全面、客观。

第四条 发扬优良作风。要树立正确的世界观、人生观、价值观，加强品德修养，提高综合素质，抵制不良风气，接受社会监督。

第五条 坚持改革创新。要遵循新闻传播规律，提高舆论引导能力，创新观念、创新内容、创新形式、创新方法、创新手段，做到体现时代性、把握规律性、富于创造性。

第六条　遵纪守法。要增强法治观念，遵守宪法和法律法规，遵守党的新闻工作纪律，维护国家利益和安全，保守国家秘密。

第七条　促进国际新闻同行的交流与合作。要努力培养世界眼光和国际视野，积极搭建中国与世界交流沟通的桥梁。

【思考与讨论】

1. 新媒体发展过程中“新闻敲诈”“有偿删帖”等违反新闻职业道德甚至违反法律法规的现象时有发生，如何才能促进新媒体良性发展，为社会稳定创造良好的舆论环境？

2. 新媒体环境下如何有效规范网络新闻从业人员的行为？

案例 10　天津港爆炸诈捐案

——微博慈善中的虚假信息传播

【案例概述】

2015 年 8 月 12 日晚 11 时左右，天津滨海新区第五大街与跃进路交叉口的一处集装箱码头发生爆炸。据周边市民反映，爆炸当时震感强烈，火光冲天，蘑菇云清晰可见。爆炸发生时，天津塘沽、滨海以及河北一些地区均有震感，并造成轻轨东海路站建筑及周边居民楼受损。如此重大的爆炸事故很快引发了国内外广泛关注，救援工作也随即展开。

截至 2015 年 9 月 13 日，事故中因抢险救援牺牲 110 人，另有 55 人遇难，8 人失联。2016 年 2 月 5 日，天津港爆炸事故调查结果公布。经国务院调查组认定，天津港“8・12”瑞海公司危险品仓库火灾爆炸事故是一起特别重大生产安全责任事故。

天津港爆炸事故发生后，全国人民沉浸在对逝者的哀悼之中，网友们也通过网络用各种各样的方式表达对逝者及逝者家属的哀悼与慰问。新浪微博作为在本次事故中始终活跃的新媒体，在本次爆炸事故报道中积极跟进，并且因为用户众多成为网友们进行实时播报和对遇难者表达哀悼的一个重要阵地。然而，随着众多关于事故的信息扑面而来，网友们无暇仔细辨别信息的真假，给虚假新闻的传播提供了可乘之机。

2015 年 8 月 13 日凌晨 1 时许，一名 1996 年出生的无业女孩杨彩兰在网上得知“8・12”天津港爆炸事故后，利用手机登录其新浪微博账号“我的心永远属于拜仁慕尼黑 always”发布了一条虚假微博：“好害怕，爸爸在那附近上班，刚刚打他电话关机，打他公司的电话也没有接，我一个人在家真的好害怕。”因为内容关于天津港爆炸，所以微博一发布，便获得了众多网友的关注。

当天凌晨 3 时许，杨彩兰又通过该微博账号发布了第二条微博，称还是没联系上爸爸，并且在这之前，其母亲也已经去世。此后，杨彩兰再次在其微博上发布了第三条微博，因为得知长微博具有“打赏”功能，杨彩兰便发布了一条长微博，内容包含“今天在医院里见了他最后一面，我和他说，我会好好努力，明年考上一个好大学”等内容，微博内容情节逼真，并且在敏感时期牵动着网友们的神经。本来就是单亲家庭，经过此次灾祸成为孤儿，而且又是即将高考的一名女学生，因此这条长微博发布后再次引起广大网友关注。大量泪点的存在让众多素不相识的网友们慷慨解囊。最后，杨彩兰共获得了3739名新浪微博网友共计3856笔“打赏”，总金额为96576.44元人民币。

但不久，杨彩兰的微博账号遭到了网友的质疑和举报。2015年8月14日，新浪微博管理员将其账号关闭，并冻结了该账号收取的款项。之后，不知道已经被网友举报了的杨彩兰欲将微博中的“赏金”提现，但发现账号已被冻结，便到派出所报案，称其新浪微博账号“我的心永远属于拜仁慕尼黑always”被盗。民警经过网上核实，确认杨彩兰就是“我的心永远属于拜仁慕尼黑always”账号使用者并将其控制。经过调查发现，杨彩兰所发布新浪微博内容均为虚假消息，其目的为利用天津港爆炸事故后网友们对受害者的同情骗取不义之财。案发后，杨彩兰新浪微博账号于2015年8月14日被微博管理员关闭，并冻结该账号收取的款项。2015年8月18日，那3856笔“打赏”款已全部退还给网友。

2016年1月13日，杨彩兰一案在广西防城港市防城区人民法院刑事审判庭公开开庭审理，杨彩兰以诈骗罪被追究了刑事责任。

【案例分析】

一、微博诈捐违反《刑法》及相关规定

杨彩兰利用网友的同情心骗取钱财，其行为构成了诈骗。杨彩兰直接违反了《刑法》第二百六十六条规定：“诈骗公私财物，数额较大的，处三年以下有期徒刑、拘役或者管制，并处或者单处罚金；数额巨大或者有其他严重情节的，处三年以上十年以下有期徒刑，并处罚金；数额特别巨大或者有其他特别严重情节的，处十年以上有期徒刑或者无期徒刑，并处罚金或者没收财产。”关于“数额巨大”，《最高人民法院、最高人民检察院关于办理诈骗刑事案件具体应用法律若干问题的解释》第一条规定：诈骗公私财物价值三万元至十万元以上认定为“数额巨大”。杨彩兰骗取捐款已达到数额巨大的范围，并且公诉机关认为，被告人杨彩兰在事后去公安机关报案意在从微博中提取捐款，并非自首，因此不会从轻处理。其犯罪事实清楚、证据确凿充分，应当以诈骗罪追究其刑事责任。

2000年12月28日第九届全国人民代表大会常务委员会第十九次会议通过的《全国人大常委会关于维护互联网安全的决定》明确指出："利用互联网造谣、诽谤或者发表、传播其他有害信息，煽动颠覆国家政权、推翻社会主义制度，或者煽动分裂国家、破坏国家统一"等行为，构成犯罪的，依照刑法有关规定追究刑事责任。杨彩兰在微博上发布虚假信息构成了造谣，该信息经过网友们的转发和扩散对社会造成了不良影响。

二、微博公益作为新生事物亟待规范化

微博公益是网络公益的一种，是通过微博发布、转发、评论的形式将社会中的个人团结起来助力公益事业。微博公益是随着微博的发展出现的一种新型公益形式，近些年帮助了无数群体和个人，极大调动了普通公民参与慈善、帮助他人的积极性，是对传统公益的一种有力补充和完善。

传统的捐助方式较为烦琐，且参与平台门槛较高，并且很多求助者的信息不为大多数网友所知，许多网友想尽自己一臂之力帮助他人却无从入手。互联网公益尤其是微博公益给普通网友提供了做慈善的机会。

然而作为新生事物，微博公益在迅速发展的同时也暴露出许多不足。微博信息发布缺少必要的审核环节，为谣言滋生与蔓延提供了温床。网友们发起捐款的初衷是给予受害者人道主义援助和传递关爱与温暖，然而本案例中的杨彩兰却利用网友们的同情心编造信息、骗取捐款，虽然最后她受到了法律制裁，但在这件事之后网友们在公益上的热情必定会大大降低。

仅靠道德约束不能保证慈善事业长久健康发展，只有依靠制度，尤其是法律制度才能保证慈善事业健康有序发展。[①] 因此，我国的微博公益急需规范化和制度化。对于网络公益，北师大中国公益研究院慈善法律中心执行主任黎颖露认为，网络上个人发起的募捐行为一般分为自助和助他两类，如果是为了救助本人或者近亲属在网络上发布求助信息，应该认定为个人求助行为，法律不禁止；而如果是为了救助本人及近亲属以外的他人在网络上进行个人募捐，属于非法募捐，则需要承担相应的法律责任。

近年来，通过互联网进行个人求助的事例越来越多，信息真假难辨，上当者时而有之，因此人们需要擦亮眼睛警惕网络诈捐。经过分析我们发现，网络诈捐往往具有以下典型特征：一般以个人名义发起，拒绝和慈善组织合作；求助账号

① 冯娟：《论我国微博公益组织监管的立法规制》，延边大学硕士学位论文2014年。

一般为刚刚申请状态，之前未曾使用过；求助信息虽然被大量点击、转发，但缺少权威媒体的调查证实，内容不免有夸张之嫌，仔细研究就会发现漏洞百出。

网络公益具有效率高、成本低、影响大的特点，主要依托虚拟的网络，由此可以避免实体慈善组织过于行政化后导致的效率低下和透明度不高等问题。在制度管理层面，要利用互联网传播的优势，尤其是在Web 3.0时代自媒体的优势让公益事业得到发展，就必须要形成组织化、系统化的管理机构，做到财产公开、制度透明，善款去向明确。

除此之外，公众也要在提供帮助的时候擦亮眼睛，理智谨慎进行捐赠行为。例如，可将受助者信息递交给规范的捐助平台，通过独立第三方的介入对其信息进行调查核实，如情况属实再进行捐赠；也可以及时向平台管理员或传统媒体核实相关信息的真伪，防止虚假消息扩散。

【延伸阅读】

一、"郭美美"事件导致慈善信任危机

2011年"郭美美炫富"一事在中国社会上引发了一场对红十字会的巨大争议。这个年仅20岁的女孩拥有无数名包名表，开豪车玛莎拉蒂，而且其新浪微博的认证信息竟然是"中国红十字会商业总经理"。因为姓郭，所以，郭美美被网友怀疑是中国红十字会副会长郭长江的女儿。这场巨大的信任风波从中国红十字会蔓延向社会其他慈善组织，导致民众一度对慈善组织极度不信任。

受到"郭美美"事件影响，中国红十字会等慈善组织在人们心中的权威性与公信力大大降低。虽然红十字会在事件发生后立刻向公众解释郭美美与红十字会没有任何关系，但"郭美美"事件的发生更加让民众质疑慈善组织的工作流程与制度，红十字会的补救行为只是"越抹越黑"。"郭美美"事件后，中国红十字会系统及一些基金会的捐款收入立即受到影响，捐赠数额明显减少。

纵观"郭美美"事件，人们从对郭美美的关注转向对红十字会的质疑，进而质疑中国的慈善事业，以至于今天社会上人们只要谈及公益事业，不免怀有不信任心理。这场信任危机，直至今日也未完全散去。

网络上传播的大量信息同时具有公共性与私人性，微博作为活跃的自媒体，这种特征更加明显。每个人都可以把微博平台当作自己私人的舞台，但这种公与私的边界是很难分清的。边界的模糊很容易引发道德伦理问题，本案例便充分凸显了在微博平台上爱心造假的诈骗行为对道德伦理所造成的冲击。

微博诈骗行为"消费"网民信任而引发互联网信任危机，不利于网络和谐生态环境的构建。面对天灾人祸，众多网友以赤诚之心给予受害人帮助，对其微博进行转发或打赏，最终却发现是被别有用心之人所利用，被骗网友内心的失望与所受打击可想而知。这种爱心造假的行为仿佛标签一般，以至于在网络上所有类似的信息都会被质疑为"不真实，可信度有待考证"。本来网络就是个虚拟性的场所，这种作假行为更增加了网民对求助信息的质疑心理，以至于最后真正需要救助之人往往得不到救助。当对虚幻的与虚拟的恐慌盖过对生命的尊重和正确道德认知时，网络上人人自危，相互的信任感降至冰点。①

二、《中华人民共和国慈善法》

对微博公益及其他互联网公益进行规范，首先要从法律层面入手。2015 年 10 月 30 日，《中华人民共和国慈善法（草案）》在第十二届全国人大常委会第十七次会议上第一次提请审议；2016 年 3 月 16 日，十二届全国人大四次会议表决通过《中华人民共和国慈善法》。草案针对互联网公益慈善做出了明确规定，其中指出："慈善组织通过互联网开展公开募捐的，应当在国务院民政部门统一或者指定的慈善信息平台发布募捐信息，并可以同时在其网站发布募捐信息。"同时《慈善法》不支持以个人名义进行募捐，"不具有公开募捐资格的组织或者个人基于慈善目的，可以与具有公开募捐资格的慈善组织合作，由该慈善组织开展公开募捐并管理募得款物"。对于慈善造假诈骗等行为，《慈善法》也明确禁止："禁止任何组织或者个人假借慈善名义或者假冒慈善组织开展募捐活动，骗取财产。"《慈善法》明确规定个人不能发起公开募捐，承诺捐款不兑现或被起诉，摊派捐赠任务构成犯罪。

需要说明的是，虽然在法律层面，我国禁止在互联网上以个人名义发起捐助，但在我国有些地方规定的条例中，可以进行互联网募捐，例如《上海市募捐条例》《广州市募捐条例》等。

三、远距离伦理

"远距离伦理"概念由美国学者汉斯·尤纳斯提出，他在《责任之原理——技术文明时代伦理学探索》中提出这一概念，即在时空上拓展道德关涉维度，强调对时间、空间及群体上遥远的人负责。

如今传统的伦理规范已经无法约束人们在互联网上的言行举止，新的伦理规

① 莫楠：《围观中的隐忧——对微博围观的道德反思》，《当代传播》2013 年第 1 期。

范亟待出炉。网络所具有的虚拟性、匿名性等特点赋予网民在网络上畅所欲言、自由表达的权利，但同时也带来了一系列道德伦理问题。比如由于身份的匿名性造成的发言不负责任，随意中伤他人，以及一些网络谣言或人身攻击等侵权行为。互联网构筑的世界独立于现实世界，现实中的伦理规范在互联网中面临着失灵的境地。正如法律所规定与彰显的那样，没有绝对的自由，一切自由的前提都是要遵守一定的规章制度，互联网世界中也同样如此。由于互联网归根结底是人类社会的产物，是由人的各种行为组成，所以与现实社会一样具有现实实在性，需要用一系列伦理规范加以制约，才能保证活动的长久有序进行。

“远距离伦理”可以用作互联网社会伦理规范的借鉴。传统社会，尤其在中国，是熟人社会，每个人的行为受到周围的人的关注，因此人们会注意自己的言行，使自己成为符合规范的社会人。而在网络中，网民处于一个陌生人社会里，现实生活中约束自身的种种伦理规范都消失不见，也没有人对自己的言行进行制裁。这种不受约束的欲望一旦膨胀，网民很可能会成为被技术“异化”的人，道德意识淡化、盲目追求感官享受与刺激。

强调“远距离伦理”，就是希望规范网民们在互联网世界中的言语和行为，让网民在一个彼此都“陌生”的空间里仍然要具有责任意识，对自己的言行负责，共同营造一个积极和谐的网络环境。

【思考与讨论】

1. 当你在微博或微信上看到他人的求助信息时，你会怎样做？

2. 如果你在生活中遇到了困难，想通过互联网寻求帮助，你会采取什么方式？

案例11 “秦火火”事件

——网络谣言第一案

【案例概述】

“秦火火”本名秦志晖，1983年生，湖南衡阳人，高中文化，曾就职于北京尔玛互动营销策划有限公司。为了提高网络知名度和影响力，进而牟取更多钱财，“秦火火”先后在新浪微博上注册了11个账号，并通过这些账号或捏造事实，或篡改信息，恶意发布与传播谣言、混淆视听，使相关人士和机构遭到网友无端指责，严重扰乱社会秩序，影响十分恶劣。

2011年7月23日，我国铁路甬温线发生动车事故，“秦火火”为了利用时事热点进行自我炒作、提高网络关注度，在事故善后处理期间的8月20日，使用“中国秦火火”的微博账户编造并散布虚假信息，称铁道部向7·23动车事故中的外籍遇难旅客支付高达3000万欧元的赔偿金。该微博被转发约11000次，评论3300余次，激起网民对国家机关公信力的质疑。虽然铁道部于当晚辟谣，但这件事依然对政府的形象与公信力造成了无法挽回的负面影响。对此，“秦火火”在庭审现场供述称：“我看到微博有这个相关内容，数额是2000万欧元，当时有100多个转发评论，我觉得3000万欧元更顺口，就改成了3000万欧元。大多数网友表示相信，当时就考虑到网民会注意到我，至于铁道部，只是觉得会让铁道部显得比较狼狈。”

2012年11月27日，“秦火火”使用昵称为“炎黄秦火火”的新浪微博账号捏造、散布中国残疾人联合会主席张海迪具有德国国籍的消息，后经网友举报，新浪公司判定上述信息不实，张海迪本人亦通过微博发布澄清声明。一个多月之后的12月31日，“秦火火”使用“炎黄秦火火”微博账号再次传播相关信息，博文在短时间内被转发20余次，引发网民对张海迪的负面评价。

2013年2月25日，“秦火火”以“东土秦火火”之名连发两条微博，称中国战略文化促进会常务副会长兼秘书长罗援（系军人）之兄在德国西门子公司任职，并质疑罗援及其家人搞利益交换：“进入西门子公司后，该公司开始陆续在中国接到项目。”“请问你们罗家在这其中起到了怎样的作用？又得到了多少好处？”而“秦火火”在法庭上承认，罗援的哥哥实际是在“西门公司”，被他“张冠李戴”成了“西门子公司”。

2013 年 7 月 15 日，他在网上看到了一些关于杨澜的消息后，未经核实，便通过“淮上秦火火”的微博账号捏造了“杨澜向希望工程虚假捐赠”的消息。博文称：“杨澜将 20 万元版税捐给希望工程后，又以其他名义将这些钱从希望工程领走。”“以同样方式，多次从青基会财务部领取过希望工程的大额工作经费。”等等。该信息被转发了 700 余次，引发了网民对杨澜的诸多负面评价。

“秦火火”曾公开表示：“谣言并非止于智者，而是止于下一个谣言。”他认为网络炒作必须要“忽悠”网民，使大家觉得自己是社会不公的“审判者”，只有反社会、反体制，才能宣泄对现实的不满情绪；必须要煽动网民的情绪与情感，才能将“那些人”一辈子的荣誉、一辈子积累的财富一夜之间摧毁。

凭着这样的“金科玉律”，“秦火火”还制造了诸多谣言。如编造雷锋生活奢侈细节，污称这一道德楷模形象完全由国家制造；利用“郭美美炫富事件”蓄意炒作，编造一些地方公务员被要求必须向红十字会捐款的谣言，恶意攻击中国慈善救济制度；炮制李双江之子非亲生，孔庆东及司马南等名人收钱为重庆模式说话等吸引眼球的话题。

2013 年 8 月，全国公安机关集中打击网络有组织制造传播谣言等违法犯罪专项行动拉开帷幕，“秦火火”被北京警方依法刑事拘留。2014 年 4 月 11 日，北京市朝阳区人民法院开庭审理“秦火火”涉嫌诽谤、寻衅滋事案，并于当月 17 日宣判如下：

被告人秦志晖无视国法，在信息网络上捏造事实，诽谤他人，情节严重，且系诽谤多人，造成恶劣社会影响，其行为已构成诽谤罪；被告人秦志晖在重大突发事件期间，在信息网络上编造、散布对国家机关产生不良影响的虚假信息，起哄闹事，造成公共秩序严重混乱，其行为已构成寻衅滋事罪，依法应予以惩处并实行数罪并罚。

依照《中华人民共和国刑法》第二百四十六条、第二百九十三条第一款第（四）项、第六十七条第三款、第六十九条第一款以及《关于办理利用信息网络实施诽谤等刑事案件适用法律若干问题的解释》第一条、第二条、第三条、第四条、第五条第二款之规定，判决如下：被告人秦志晖犯诽谤罪判处有期徒刑 2 年，犯寻衅滋事罪判处有期徒刑 1 年 6 个月，数罪并罚执行有期徒刑 3 年。秦志晖当庭表示不上诉。红极一时的“秦火火”最终受到法律的制裁，为自己的行为付出了应有的代价。

“秦火火”是自 2013 年 9 月 10 日《最高人民法院、最高人民检察院关于办理利用信息网络实施诽谤等刑事案件适用法律若干问题的解释》正式施行以来，首个获罪的网络造谣者。

【案例分析】

纵观整个事件，人们应该反思的是互联网并非法外之地，网民不能因为网络空间的虚拟性而为所欲为，突破道德底线，违反法律规范。

一、“秦火火”恶意捏造、传播网络谣言

谣言古已有之，在网络时代更加普遍。谣言有广义与狭义之分，法国学者让·诺埃尔·卡普费雷在《谣言：世界最古老的传媒》一书中提到，谣言是在社会中出现并流传的未经证实或辟谣的信息。[①] 而我国学者刘建明认为，谣言是没有任何根据的事实描述，并带有诽谤的意见指向，因此，它不是中性的传闻，而是攻讦性的负向舆论。[②]

在上述两种对谣言的界定中，前者是广义上的谣言，有故意为之，也有环境使然，例如有些谣言也有事实内核，只是在传播过程中被歪曲或夸大。后者是狭义上的谣言，即“故意捏造的虚假信息”，这种谣言从主观上讲更具恶意，在传播效果方面破坏性更大。

随着传播技术的快速发展，网络平台成了谣言肆意传播、蔓延的助推器，新媒体赋予了公众传递信息的开放性与个性化特权，但同时也为谣言的滋生和传播提供了“沃土”。“秦火火”正是在这一背景下，为了吸引眼球、博出名而故意编造和传播了 3000 余条谣言。在公民新闻时代，人人都有“麦克风”，大家都可以在网络上发出自己的声音。但是不得不承认，网络上信息的质量良莠不齐，诸多未经证实的消息广泛传播，而这显然是与人们寻求真相的初衷背道而驰的。

美国社会心理学大师奥尔波特在《谣言心理学》一书中提出了著名的谣言传播公式：R（rumor，谣言的流通量）＝I（importance，事件的重要性）×A

---

① ［法］让·诺埃尔·卡普费雷，郑若麟译：《谣言：世界最古老的传媒》，上海人民出版社 2008 年版，第 15 页。

② 刘建明：《舆论传播》，清华大学出版社 2001 年版，第 291 页。

(ambiguity，涉及该事件的证据模糊性)[①]，指出了谣言发生的两个特点：第一，谣言通常是围绕人们关心的重要问题发生的；第二，来自正式渠道的有证据的信息（如大众传播媒介的报道、权威部门的信息发布等）不足、状况的不确定性增加，会推动人们去通过其他渠道寻求信息。也就是说，涉及的问题越重要，真相越含糊不清，谣言传播活跃的概率越大。

在“秦火火”制造的谣言中，很多是搭了当时热点事件的“顺风车”，利用了公众对重要事件的关注度，顺势捏造出一些不实信息。比如在“7·23动车事故”发生后，他便炮制出铁道部给予外籍乘客天价赔偿金的假消息；在2013年初“南周新年贺词”事件的发酵期，“秦火火”曾组织人伪装成《南方周末》员工、伪造该报办公室及采编组标志，在微博上声称南周员工辞职，公然造谣、欺骗网友。

还有一部分谣言是针对名人造谣，如编造张海迪拥有德国国籍、杨澜虚假捐款、军人罗援之兄供职外企、李双江之子非亲生、雷锋6元工资穿90元行头等。他从网上东拼西凑一些碎片信息，再添油加醋地篡改杜撰一番，结果使很多网友信以为真，对相关当事人名誉和社会稳定带来极坏影响。

二、其行为违反法律规定，构成诽谤罪、寻衅滋事罪

在学理上通常把散布虚假事实损害他人名誉的行为称为诽谤。在中国的司法实践和习惯中，诽谤特指故意捏造和散布虚假事实、损害他人名誉的行为，而将过失诽谤称为侵害名誉权。视情节严重程度的不同，诽谤行为可能构成违反民事法律规范，诽谤行为人被追究民事责任；或违反刑事法律法规，构成犯罪，诽谤行为人要负刑事责任。

《中华人民共和国刑法》第二百四十六条规定，诽谤他人，情节严重的，构成诽谤罪；严重危害社会秩序和国家利益的，应适用公诉程序。最高人民法院、最高人民检察院《关于办理利用信息网络实施网络诽谤等刑事案件适用法律若干问题的解释》则对利用信息网络诽谤他人，“情节严重”的情形做了专门规定：

一是同一诽谤信息实际被点击、浏览次数达到5000次以上，或者被转发次数达到500次以上的；二是造成被害人或近亲属发生精神失常、自残自杀等严重后果的；三是两年内曾因诽谤被行政处罚，又实施诽谤他人的行为的；四是其他情节严重的情形。

此外，《解释》还规定“诽谤多人，造成恶劣社会影响的”，应认定为《刑法》

① ［美］奥尔波特等，刘水平、梁元元、黄鹂译：《谣言心理学》，辽宁教育出版社2003年版，第17页。

第二百四十六条规定的“严重危害社会秩序和国家利益”；一年内多次实施利用网络诽谤他人行为未经处理，诽谤信息实际被转发次数累计计算构成犯罪的，应依法定罪处罚。

综上所述，在法理上，诽谤罪行为有这样三个特征：客观上制造传播了虚假捏造事实、损害他人名誉或者贬损他人人格的信息；主观上出于直接故意，即不但传播一些足以造成他人名誉损害的明知虚假的、贬损他人人格的消息，在动机方面更有诋毁、中伤他人的目的；情节严重，这主要是指手段恶劣、后果严重、影响极坏等。

在本案中，“秦火火”发布的大部分微博内容或无中生有，为其本人捏造、编造；或信息所涉及内容有一定来源，但被他进行实质性篡改，以原创的方式发布；或虚假信息虽曾在网络上流传，但相关人物已经澄清，他仍然增添内容在网络上予以散布。比如对罗援之兄就职公司的说法，明明知道是一个叫西门的公司，却故意改成了跨国企业西门子公司，并指责罗家存在利益交换。在发布有关张海迪国籍信息的微博中，尽管张海迪本人已经在网上做出了澄清，但一个月之后“秦火火”再次造谣“张海迪系德国国籍”一事。

“秦火火”作为网络从业人员，对信息真实性不仅未尽到基本的核实义务，反而一再捏造、编造虚假事实，在主观上明显知道信息的虚假性而故意为之，在客观上则是实施了捏造传播虚假信息的行为，造成恶劣影响。

“秦火火”利用信息网络诽谤多人，其中杨澜的信息被转发 700 余次，罗援的信息被转发 2500 余次，均达到了 500 次以上，应视为“情节严重”；关于张海迪的诽谤信息被转发次数虽未达到 500 次，但根据最高人民法院、最高人民检察院《关于办理利用信息网络实施网络诽谤等刑事案件适用法律若干问题的解释》第四条的规定，“秦火火”在一年内分别诽谤杨澜等多人，应对这些诽谤信息的被转发次数累计计算。一个人的名誉是经年累月沉淀得来的，是无价的，却被“秦火火”几条造谣微博轻易抹黑，造成了无法挽回的负面影响。

据此，“秦火火”诽谤杨澜等人的行为构成诽谤罪，且系诽谤多人并造成了恶劣的社会影响，应当适用公诉程序追究“秦火火”所犯诽谤罪的刑事责任。

诽谤罪侵犯的客体是公民的人格和名誉，而寻衅滋事罪侵犯的客体则是社会秩序。《解释》第五条规定，利用信息网络实施辱骂、恐吓他人，情节恶劣，破坏社会秩序的行为，以及编造虚假信息，或者明知是编造的虚假信息，在信息网络上散布，或者组织、指使人员在信息网络上散布，起哄闹事，造成公共秩序严重混乱的行为，以寻衅滋事罪定罪处罚。

网络空间属于公共空间，网络秩序也是社会公共秩序的重要组成部分。“7·23 甬温线动车事故”是特别重大铁路交通事故，全民关注，“秦火火”在该事故善后处理期间，编造政府机关天价赔偿外籍乘客的信息并在网络上散布，起哄闹事。该虚假信息被转发约 11000 次，评论 3300 余次，不仅造成网络空间的混乱，也在现实社会中引发不明真相群众的不满，扰乱了政府与社会组织的善后工作，造成社会公共秩序严重混乱，具有相当的社会危害性。

三、网络推手低俗炒作无底线

“秦火火”及其老板、北京尔玛互动营销策划有限公司创始人“立二拆四”（本名杨秀宇）除了蓄意制造和传播谣言外，还炒作低俗媚俗信息，非法牟取暴利。

“秦火火”曾这样透露尔玛公司的“炒经”：公司主要是进行网络品牌炒作，以负面的居多，炒作理念是“三情”，即情绪、情感、情欲，以挑战人们的心理底线来吸引眼球。这个专门从事炒作、“删帖”等活动的所谓“网络公关公司”“营销策划组织”及“网络推手”，不断突破道德底线，使用淫秽色情包装手段，对多名欲出位的女孩进行炒作，严重败坏社会风气，造成恶劣影响。

“郭美美炫富”“凤姐事件”“‘中国第一无底限’暴露车模干露露浴室征婚”“干爹 888 万带我包机伦敦看奥运”“僧人后海船震门”等这些曾在网上引起强烈反响的新闻，最终被证实都是他们一手策划炒作起来的。

2012 年 5 月，模特新人杨紫璐突然在微博上宣称，她的干爹花 888 万元包机带她直飞伦敦看奥运，随便送的皮包就顶网民两个月的工资。众网友纷纷猜测杨紫璐的干爹是哪位高级干部，因为其微博中多次提到“力宏”，一时间叫马力宏、丁立宏的两位官场人士不幸“躺枪”，虽然后来证实杨紫璐根本没有一位官场干爹，但是这并不妨碍这位模特在三天之内成功走红。而在影响更大的郭美美事件中，炫富、拜金、干爹、海天盛筵、富二代等字眼更是不断冲击着网友的神经。在网络推手看来，似乎只有这样才能不断满足网络世界里越来越重的口味需求。

互联网号称“虚拟社会”，但其实它并不是虚拟的。它由真实的人构成，是现实社会在网络上的延伸。现实社会中对每位成员应有的约束和规范，在网络社会没有理由不遵守。“立二拆四”“秦火火”们对低俗人物和话题的大肆炒作，严重败坏了社会风气，消解了社会主流价值观，污染了网络环境，引发的社会危害性不容小觑。网络炒作并非没有底线没有范围，当恶俗到极致，影响极其恶劣时，道德必讨伐之，法律必严惩之。

【延伸阅读】

一、互联网“七条底线”

2013 年 8 月 10 日，国家互联网信息办公室举办“网络名人社会责任论坛”，与会者们就承担社会责任、传播正能量、共守“七条底线”达成共识。“七条底线”分别为法律法规底线、社会主义制度底线、国家利益底线、公民合法权益底线、社会公共秩序底线、道德风尚底线和信息真实性底线。

在随后举办的 2013 年中国互联网大会上，“七条底线”原则得到了更广泛的支持。大会倡议全国互联网从业人员、网络名人和广大网民自觉坚守“七条底线”，共谋网络生态改善和信息时代社会的有序发展。“七条底线”的具体内容包括：

一是法律法规底线。在任何法治国家，这条底线都是所有公民活动的基本遵循。网络不是法外之地，所以这必然也是网民必须坚守的底线。互联网虽然有一定的虚拟性，但是它并非完全隐匿在现实以外，这个场域的任何行为都必须在法律框架下进行。

二是社会主义制度底线。我国宪法明确规定，“社会主义制度是中华人民共和国的根本制度，禁止任何组织或个人破坏社会主义制度”。国家制度是历史和人民的选择，我们不能在网络空间挑战社会主义制度底线，威胁社会正常运行。

三是国家利益底线。国家利益高于一切，没有国家谈何个人。互联网没有国界，但是网民有国籍，爱国应当是一个人最基本的信仰。在网络世界里我们应该坚守国家利益底线，首先自己不能做颠覆国家政权、破坏国家安全等危害国家利益的事；其次要坚决抵制这种行为。

四是公民合法权益底线。公民的合法权益不受侵害，无论在现实世界还是网络社会都应得到保障。广大网民应该珍惜权利、履行义务、尊重他人、不侵犯他人合法权益。

五是社会公共秩序底线。网络虽然给了个人很大的空间和自由度，但它并不是没有任何规范和秩序的场所。每个公民都有责任维护社会的稳定，风清气正、安定祥和的社会环境是我们的共同期待。无论破坏网络安定还是破坏现实社会秩序，都与期待背道而驰。

六是道德风尚底线。道德是内化于心的行为准则，包括善良、诚信等优秀品质，在网络世界中，我们依然要坚守最基本的道德准则，不以恶意对待他人，不见利忘义。

七是信息真实性底线。信息传播的第一要义就是真实，抛开了“真”，人们也就离事物的本来面目越来越远，寻求真相就会沦为空谈。保证信息的真实性，不制造、传播虚假消息，是每个网民应守的底线。

只有坚守“底线”，才有网络空间的真正自由，即所谓以自律求自由。

二、“两高”相关司法解释

2013 年 9 月 10 日，最高人民法院、最高人民检察院《关于办理利用信息网络实施诽谤等刑事案件适用法律若干问题的解释》正式实施。该《解释》的出台，明确了利用信息网络实施诽谤、寻衅滋事、敲诈勒索、非法经营等犯罪的定罪量刑标准，为依法打击此类犯罪行为提供了更加具体的执法办案依据。

换个角度讲，通过厘清在信息网络上发表言论的法律边界，公民可以依法充分行使宪法赋予的言论自由和监督权。除了上文提到的《解释》的相关内容，还有以下信息供补充阅读。

利用信息网络实施诽谤犯罪的行为方式，即“捏造事实诽谤他人”的认定问题，《解释》第一条通过列举的方式，对《刑法》第二百四十六条中“捏造事实诽谤他人”的规定进行了类型化和具体化，包括：第一，捏造损害他人名誉的事实，在信息网络上散布，或者组织、指使人员在信息网络上散布的；第二，将信息网络上涉及他人的原始信息内容篡改为损害他人名誉的事实，在信息网络上散布，或者组织、指使人员在信息网络上散布的。此外，明知是捏造的损害他人名誉的事实，在信息网络上散布，情节恶劣的，以“捏造事实诽谤他人”论。

【思考与讨论】

1.“秦火火”为什么能火？在谣言传播过程中，微博平台、大 V 以及普通网民等各主体的行为失范有哪些？

2. 怎样看待网络空间中的言论自由与规制？

3. 公民新闻时代，人们作为传播者和受传者分别需要怎样的媒介素养？

案例12　21世纪网敲诈勒索案

【案例概述】

2014年9月3日，我国财经媒体21世纪网包括主编、副主编在内的相关人员，因涉嫌新闻敲诈被上海市公安局抓获。涉案的8名嫌疑人被依法采取刑事强制措施。

根据一些企业和个人举报，上海市公安局侦破了这起以舆论监督为幌子、通过有偿新闻非法获取巨额利益的特大新闻敲诈犯罪案件。据警方侦查，2013年11月以来，21世纪网主编刘某、副主编周某及部分采编经营人员勾结上海润言、深圳鑫麒麟等财经类公关公司，以21世纪网为主要平台，通过公关公司招揽介绍、业内记者物色筛选等方式，寻找具有“上市”“拟上市”“重组”“转型”等事宜的上市公司或知名企业作为“目标”，根据对方的态度采取不同的做法：对于愿意做“正面宣传”的企业，他们在收取高额费用后，通过夸大正面事实或掩盖负面问题的方式进行“正面报道”；对不合作的企业，则在21世纪网上发布关于其的负面报道，以此要挟企业投放广告或签订合作协议，单位和个人从中获取高额广告费或好处费。

经警方初步查证，此案涉及上海、北京、广东等地的数十家企业。2014年9月3日，在广东、北京、湖南等地公安机关的协助配合下，上海市公安局组织开展集中行动，将涉案人员抓捕归案。

21世纪网总裁、犯罪嫌疑人刘冬在接受讯问时交代，他四处招兵买马，让周斌负责网站新闻采编，莫宝泉等人负责广告业务。在刘冬看来，“21世纪网属于全国一线财经网站，有较大的话语权和影响力。为防止我们报道企业的负面新闻，财经公关公司会找企业以与网站签订广告合同、投放广告的方式，让我们封嘴”。这实际上就是保护费。为了不出现负面新闻影响上市，企业通常不得不和网站签订广告合同，也就相当于用钱买了一个保护协议。

签订合同后，网站会将企业名单统一交给采编部记者，要求他们不要撰写这些企业的负面新闻。但不排除有些记者还是会撰写其中一些企业的负面新闻，此时公关公司就会启动“紧急公关机制”。据刘冬介绍，对于有长期合同、关系较好的公司，他们会马上撤稿；对于关系一般、有短期合同的公司，广告部就会在公关公司的协调下，要求对方增加广告投放费用或者延长广告投放时限。

在 21 世纪网收取“保护费”的同时，上海润言、深圳鑫麒麟等财经公关公司也从中获利。财经公关公司的生存之道就是“左右逢源”。在企业和媒体之间，财经公关公司是极为重要的桥梁。为了让这座“桥”更牢固，很多财经公关公司都会对网站媒体高管进行“公关”。据刘冬供述，他也接受过不同财经公关公司的各种贿赂。比如 2012 年底，对方以“感谢对公司维系客户的照顾”为名，给刘冬 35 万元。“2013 年 12 月，我和妻子去美国看儿子的费用都是上海润言公司陶凯支付的。”刘冬说，“印象中，陶凯为我们购买了往返机票，共计 8 万多元人民币，还为我们支付了在美国的租车费、住宿费，共计 7 万多元人民币。”

上海警方查明，21 世纪网的相关管理人员、记者在巨额利益的诱惑下，还私下设立公关公司，非法牟利。据犯罪嫌疑人周斌交代，广州创众广告有限公司于 2012 年注册成立，其本人占股 40%，莫宝泉占股 40%。一般情况下，21 世纪网上有一些上市公司的负面帖子，这些上市公司通过中间人找到网站，希望删稿。周斌会将中间人介绍到广州创众公司，由创众公司与上市公司签订广告发布合同，再由创众公司与 21 世纪网签订广告代理合同。两份合同之间的差价，就是创众公司的利润。创众公司在收取了上市公司的钱后，将相应的资金汇至 21 世纪网站。21 世纪网在收取资金之后，会为这些公司做一些广告，并将相关负面报道删除。通过广州创众公司，周斌获利约 100 万元人民币。

2015 年 4 月 30 日，国家新闻出版广电总局向社会通报了对“21 世纪网新闻敲诈案件”的行政处理情况，21 世纪网被责令停办。总裁刘冬、副总编周斌、《理财周报》社发行人夏日、主编罗光辉、《21 世纪经济报道》社湖南负责人夏晓柏等 25 人被批准逮捕。

【案例分析】

一、新闻寻租现象及应对举措

新闻媒体作为一种大众化传播工具，在现代社会中有着较大的影响力，这种影响力决定了媒体从业人员在工作中实际行使着一种“舆论权”。“舆论权”与行政权、司法权等代表社会公众利益的权力一样，首先应该体现公平、公正原则，然后才有其存在的意义。新闻媒体虽不同于国家行政机关，但因为拥有新闻报道的话语权以及一定程度的行业垄断地位，容易发生利用所掌握的信息资源、经济资源、渠道资源等进行以权谋私的不正当行为。在现实生活中，舆论权与其他政治权力一样，也会出现权力寻租现象，产生腐败，这也就是人们所说的“新闻寻租”或“媒体寻租”。

新闻媒体不同于企业。新闻事业是党和人民的喉舌，其力量建立在满足公众知情权的基础之上。而在新闻寻租中，媒体及其从业者往往会将这种公共的舆论权力用于谋求自己单位或个人的利益。

新闻媒体应加强自律，建立更完善的管理制度与机制，将新闻寻租的苗头扼杀在摇篮里。为此可以尝试以下几点：

第一，完善媒体内部问责制度。不管报道是在报纸上刊登，还是在电视及网络媒体上发表，只要稿件一旦定稿，经手的记者、编辑及当日的主编都要对其负责，以责任制度避免新闻寻租现象发生。

第二，采取媒体内部定期抽查制，鼓励举报新闻寻租。媒体自身应定期或不定期组织人员对新闻报道的信息来源等各方面进行审查，确保新闻报道的真实性，并鼓励受众对可疑的新闻报道或记者进行举报，也鼓励媒体内部的实名举报。对于举报事件，媒体组织应认真核查落实，对有新闻寻租行为的人员严惩不贷。

第三，采取巡查形式。巡查可以分为两种形式：一种是指媒体内部自行巡查；另外一种是聘请第三方机构对媒体进行内部巡查。巡查主要是对已发布的新闻报道内容进行抽查，包括当日及往期的新闻报道，做到及时发现问题、及时处理问题。

二、加强对网站内容的审核与把关

网络新闻编辑要善于鉴别真伪，对新闻稿件的时间、地点、原因、结果等基本事实与细节进行认真核对。此外，国家要在法律层面进行有针对性的监管和引导，媒介组织要加强从业标准建设。

在“21 世纪报系新闻敲诈案”中，新闻记者作为第一个“把关人”，明知所采写的负面报道是进行新闻寻租的利益交换工具，却没有提出异议或选择放弃，这是其作为“把关人”的失职。而即便这第一层把关没做好，后面的编辑、编审和总编如果秉持职业操守来仔细检查、层层把关的话，也不至于沦落到此地步。可悲的是，新闻敲诈是 21 世纪报系自上而下的一套盈利机制，具有内部的“合法性”，这也折射出其内部价值取向与管理机制的混乱。

三、对于新闻网站要进行有效监管

我国的网络媒体是多单位多部门共同监管。在新媒体内容监管方面由国家新闻出版广电总局网络司负责网站信息网络传播视听节目许可证颁发、审查工作；具体的视听节目内容则由国家新闻出版广电总局监管中心负责监管；公安部门、工信部门及中央和各地方的宣传部门，主要负责对网络安全的管理，以及对网络文字、图片等平面内容进行监管。从严格意义上来说，这些部门都是针对新媒体的管理部门，也正是因为几乎所有的部门都参与到了对新媒体的监管中来，造成了我国新媒体监管权力交叉这样一个监管主体不明的窘境。

本案例中所涉及的21世纪网的监管就存在上述问题，对网站内容的审核、发布、运营等日常工作缺乏有效的行政监管，仅仅依靠网络媒体人的自律，是造成21世纪网违背职业道德、突破法律底线的原因之一。

从众多新闻敲诈案例中不难发现，新闻敲诈现象的屡禁不止与新闻单位对新闻从业者的管理不到位有密切关系。新闻单位在进行体制改革后面临着生存压力，一些新闻从业人员在利益的驱使下会选择放弃新闻职业道德，采用不道德的手段进行新闻活动，维持经营。

以21世纪网为代表的一些媒体为了一时的利益，下发给采编部门硬性的效益指标，将媒体对经济效益的追求与新闻采编业务错误地勾连在一起，有些网站甚至别有用心专门挖掘负面线索用于新闻敲诈勒索。个别媒体内部，新闻采访成了实现营利和创收的手段，这也在客观上提供了新闻敲诈滋生的温床。还有一部分媒体缺乏对新闻从业人员的职业道德培训，对记者的一些违规行为睁一只眼闭一只眼，导致当事人在新闻单位得不到严格管束，违规也没有得到惩处，歪风邪气得不到有效的遏制。最终这些媒体人一步步从违反职业道德到违反相关规定走向违法犯罪的深渊。

四、新闻媒体从业人员应加强职业道德修养

新闻媒体作为大众传播工具，掌握着社会话语权。这种媒体权力其实是建立在公众信任上的一种资源，资源的稀缺性也成了其可能被买卖的主要驱动力。尤其是官本位的行政管理和开放的市场化自主经营，更为新闻权力寻租行为提供了条件，有偿新闻、有偿不闻、新闻敲诈等恶劣事件层出不穷。21世纪网通过非法、违规索取利益的方式从中获得好处，就是利用舆论监督权的权力寻租。

新闻职业道德是新闻工作者在长期的职业实践中形成的调整与处理新闻机构

内外互相关系的行为规范或准则，它一般通过“记者守则”“记者信条”“新闻工作者职业道德规范”等形式进行规范表述。在新闻敲诈案例中，相关媒体工作人员无疑违背了新闻职业道德，未能坚守新闻职业道德的底线，他们以新闻版面换取经济利益，甚至以负面消息等方式进行威胁、敲诈来获取经济利益。

社会与公众赋予媒体工作者的话语权、舆论监督权是以为公众提供新闻与信息服务为宗旨的，主要目的是维护公众的利益，而不是让媒体工作者利用该特权牟取私利。新闻敲诈的实施违反了相关权利的本质，同时也是媒体工作者职业道德失范的表现。部分公关公司也正是利用这些职业道德丧失的媒体人，在媒体与客户之间游走，媒体及其从业人员参与其中，就会坠入失足的深渊。

五、媒体公信力的破坏与重建

21 世纪网新闻敲诈案无疑对媒体的公信力造成恶劣影响。正如诚信对于一个人树立自己的社会地位所起的作用一样，公信力对于任何新闻媒体的重要性都不言而喻。作为信息传播的公共平台，媒体在长期为社会提供信息的同时，也在不断接受着社会对它的评价，人们会根据自己的切身感受来选择是否相信一家媒体。在信任度形成以后，人们才会选择成为那些媒体的忠实受众。而作为广告商，他们既是媒体的传播对象，也是根据人们对媒体的喜爱程度来选择广告投放的主体，因此，他们也会选择公信力高的媒体来投放广告。

公信力是媒体在行业竞争中取胜的一个相当关键的因素，同时也是其发挥舆论导向作用的保证。媒体之争，其实就是争受众，争市场占有率，而如果想增强受众对于媒体的忠诚度，就必须增强媒体公信力。另外，从某种意义上说，公信力决定着媒体舆论引导作用的实现程度，同样一个新闻事件在《人民日报》《南方周末》、新华网、新浪网这类媒体刊载，和在不知名的小报、小网站上刊载，公众对其信任程度、关注程度以及报道本身对于舆论的引导作用是无法相提并论的。总之，媒体一旦树立了良好的公信力，就赢得了受众，也就赢得了舆论，间接地也会赢得经济效益。

为了构建媒体的公信力，可从以下几个方面努力。

首先，重构媒体的公信力，强化制度保障。减少乃至杜绝虚假、失真新闻，提高新闻媒体的公信力应从制度层面着手，建立长效机制。一方面，建立相应的利益保障机制，保障新闻媒体的话语权，使媒体有说真话的底气，使新闻的舆论监督作用得以充分发挥。另一方面，建立必要的监督惩处机制，对于编撰假新闻的做法进行严格处罚，提高失信的成本；健全监督机制，动用社会力量以及运用各种形式，及时揭露虚假新闻的骗局，形成虚假新闻人人喊打的合力，重塑媒体公信力。

其次，做负责任、有担当的新闻媒体。媒体的产品是新闻报道，不仅要满足人们的信息、知识和文化娱乐需求，还要担当起社会瞭望者、守望者的责任，这种责任在很大程度上影响社会的价值道德，引领人们的价值取向。一篇虚假报道传播出去，将误导成千上万的受众。新闻媒体对此应有清晰的认识，以牺牲新闻真实性为代价换取眼前利益是一种短视行为，无异于自毁根基，最终必定失去发展的基石。

最后，做恪守职业道德的媒体人。媒体人作为“把关人”每天面对海量信息，必须勤思、勤想，不断提升新闻业务水平，提高甄别假新闻的能力。媒体人应敢于担当，坚持实事求是，不弄虚作假，不为追求轰动效应而捏造、歪曲事实。

【延伸阅读】

一、事实核查制度

事实核查员（Fact Checker）是欧美国家一些媒体中从事检查媒体内容事实准确性工作的一个特殊群体。一般来说，在媒体机构工作的事实核查员会对记者已经成文但未发表的报道逐一阅读与核实，确认报道中事实性信息准确无误。在政治语境下，事实核查员这一概念也指对政客的竞选海报、公开言论以及与之相关的新闻报道中的事实、信息的核查。在这种情况下，事实核查员从事的工作便是对已公开发表的报道的核查。

事实核查制度起源于 20 世纪 20 年代的美国。美国《时代》周刊率先设立了一个由女性组成的事实核查团体，其竞争对手《纽约客》也在 1927 年设立了事实核查部。20 世纪中后期，伴随着社会责任论以及新闻专业主义的兴起，陆续有更多报刊设立事实核查部。欧洲国家如英国、德国的媒体也出于重视新闻报道质量的目的，开始设立事实核查部或进行事实核查工作。

在具体的操作程序上，德国的事实核查员与美国的事实核查员略有不同。《纽约客》《纽约时报》的事实核查员一般会从记者那里拿到所有被访者的信息和联系方式，通过与被访者再次联系或其他有效方式来确认新闻报道中所涉及信息的准确性。而德国的事实核查员则更多是从专业领域和不同的信息来源，对文中的信息进行核查，而不会直接与采访对象核实直接引语。

除事实核查员之外，有些西方媒体还设有“新闻监察官”（Ombudsman）或

“公共编辑”（Public Editor）的职务来对新闻报道质量进行监督，但二者和事实核查员的工作性质有着明显的差别。比如，《纽约时报》将“公共编辑”的职能描述为：“公共编辑部门需要回答读者的问题、回复读者对于报道的评论，要调查新闻中涉及事实诚信的问题。公共编辑的工作独立于记者和编辑的采编程序之外，同时其发表的观点代表个人观点。”

二、“两高”相关司法解释

2013 年 4 月 27 日起，《最高人民法院、最高人民检察院关于办理敲诈勒索刑事案件适用法律若干问题的解释》正式施行。原文如下：

为依法惩治敲诈勒索犯罪，保护公私财产权利，根据《中华人民共和国刑法》《中华人民共和国刑事诉讼法》的有关规定，现就办理敲诈勒索刑事案件适用法律的若干问题解释如下：

第一条　敲诈勒索公私财物价值二千元至五千元以上、三万元至十万元以上、三十万元至五十万元以上的，应当分别认定为刑法第二百七十四条规定的“数额较大”“数额巨大”“数额特别巨大”。

各省、自治区、直辖市高级人民法院、人民检察院可以根据本地区经济发展状况和社会治安状况，在前款规定的数额幅度内，共同研究确定本地区执行的具体数额标准，报最高人民法院、最高人民检察院批准。

第二条　敲诈勒索公私财物，具有下列情形之一的，“数额较大”的标准可以按照本解释第一条规定标准的百分之五十确定：

（一）曾因敲诈勒索受过刑事处罚的；

（二）一年内曾因敲诈勒索受过行政处罚的；

（三）对未成年人、残疾人、老年人或者丧失劳动能力人敲诈勒索的；

（四）以将要实施放火、爆炸等危害公共安全犯罪或者故意杀人、绑架等严重侵犯公民人身权利犯罪相威胁敲诈勒索的；

（五）以黑恶势力名义敲诈勒索的；

（六）利用或者冒充国家机关工作人员、军人、新闻工作者等特殊身份敲诈勒索的；

（七）造成其他严重后果的。

第三条　二年内敲诈勒索三次以上的，应当认定为刑法第二百七十四条规定的“多次敲诈勒索”。

第四条　敲诈勒索公私财物，具有本解释第二条第三项至第七项规定的情形之一，数额达到本解释第一条规定的“数额巨大”“数额特别巨大”百分之八十的，可以分别认定为刑法第二百七十四条规定的“其他严重情节”“其他特别严重情节”。

第五条 敲诈勒索数额较大，行为人认罪、悔罪，退赃、退赔，并具有下列情形之一的，可以认定为犯罪情节轻微，不起诉或者免予刑事处罚，由有关部门依法予以行政处罚：

（一）具有法定从宽处罚情节的；

（二）没有参与分赃或者获赃较少且不是主犯的；

（三）被害人谅解的；

（四）其他情节轻微、危害不大的。

第六条 敲诈勒索近亲属的财物，获得谅解的，一般不认为是犯罪；认定为犯罪的，应当酌情从宽处理。

被害人对敲诈勒索的发生存在过错的，根据被害人过错程度和案件其他情况，可以对行为人酌情从宽处理；情节显著轻微危害不大的，不认为是犯罪。

第七条 明知他人实施敲诈勒索犯罪，为其提供信用卡、手机卡、通讯工具、通讯传输通道、网络技术支持等帮助的，以共同犯罪论处。

第八条 对犯敲诈勒索罪的被告人，应当在二千元以上、敲诈勒索数额的二倍以下判处罚金；被告人没有获得财物的，应当在二千元以上十万元以下判处罚金。

第九条 本解释公布施行后，《最高人民法院关于敲诈勒索罪数额认定标准问题的规定》（法释〔2000〕11号）同时废止；此前发布的司法解释与本解释不一致的，以本解释为准。

【思考与讨论】

寻租就是寻求经济租金的简称，是为了获得和维持垄断地位从而得到垄断利润（亦即垄断租金）所从事的一种非生产性寻利活动。

媒体寻租最基本的方式是利用新闻报道权，来达到向报道对象“寻租”的目的。它是权力寻租的一种方式，主要通过两种手段达到目的：一是假借曝光之名威胁、敲诈报道对象；二是为报道对象胡编乱造，大肆吹捧，以换取经济回报。除了赤裸裸的权钱交易外，还有变相的拉赞助、拉广告、收礼品、到企业兼职、参加企业出钱的旅游活动，等等。“21世纪网敲诈案”就是一起典型的媒体寻租案例。

为了防止媒体寻租现象的发生，除了上文提到的措施，你还能想出哪些新举措？

案例13　快播涉黄案

【案例概述】

2015年2月6日，深圳快播科技有限公司（以下简称快播公司）王欣、吴铭等人因涉嫌传播淫秽物品牟利罪被北京市海淀区人民检察院提起公诉。海淀区人民检察院经依法审查后查明：被告单位快播公司自2007年底成立以来，主管人员即被告人王欣、吴铭、张克东、牛文举以牟利为目的，在明知其公司免费上传到互联网的QVOD媒体服务器安装程序及快播播放器被网络用户用于发布、搜索、下载、播放淫秽视频的情况下仍予以放任，导致大量淫秽视频在互联网上传播。

北京市海淀区人民检察院认为，快播公司及其主管人员王欣、吴铭、牛文举、张克东的行为触犯了《中华人民共和国刑法》第三百六十三条、第三百六十六条、第三十条、第三十一条之规定，构成传播淫秽物品牟利罪，并于2015年2月6日向北京市海淀区人民法院提起公诉。

北京市海淀区法院于2016年1月7日开庭审理了深圳市快播科技有限公司及其4名高管被控传播淫秽物品牟利罪一案。庭上，控辩双方围绕"单纯凭借搜索结果是否能够说明快播涉黄""所出示的鉴定结果合法与否""快播是否存在放任淫秽视频传播的现象"等一系列问题展开多轮激烈辩论。公诉方认为，快播公司及其CEO王欣等4名高管对传播淫秽物品牟利是明知的、放任的，而快播此前曾两次被行政处罚，其对淫秽物品的传播已经超出了"情节特别严重"。快播公司以技术开发为中心，多年来只管技术、不问内容，使得快播和淫秽视频有挂钩关系。即便快播关闭后，仍然有很多人通过快播搜索淫秽视频，快播涉黄成为一种社会现象。大量淫秽视频在互联网上传播，毒害着未成年人，王欣作为快播公司的负责人，有着不可推卸的责任。公诉人指出，按照我国《刑法》第三百六十三条规定及最高法、最高检所出台的相关司法解释，应该判处王欣有期徒刑10年以上或无期徒刑。但是快播公司负责人王欣则认为快播本身不提供播放资源，资源是用户从其他网站下载的，所以用户用快播软件播放淫秽视频和个人有关，和快播公司是没有关系的，快播公司和高管不应被判定有罪。

中国政法大学教授阮齐林接受媒体采访时表示，快播使用的是 P2P 点对点协议。举例说明，用户甲在播放一部影片时，该影片会自动储存到快播公司的服务器上，此时，用户甲的电脑就成为一个资源下载点。当用户乙也想用快播看这部影片时，快播软件会从服务器和用户甲的电脑上同时下载该片，此时用户乙也成为该影片的资源下载点。“只要有一个资源，每一个用快播播放此影片的电脑都会形成一个新的站点，影片资源会成几何指数增长，为想获得该影片的快播会员提供下载源。”

另外，快播还有一个特点，就是当网络用户通过快播请求播放影片时，快播会迅速筛选，为用户找出最优质、最流畅且免费的影片资源。快播利用技术将用户数据架构成了共享和传播平台，每一个用户的播放资源都能成为其他用户的播放资源。

2016 年 9 月 13 日，快播传播淫秽物品牟利案宣判：深圳快播公司犯传播淫秽物品牟利罪，判处罚金 1000 万元；被告人快播公司法定代表人、CEO 王欣犯传播淫秽物品牟利罪，判有期徒刑 3 年 6 个月，罚金 100 万元；其他责任人被判处 3 年至 3 年 3 个月不等有期徒刑，并处罚金 20 万元到 50 万元不等。

【案例分析】

快播涉黄案引起社会广泛关注，事态发展至此，有以下几点值得人们注意和反思。

一、网站对其平台上传播的内容负有法律责任

2016 年 1 月 10 日，时任国家互联网信息办公室发言人姜军就“快播”案表示，坚决支持对“快播”涉黄案进行依法查处。他说，所有利用网络技术开展服务的网站，都应对其传播的内容承担法律责任，这是中国互联网发展和治理的原则，“依法治网、依法办网、依法上网”已成为互联网业界和全社会的普遍共识，大家必须共同遵守。

快播涉黄案从开始立案到公开审理，一直受到广大公众的关注。该案给社会留下的警示是，所有网站都应对其传播的内容承担法律责任。坚守道德和法律底线，是任何一个现代文明社会的成员或组织需要共同遵守的准则。网络社会作为社会子系统的一部分，自然也不能例外，而且由于网络传播范围广、速度快的特

点，更应该加强对网络空间的规范与管理。

《中华人民共和国刑法》第三百六十三条，《互联网信息服务管理办法》第十三条、第十五条、第十六条、第十九条以及2010年“两高”出台的相关司法解释等都对通过网络平台传播淫秽物品这一行为做出了具体的规定和惩处办法。在全面推进依法治国的大背景下，网络空间绝不能成为法外之地。长期以来，有一小部分网络服务提供商存在放纵不良信息传播或打法律法规的“擦边球”、钻法律的“空子”等行为。这些现象不仅扰乱网络秩序，更对网络受众造成伤害。如果不依法铲除这些网络毒瘤，那么由此造成的不良后果将不堪设想。

快播涉黄案的法律意义已远超出该案件本身，它是对互联网企业的一次警告——谁敢突破法律底线、挑战法律权威，谁就会被依法处理。强化互联网从业者的法律责任，让网站对其传播内容负责，才可能从平台层面倒逼网络传播生态的逐渐净化。“依法治网、依法办网”既是对法治精神的郑重宣示，更是对那些试图铤而走险、挑战法律底线者的严厉警告，但凡以身试法者都将受到依法严肃追究。

二、P2P技术使网络色情信息传播更加隐蔽

快播案之所以如此复杂，是因为快播公司并不是色情信息的发布者和制作者，而是一个传播平台。快播公司一直自称是“技术提供商”，但实则是在技术的外衣下打“擦边球”。快播公司使用的P2P技术使每个用户都成为资源的共享者，让资源在不同的用户之间共享和传播，这就造成了取证难和审判难。目前网络上像快播公司这样打“擦边球”的行为屡见不鲜，如随着“云计算”技术的日益普及，各种网络硬盘（网盘）为用户提供色情信息资源的在线观看或下载服务。网盘是个人文件管理工具，具有私密性，用户无法通过搜索引擎查找到文件，只能通过网络用户的分享获得，这样就使得色情信息的传播更加隐蔽，为相关部门进行监督和处罚带来难题。

色情信息除了借助技术躲避监察之外，还在内容上打“擦边球”。目前虽然在许多网站上已经很难看到“赤裸裸”的淫秽色情信息，但网民在使用网络的过程中经常会遇到包含某些较隐晦的色情信息的弹窗；有些消息标题或内容以“偷拍”“强奸”等为噱头；在网页游戏领域这种现象更加明显，用“暧昧内容”来吸引用户已经成为一些网页游戏公司不成文的做法。中国人民公安大学教授谢川豫表示，认定网络色情传播行为是否构成犯罪或涉及的传播内容是否具有诲淫性，无法像认定毒品犯罪那样容易客观量化，这涉及个人的主观感受，不同的成长环境、年

龄段和知识背景都有差异，因此难有相应的鉴定程序。

在互联网飞速发展的时代，网络色情信息的隐蔽化传播趋向是建设有序健康的网络社会征程上必然要面对的问题。但是，这绝不意味着要限制互联网技术的创新发展。互联网公司在享受技术开发带来的巨大利益的同时，还要提高社会责任感，在发展过程中发现了问题就要做出相应的监管措施，而不能放任自流。快播公司对于技术的监管态度是消极的，如没有壮士断腕的决心，只能继续在歧途上越走越远。

三、建议我国实行文化产品分级制度

2012 年 9 月，“快播”视频播放器总安装量已超过 3 亿，而截至这一年的 6 月，中国网民数量为 5.38 亿。可以推想，由此带来的色情信息对网民的渗透达到了何等严重的程度。对文化产品实行分级制或许是一个解决问题的可行之道。文化产品分级制度就是将文化产品按照一定的标准进行分类，以年龄为区分指定适用人群的一种文化监管制度。①

首先，实行文化产品分级制度有利于激发文化产品创作者的积极性，解放文化产品的创作生产力。文化产品除了具有社会属性之外还具有商品属性。文化产品分级制度可以在一定程度上促进文化的繁荣发展。它可以使文化产品的创作者在一定的标准内进行创作，针对特定的人群生产特定的产品，这对于目前存在的文化产品打色情“擦边球”等现象会有所缓解，对于规范市场监管会起到一定的作用。

其次，实行文化产品分级制度是保护未成年人身心健康的必然要求。未成年人在心理和生理方面尚未发育健全，自我控制能力较弱，而其模仿能力又较强，如果没有正确的引导，极易走上歧途甚至犯罪的道路。实行文化产品分级制度可以使未成年人规避不适合其观看的内容，从而达到保护未成年人的目的。另外，实行文化产品分级制度也体现了以人为本的思想。消费者因其自身年龄、受教育程度的不同，对于文化产品的需求也千差万别。未必所有人都能欣赏阳春白雪，也不是所有人都喜欢下里巴人，同一文化产品不可能满足所有人的需求，消费者应该有自主选择权。实行文化产品分级制度不仅能够满足大众不同的文化欣赏需求，还能够使文化产品的创作者自由创作，体现了以人为本的理念。

---

① 张晓蒙：《关于我国实行文化产品分级制的探讨》，《出版科学》2015 年第 1 期。

【延伸阅读】

一、与互联网涉黄相关的法律规定

1. 2010年“两高”出台的相关司法解释：《最高人民法院、最高人民检察院关于办理利用互联网、移动通讯终端、声讯台制作、复制、出版、贩卖、传播淫秽电子信息刑事案件具体应用法律若干问题的解释（二）》

“明知他人实施制作、复制、出版、贩卖、传播淫秽电子信息犯罪，为其提供互联网接入、服务器托管、网络存储空间、通讯传输通道、费用结算等帮助的，对直接责任人员和其他直接责任人员，以共同犯罪论处。”

2.《中华人民共和国刑法》第三百六十三条

制作、复制、出版、贩卖、传播淫秽物品牟利罪；为他人提供书号出版淫秽书刊罪。

以牟利为目的，制作、复制、出版、贩卖、传播淫秽物品的，处三年以下有期徒刑、拘役或者管制，并处罚金；情节严重的，处三年以上十年以下有期徒刑，并处罚金；情节特别严重的，处十年以上有期徒刑或者无期徒刑，并处罚金或者没收财产。

为他人提供书号，出版淫秽书刊的，处三年以下有期徒刑、拘役或者管制，并处或者单处罚金；明知他人用于出版淫秽书刊而提供书号的，依照前款的规定处罚。

3.《中华人民共和国治安管理处罚法》第六十八条

制作、运输、复制、出售、出租淫秽的书刊、图片、影片、音像制品等淫秽物品或者利用计算机信息网络、电话以及其他通讯工具传播淫秽信息的，处十日以上十五日以下拘留，可以并处三千元以下罚款；情节较轻的，处五日以下拘留或者五百元以下罚款。

4.《互联网出版管理暂行规定》第十七条

互联网出版不得载有宣扬淫秽、赌博、暴力或教唆犯罪的内容。

5.《互联网信息服务管理办法》

第十三条　互联网信息服务提供者应当向上网用户提供良好的服务，并保证所提供的信息内容合法。

第十五条　互联网信息服务提供者不得制作、复制、发布、传播含有散布淫秽、色情、赌博、暴力、凶杀、恐怖或者教唆犯罪的内容。

第十六条　互联网信息服务提供者发现其网站传输的信息明显属于本办法第十五条所列内容之一的，应当立即停止传输，保存有关记录，并向国家有关机关报告。

第十九条　违反本办法的规定，未取得经营许可证，擅自从事经营性互联网信息服务，或者超出许可的项目提供服务的，由省、自治区、直辖市电信管理机构责令限期改正，有违法所得的，没收违法所得，处违法所得3倍以上5倍以下的罚款；没有违法所得或者违法所得不足5万元的，处10万元以上100万元以下的罚款；情节严重的，责令关闭网站。

违反本办法的规定，未履行备案手续，擅自从事非经营性互联网信息服务，或者超出备案的项目提供服务的，由省、自治区、直辖市电信管理机构责令限期改正；拒不改正的，责令关闭网站。

第二十条　制作、复制、发布、传播本办法第十五条所列内容之一的信息，构成犯罪的，依法追究刑事责任；尚不构成犯罪的，由公安机关、国家安全机关依照《中华人民共和国治安管理处罚法》《计算机信息网络国际联网安全保护管理办法》等有关法律、行政法规的规定予以处罚；对经营性互联网信息服务提供者，并由发证机关责令停业整顿直至吊销经营许可证，通知企业登记机关；对非经营性互联网信息服务提供者，并由备案机关责令暂时关闭网站直至关闭网站。

二、美国电影分级制度

美国电影分级制度是根据电影的主题、语言、暴力程度、裸体程度、性爱场面和毒品使用场面等对电影进行分级的制度。这有助于给家长们提供电影的相关信息，帮助他们判断哪些电影适合特定年龄阶段的孩子们观看。评级与电影内容的好坏并无关联。

美国电影协会（MPAA）制定的非官方的影视作品分级制度如下：

G级：大众级，所有年龄均可观看。该级别的电影内容可以被父母们接受，影片没有裸体、性爱场面，吸毒和暴力场面非常少。对话也是日常生活中可以经常接触到的。

PG级：普通辅导级，一些内容可能不适合儿童观看，有些镜头可能产生不适感，建议在父母的陪伴下观看。该级别的电影基本没有性爱、吸毒和裸体场面，即使有时间也很短；此外，恐怖和暴力场面不会超出适度的范围。

PG-13级：特别辅导级，不适于13岁以下儿童，13岁以下儿童尤其要有父母陪同观看，一些内容对儿童很不适宜。该级别的电影没有粗野的持续暴力镜头，一般没有裸体镜头，有时会有吸毒镜头和脏话。

R 级：限制级，17 岁以下必须由父母或者监护陪伴才能观看。该级别的影片包含成人内容，里面有较多的性爱、暴力、吸毒等场面和脏话。

NC-17 级：X 级，17 岁或者以下不可观看，该级别的影片被定为成人影片，未成年人被禁止观看。影片中有清楚的性爱场面、大量的吸毒或暴力镜头以及脏话等。

【思考与讨论】

1. 在互联网时代，各种新技术不断涌现，而相应的法律却没能及时出台，你怎么看待这种现象？

2. 目前网盘涉黄的现象仍然存在，百度网盘、新浪微盘等平台应该如何做好监督和管理？

案例14　百度“血友病吧”被卖事件

【案例概述】

2016年1月10日晚开始，关于百度“血友病吧”被卖的消息在互联网散播开来。公开数据显示，“血友病吧”的关注用户近两万人，累计发帖超过55万；该贴吧是血友病患者自发组织的网上聚集地，自2006年3月18日发布第一条消息以来，已存在十余年。

1月10日晚，该吧原吧主“蚂蚁菜”在知乎爆料称，“百度贴吧的‘血友病吧’被卖了，原吧主、小吧主突然间全部被拿下”，且新吧主专家团队中，“陕西医大血友病研究院院长刘陕西教授”实为骗子，并截图为证。

11日凌晨2点42分，百度“血友病吧”新吧主“血友病专家”发表题为《姗姗来迟 不好意思》的声明，称“血友病专家”是百度给的专用名称，而非个人名号，并列举6人专家团队支持，还请用户理解工作人员在删除大量水帖过程中的误删、误封行为。11日11点33分，“血友病专家”发布官方声明称，贴吧推出“贴吧合伙人”模式，将针对部分垂直和专业领域贴吧，尝试专业机构与吧友共同管理的模式；贴吧会对合伙机构进行严格资质审核以及运营行为监管，并定期考核运营结果，包括用户量、用户留存等数据。对不合格的机构管理者，百度可以根据贴吧管理规则进行调整和撤换。

新吧主“血友病专家”所提到的6人专家团队分别是第四军医大学西京医院血液科杨岚教授、交大二附院血液科主任张王刚教授、西安交大医学院肖延风教授、陕西医大血友病研究院院长刘陕西教授、西安红会医院运动损伤科主任郑江教授、西北大学预防基因组医学研究所杨进所长。但经专业医学网站丁香园调查，上述专家多数表示对成为“血友病吧”患者咨询顾问一事并不知情，只有刘陕西一人表示知情但具体不了解。据悉他已从公立的西安交通大学第一附属医院退休多年，目前供职的陕西医大血友病研究院是一家民营性质的医疗机构。

百度在1月12日上午发声明称，“病种类贴吧全面停止商业合作，只对权威公益组织开放”，并表示会在2016年针对一些垂直和专业领域，开始尝试引入专业机构。随后，在“血友病吧”里发表声讨帖的原吧主职位被归还。在该声明中，百度表示将与权威公益组织合作管理疾病类贴吧，并透露已经和中国血友之家达成合作意向，目前中国血友之家已经是“血友病吧”的吧主。中国血友之家负责人关涛表示，11日他接到百度企业社会责任部的电话，对方表示之前合作的民营医院没有任何权威性，因此希望能与公益组织合作。

2016年1月15日，国家卫计委时任新闻发言人、宣传司司长毛群安就记者关于“最近网友称百度贴吧的‘血友病吧’被卖，原吧成员遭撤换，并引入了身份为‘陕西医大血友病研究院院长’的‘血友病专家’成为新吧主，引起网友热议”回答提问。毛群安表示，“希望百度能够把贴吧作为一个为网民提供权威的疾病诊断、治疗以及康复信息的平台。希望专业的医疗卫生机构能够积极主动地和百度等一些网络媒体合作。很多的医院还有一些专业学术机构也在搞‘病友会’，病友网上交流，所以希望加强这方面的合作，利用好百度贴吧这个平台。这个事情发生后，百度也做出了回应。希望共同把大家关注的这个问题协商好，真正发挥网络在精准健康传播方面的作用，处理好网民自发组织和一些专业医疗卫生机构、学术机构或传播平台之间的关系，特别是有意愿开展健康教育并且也有这方面经验的机构，能够同百度等网上平台开展合作，我们也会继续动员精准健康传播机构同百度开展合作。”

希望总是美好的，但现实往往并不尽如人意，有时甚至是残酷的。与百度“血友病吧”被卖事件一样，2016年魏则西事件背后所暴露出的百度竞价排名广告、搜索引擎虚假医疗信息等情况亦广受网友诟病。2014年，西安电子科技大学学生魏则西罹患“滑膜肉瘤”，辗转多地医院求诊但病情不见好转。不过魏家人没有放弃，通过百度搜索找到了排名靠前的“武警北京总队第二医院”，该院相关医生称从国外引进的“生物免疫疗法”可保20年。尽管价格不菲，魏则西一家还是决定接受治疗。结果在经4次治疗后没有明显效果，并且癌细胞还向肺部转移扩散了。2016年4月12日，魏则西去世，年仅22岁。

有细心网友发现，公立的三甲医院武警二院将一部分科室承包给了莆田系民营医疗机构，后者出高价“推广费”在百度搜索的竞价排名广告中占得靠前位置、发布虚假医疗信息误导了诸多像魏则西一样的问诊患者。百度公司为了商业利益不断突破伦理底线、罔顾社会责任，遭到舆论的一致谴责。

【案例分析】

一、百度平台及广告主违反《广告法》的相关规定

传统广告管理中，广告主体可分为广告主、广告经营者、广告发布者，监管机构可通过行政许可、内容审核进行管理，特别是对医药广告进行前置审批。但是互联网广告打破了这种区分。

像百度贴吧这样的平台，其传播形式脱胎于传统的 BBS。基于“网络社区自治”原则，传统的站方（互联网服务提供者）的监管责任是较轻的——按《侵权责任法》规定，原则上由直接侵权者负责；站方主要承担“通知移除责任”，即被侵权人通知站方，站方仍不采取删除、屏蔽等必要措施时，才需要承担连带责任。但是，目前百度对贴吧的“商业开发”彻底改变了贴吧社区自治的性质，直接将相关疾病贴吧的管理权限交给商业医疗机构。既然贴吧成了广告平台，百度是广告经营者，商业医疗机构成了广告主，发布的帖子就是“医药广告”，那么就要严格遵守《广告法》《互联网医疗保健信息服务管理办法》法律法规。

权利与义务应当相匹配，传统的站方不可能对每一个网友的言论负责，只需“通知移除”；但是百度既然将贴吧“卖”给商业机构来发布“精准导向”的医疗广告信息，就该承担起医疗广告严苛的审核责任。比如，《互联网医疗保健信息服务管理办法》规定医疗广告必须先审批后发布，那么商业化的“贴吧合伙人”不经审批就不能在贴吧里发言（因为这种发言就是在发广告）。再比如，新修订《广告法》明确禁止医药广告内容含有治愈率或者有效率等内容，禁止保健食品“涉及医疗内容”，而这些所被禁止的广告行为却是百度疾病贴吧里一再打的违法“擦边球”。

自 2015 年 9 月 1 日起施行的新《广告法》第四十五条规定，互联网信息服务提供者对其明知或者应知的他人利用其平台发布违法广告的，应当予以制止。何况百度贴吧的商业开发模式叫“贴吧合伙人”，既然叫“合伙人”，百度就应该承担连带责任。贴吧引进商业合作也不是不可以，但应该明确标明那是“广告”，并受到严格的审批和规制，而不能再把它当成普通的网友论坛，更不能“揣着明白装糊涂”充当医托的骗人平台，从中牟利。

二、广告要有正确的导向

一些网络媒体为获得盈利而在网页上显示不良广告信息。这表明我国部分网络媒体偏重经济利益而忽视了社会责任。

新闻传媒所生产的产品和一般的物质产品相比无疑有着某种本质上的相同之处，即它们都具有商品的属性，都要经由市场而为消费者所消费。所不同的是，物质产品供消费者进行物质消费，精神产品供消费者进行精神消费。物质产品的生产和销售，可完全以市场需求为导向；而传媒产品既不能不顾市场的导向作用，也不能完全为市场的导向作用所左右。之所以说传媒产品不能不顾市场的导向作用，这是因为没有市场需求的传媒产品，既不可能产生经济效益，也不可能获得社会效益。传媒产品无人问津，哪里能产生什么效益？之所以又说传媒产品不能完全为市场的导向作用所左右，是因为作为精神产品，传媒产品毕竟包含着对于某种价值观的倡导、对于不良社会倾向的否定、对于理想境界的追求等思想内涵，而这些内容是物质产品所不具备的。更何况，新闻传媒和新闻工作者负有引导社会公众舆论的使命，他们是“把关人”，决定着信息的重点所在，掌握着解释信息的权力和信息传递的关口，信息每经过一道“把关人”的关口，都会产生量或质的变化。新闻传媒假若一切为市场导向所左右，那么就会片面追求“卖点”，一味搜异猎奇，迷失正确的价值引领方向。

因此，在市场化的过程中，网络媒体应该摆正自身位置，正确把握市场化的程度，既要顾及市场导向，又不能唯市场导向马首是瞻。以本案例来说，百度在“血友病吧”事件初期表现出唯利是图的奸商嘴脸，但是在事件的末期，其幡然醒悟，将“血友病吧”又归还于广大网友，并引入公益组织，多少让人感到欣慰。

三、百度广告竞价排名机制的弊端

此次事件引起了极大的社会不满，也反映了百度以竞价排名为核心的广告推广方式的弊端。竞价排名顾名思义就是指通过竞争出价的方式，获得某个网站的有利排名位置。搜索引擎的 PPC（Pay Per Click，点击付费广告）模式属于竞价排名的先驱。

竞价排名中，PPC 也是搜索引擎的主要广告收入来源。美国著名搜索引擎 Overture（2003 年 7 月被雅虎收购）于 2000 年开始采用 PPC 模式，目前该模式被多个著名搜索引擎采用，比如中文搜索引擎百度、一搜等都采用了竞价排名的方式。

竞价排名主要是按照付费高者排名靠前的原则来进行的，这不可避免地会对检索结果的排序产生影响，从而对用户造成损失。就像大多数专家所认为的，搜索引擎的竞价排名会将太多的不应在该领域出现的商业因素介入到检索结果的组织过程中，这很有可能使得原本相关程度不高的网站信息排名靠前而让相关度高的网站靠后，从而使搜索结果的相关度下降甚至失真，影响用户对检索结果中所含信息的准确判断。也就是说，收费排名给访问者带来的信息很有可能是不真实的，搜索引擎的结果排序难以保障公正性，同时还会带来大量垃圾信息。

四、网络媒体要加强社会责任意识

企业社会责任的本质是，在经济全球化背景下企业对自身经济行为的道德约束，它既是企业的宗旨和经营理念，又是企业用来约束内部生产经营行为的一套管理和评估体系。企业社会责任超越以往企业的技术性指标及赚取利润的传统理念，更强调在生产过程中对人的价值的关注，注重生产过程中人的健康、安全和应该享有的合法权益。企业社会责任还强调企业对消费者、环境和社会的价值，注重企业对社会整体上的贡献。

随着我国网络媒体经营意识的不断增强，网络媒体内容也日趋丰富，娱乐化不断增强，媒介和受众之间的交流增多。但不可否认，发展过程中也涌动着一股令人担忧的商业主义潮流，它有损网络媒体的社会责任。所以在这方面，网络媒体要大力加强社会责任意识和实践，为社会文明程度的提高贡献一份自己的力量。

【延伸阅读】

《中华人民共和国广告法》节选

2018 年最新修订的《广告法》针对药品广告的相关规定如下：

第十六条　医疗、药品、医疗器械广告不得含有下列内容：（一）表示功效、安全性的断言或者保证；（二）说明治愈率或者有效率；（三）与其他药品、医疗器械的功效和安全性或者其他医疗机构比较；（四）利用广告代言人（医药科研单位、学术机构、医疗机构或者专家、医生、患者的名义和形象也涵盖在内）作推荐、证明；（五）法律、行政法规规定禁止的其他内容。

第十七条　除医疗、药品、医疗器械广告外，禁止其他任何广告涉及疾病治疗功能，并不得使用医疗用语或者易使推销的商品与药品、医疗器械相混淆的用语。

第二十八条　广告以虚假或者引人误解的内容欺骗、误导消费者的，构成虚假广告。广告有下列情形之一的，为虚假广告：（一）商品或者服务不存在的；（二）商品的性能、功能、产地、用途、质量、规格、成分、价格、生产者、有效期限、销售状况、曾获荣誉等信息，或者服务的内容、提供者、形式、质量、价格、销售状况、曾获荣誉等信息，以及与商品或者服务有关的允诺等信息与实际情况不符，对购买行为有实质性影响的；（三）使用虚构、伪造或者无法验证的科研成果、统计资料、调查结果、文摘、引用语等信息作证明材料的；（四）虚构使用商品或者接受服务的效果的；（五）以虚假或者引人误解的内容欺骗、误导消费者的其他情形。

【思考与讨论】

百度一开始是给新浪等门户网站做搜索引擎技术支持的，是面向企业而非直接面向用户的；之后从后台走向前台，采用了“竞价排名”的商业模式；后来又在原始基础上做了一系列功能升级，也就是“凤巢系统”。

竞价排名这种商业模式和搜索引擎的结合，其实既不是百度最先创出来的，也不是它从 Google 那里学的，而是由一家叫 Overture 的搜索引擎公司（前身叫 Go To）率先摸索出来的。百度和 Google 的商业模式都是源出 Overture，用一个更合适的名称来称呼这种商业模式便是“关键词广告”。广告商把广告按照关键词进行投放，搜索引擎在用户搜索相应关键词的时候，保证广告内容能有效触达目标客户。

百度的竞价排名广告越来越为人们所诟病，对此你有什么看法？如果要改进百度公司的广告策略，你有什么建议？

案例15　万达集团的反谣言之战

——网络谣言VS自由表达

【案例概述】

2017年8月27日，某自媒体公众号撰文称，8月25日王健林及家人在某地准备乘私人飞机出境前往英国时被拦截并扣留，谈话数小时之后王健林才被准许离开，且被通知禁止出境。当晚万达集团相关人士向媒体否认了这一消息，并表示正搜集相关证据，准备起诉造谣公众号。

8月28日，万达集团针对网络上关于"王健林拟出境时被拦截"的传言正式发布声明，称近期关于王健林的各种恶毒谣言都是别有用心、无中生有，希望大家不信谣、不传谣，并表示万达集团决定采取法律手段维护自身权益，追究相关媒体法律责任。

9月6日，万达集团官方微信公众号再次发布了题为《高额索赔，追究刑责！万达正式起诉造谣传谣者》的公告。公告中提到万达集团于9月5日向中国有管辖权法院起诉国内造谣传谣者并已获立案，万达集团还将追究已构成犯罪的造谣传谣者刑事责任。同时，万达集团已在美国启动诉讼程序，将追究国外造谣传谣者的违法责任。

万达集团在声明中明确指出"财经小面包""迪蒙智慧交通""新百姓杂志""工信三板通"等微信公众号和"coyote-abraham""亚洲新闻周刊杂志""尚启庄""核平嘴炮""吴晓伟""亿邦动力网"等微博号为主要造谣媒体，要求这些媒体公开道歉并分别赔偿500万元人民币。

"王健林被限制出境"的谣言最早始于2012年，鉴于当时的谣言已影响万达集团和王健林本人，遂该集团做出首次回应并进行了辟谣。2017年6月，网络中出现中国建设银行等银行紧急抛售万达债券的消息，使万达集团遭遇"股债双杀"，直接导致万达电影紧急停牌，市值蒸发近60亿元。一些网络媒体对谣言信息不加甄别地进行了传播，导致万达集团旗下的万达地产、万达酒店发展、万达美元债券等市值暴跌。对比，万达集团启动诉讼程序向恶意诽谤的博讯网索赔 200 万美元并要求其公开道歉。

2017 年 9 月，“迪蒙智慧交通”连发《首富该不该接受社会舆论的监督》《迪蒙智慧交通致万达王健林和社会各界的第二封公开信》，回应万达的起诉。此后，万达集团与“迪蒙智慧交通”的舆论争夺战引发境内外媒体的争相报道、转发。

【案例分析】

一、网络谣言侵犯公民、法人的名誉权等合法权利

在网络上编造谎言、虚构事实或者以其他非法方式对他人的民事权益造成伤害的行为，从民法学角度来看是一种侵权行为。民事权益的具体内容包括名誉权、肖像权、隐私权、健康权、生命权等人身权益和财产权益。

《中华人民共和国民法通则》第一百零一条规定，公民和法人均享有名誉权，公民人格尊严受到法律保护，禁止用诽谤、侮辱等方式侵害公民和法人的名誉。《最高人民法院关于贯彻执行〈中华人民共和国民法通则〉若干问题的意见（试行）》第一百四十条规定，以口头、书面等方式揭露他人隐私，或者歪曲事实、捏造事端丑化他人人格，或者用诽谤、侮辱等方式侵害他人的名誉，造成不利影响的，应认定为侵犯公民的名誉权。《民法通则》第一百二十条第一款也明确指出，公民的肖像权、荣誉权、名誉权、姓名权受到侵害的，有权要求侵害者停止侵害，赔礼道歉，消除影响，恢复名誉，同时可要求其赔偿损失。

网络上的名誉侵权行为包括侮辱、诽谤和披露、宣扬他人隐私等几种形态。在一般的网络名誉侵权案件中，受害人所受到的损害通常表现为名誉受到贬损、社会地位降低以及因此所引发的精神创伤或财产损失等。

在市场经济条件下，物质利益与名誉地位是个体生存的现实需求；经济的健康发展也离不开企业的声誉和个人的名誉。在本案例中，王健林本人作为受到谣言传播侵害的主体，其名誉权、隐私权等合法权利受到严重损害。公众号撰文虚构、歪曲事实，暴露王健林及家人出行隐私、个人财产状况，且此类文章在诸多媒体平台被迅速转载传播，使危害王健林相关合法权益的虚假信息被不断扩散，给王健林带来实质性损失，违背了我国《宪法》及相关法律对公民尊严性权利给予保障的规定，构成侵害王健林名誉权、隐私权等民事权益的违法事实。此外，本案例中作为法人的万达集团的合法权益也因谣言传播而受损，包括万达集团旗下产业的相关商业信誉和万达股票、债券等都蒙受了巨大损失，直接或间接给万

达集团造成了难以估量的重大损失。

二、网络谣言严重扰乱社会正常秩序

德国学者汉斯・约阿西姆・诺伊鲍尔在其著作《谣言女神》中写道：谣言是国家权力的敌人，是社会公共秩序的对头。① 谣言里包含着公众的期待、焦虑、恐慌、敌对、欲望等，加之不同利益相关者在信息传递过程中的推动，往往导致“风险的社会放大”，并引发人们以各种不同方式应对。

网络谣言传播严重干扰社会公共秩序。编造、故意传播虚假信息罪是《中华人民共和国刑法》分则第六章妨害社会管理秩序罪第一节扰乱公共秩序罪中的一个罪名。基于网络信息环境的发展，2015 年 8 月 29 日，第十二届全国人大常委会十六次会议表决通过刑法修正案（九），在刑法第二百九十一条之一中增加一款作为第二款：“编造虚假的险情、疫情、灾情、警情，在信息网络或者其他媒体上传播，或者明知是上述虚假信息，故意在信息网络或者其他媒体上传播，严重扰乱社会秩序的，处三年以下有期徒刑、拘役或者管制；造成严重后果的，处三年以上七年以下有期徒刑。”

社会公共秩序是由国家公权力机关主导、社会公众共同参与形成的，任何干扰和破坏社会公众生活平稳安宁的行为，均属于扰乱公共秩序的违法犯罪行为。编造和故意在信息网络或其他媒体上传播虚假的险情、疫情、灾情、警情信息，从而引发社会恐慌，将不可避免地扰乱社会正常秩序。面对社会恐慌，国家权力机关或者社会公众不得不在现实空间中采取某种行动予以应对，以力图将这种恐慌降低甚至消除，将损害结果降到最低。② 本案例中，多家自媒体长期在网络中发布王健林“边境被控”等不实言论，给王健林及其所属的万达集团造成恶劣影响；捏造国家机关对王进行司法控制的虚假信息，引发舆论热议，对万达集团相关产业的经营发展造成不同程度的负面影响。地产行业在社会系统稳定正常运行中占据重要地位，相关话题的公共属性不言而喻。万达集团是国内房地产业中的龙头企业，其公司的发展对国内房地产市场的影响力毋庸置疑，这也是王健林和万达集团的话题会引发社会公众强烈关注的原因。此次谣言事件则对万达集团国内外的金融股债、地产开发等领域的正常营运造成严重干扰，使公众和市场对其经营信心产生动摇，在一定范围内引发强烈的社会恐慌，事实上已构成扰乱社会

① ［德］汉斯・约阿西姆・诺伊鲍尔，顾牧译：《谣言女神》，中信出版社 2004 年版，第 98 页。

② 马路瑶：《编造、故意传播虚假信息罪中“严重扰乱社会秩序”的认定标准探析》，《西部法学评论》2019 年第 3 期。

公共秩序罪。

网络谣言传播严重干扰市场经济的正常秩序。证券市场是市场经济发展到一定阶段的产物，也是完整的市场经济的重要组成部分，它不仅反映和调节货币资金的运动，而且对整个经济系统的运行具有重要影响。长期以来，谣言一直是证券市场中的常见现象，是困扰证券市场发展的难题。谣言不仅能直接影响股价的变动，甚至经过广泛传播，混淆投资者视听，影响投资者对风险的认知与判断，从而影响其决策行为。2017年6月，中国证监会向相关银行发出排查风险通知，对包括万达、复星在内的多家企业进行授信风险分析，被外界解读为万达集团遭遇“禁贷令”。很快，网络中出现了“浦发银行、工行资管、建行上海等机构均要求其管理人清仓大连万达相关的债券”的传言。还有声称来自熟悉债券的券商资管人士的分析，认为除非是银行的抛售，否则市场中不会在短期内出现如此大的成交量。彼时，万达刚刚经历了“股债双杀”，投资者受到此类消息的影响，对万达集团信心受挫，也令A股万达电影受到牵连，使其市值半日缩水66.6亿并紧急停牌。虽然各大银行当时纷纷辟谣，表示未对万达进行“限贷”“禁贷”，但王健林本人及万达集团受到谣言影响而资产损失惨重。在本案例中，造谣传谣者无论是否存在编造、传播虚假性或误导性消息的主观意识，客观上都严重影响了证券交易市场的正常秩序，引发资本交易的混乱，对经济市场秩序造成严重干扰。

网络谣言传播严重干扰社会传播系统的正常秩序。社会化媒体时代，网络造谣者编辑的内容大多直指民众认识的“盲区”，而由于人类天生对未知事物存在担忧与恐惧，为了避免恐惧，便会选择加入多数人群体，寻找安全感并分散恐惧带来的压力。[①] 当前，我国正处于社会发展的转型期，诸多矛盾充分暴露，贫富差距、社会资源分配、官商勾结等经常成为网络热议话题。这些信息的大量积累与传播使社会风险与不确定性显著增加，也对社会传播系统的正常秩序造成极大冲击。网络技术与媒体形态不断发展，在满足公众表达欲望的同时，也引发了学界对表达自由之边界的争论。在本案例中，多家自媒体持续传播关于王健林及万达集团的不实信息，甚至在各大银行、行业协会、万达集团自身甚至主流媒体纷纷辟谣后，依然在网络中散布同类内容，造成大量虚假信息充斥网络，对网民产生误导。这些自媒体账号的造谣、传谣行为不仅浪费了社会传播系统资源，也干扰了社会传播体系的良性运行。

---

① 祁志强、吕瑞：《网络谣言的心理分析与管控》，《国防科技》2018年第1期。

三、网络平台加剧谣言传播的负面影响

与人际传播时代的传统谣言传播相比，网络空间中的谣言传播具有即时性、广泛性等显著特征，对于社会恐慌情绪的散布起到极大的加剧作用。[①] 针对网络空间中发生的犯罪，以于志刚为代表的刑法学者提出了“双层社会”理论。该理论认为网络空间已经成为人类活动的“第二空间”，网络不仅是社会信息交流和传播的媒介，更逐渐成为普通公众生活必不可少的一部分，极大地增加了公众的认知范围和活动领域，因而网络空间事实上成为供公众从事社会生活的重要场所和“第二社会”。[②]

网络传播的匿名性、广泛性、海量性等特点，使得网络谣言散布成本低、“效果好”，负面影响持续时间长。在本案例中，微信公众号“迪蒙智慧交通”发布的《别让王健林跑了》一文捏造了“王健林被边控”谣言，引发人们广泛关注。文中声称 3 个月内王健林快速贱卖国内资产，将 2451 亿投资海外，此种迹象表明王健林已经准备将国内资产套现并向海外转移。虽然后来“迪蒙智慧交通”主动撤下了这篇文章，一些转载该文的网络媒体也删除了同类内容，但是通过搜索引擎这些内容仍然能够被找到，其造成的影响远未消除。

客观而言，追责网络造谣、传谣者面临着举证难度大、维权成本高的困境。对于谣言受害者来说，作为证据的网络谣言数据难以固定采集，这种数据信息的不对称性无疑加大了受害者的举证难度和诉讼成本。在海量信息中精准识别“罪魁祸首”难度不小，举证困难和维权成本高可能会令被侵权者望而却步，而这在一定程度上降低了网络谣言制造与传播者承担法律责任的风险，为谣言盛行提供了“沃土”。本案例中，万达集团在回应“王健林被边控”的传言公告中，仅仅列举了部分造谣媒体，然而万达集团对谣言制造和传播者诉讼索赔截至目前也未见到公之于众的有效判决。

四、对网络谣言违法犯罪行为的法律规制困境

近年来，我国不断完善法律体系、加强对网络空间的规范与治理，出台了大量适用于网络的法律法规。然而与网络社会发展速度相比，法律法规不可避免地显得滞后，现有法律对网络谣言相关违法行为的界定尚不够明晰，惩治力度也有待加强。

---

① 张凡:《信息网络犯罪的演变与立法完善——从刑法修正案（九）对信息网络犯罪的规制谈起》,《人民司法（应用）》2016 年第 28 期。

② 于志刚:《全媒体时代与编造、传播虚假信息的制裁思路》,《法学论坛》2014 年第 2 期。

法理解释缺乏明确界定导致侵权认定困难。《中华人民共和国刑法》第二百四十六条规定："以暴力或者其他方法公然侮辱他人或者捏造事实诽谤他人，情节严重的，处三年以下有期徒刑、拘役、管制或者剥夺政治权利。"网络诽谤罪，是指在客观方面表现为故意捏造并散布虚构的事实，足以贬损他人人格、破坏他人名誉，情节严重的行为，并且侵犯的客体是他人的人格尊严、名誉权，侵犯的对象是自然人。

2013年最高人民法院、最高人民检察院发布了《关于办理利用信息网络实施诽谤等刑事案件适用法律若干问题的解释》，明确规定具有下列情形之一的，应当认定为刑法第二百四十六条规定的"捏造事实诽谤他人"：一是捏造损害他人名誉的事实，在信息网络上散布，或者组织、指使人员在信息网络上散布的；二是将信息网络上涉及他人的原始信息内容篡改为损害他人名誉的事实，在信息网络上散布，或者组织、指使人员在信息网络上散布的。此外，明知是捏造的损害他人名誉的事实，在信息网络上散布，情节恶劣的，以"捏造事实诽谤他人"论。

对于上述《解释》的争议在于判定网络诽谤罪的构成要件是"单一"还是"复数"。以清华大学张明楷教授为代表的"单一行为说"认为，诽谤罪的构成要件行为是单一行为，应当把"捏造事实诽谤他人"解释为捏造事实诽谤他人或利用捏造的事实诽谤他人。而以中国人民大学高铭喧教授为代表的"复数行为说"则认为，构成诽谤罪的要件必须是捏造和散布，缺一不可，因而认为"两高"的《解释》超出了《刑法》的原意，存在类推解释之嫌。

在本案例中，对于单纯转发、散布已编辑完成的"王健林被边控"虚假信息的行为人而言，明确其是否触犯我国刑法及其相关解释，在判定其违法犯罪事实是否成立及依法量刑时具有关键作用。《解释》中对网络谣言诽谤的规定与《刑法》原意存在差异，这无疑会影响对行为人涉嫌违法行为的最终判定。

言论自由的合法边界问题容易引发争论。言论自由是《中华人民共和国宪法》第三十五条规定的公民合法权利，不受非法剥夺或限制。孟德斯鸠认为：自由是做法律所许可的一切事情的权利。尽管《宪法》规定了公民有言论自由，但是这并非发表任何言论的绝对自由。所以对言论自由的保护必须明确法律边界，不得超过法律的允许范围。

如果肯定宪法规定言论自由的核心目的是政治的而非认知性与伦理性的，那么，对于公民就公共事务所发表的言论，就必须给予保护。"迪蒙智慧交通"的创始人向隽认为其公众号发表的《别让王健林跑了》是根据其对中国经济特别是互联网行业发展的长期观察，以犀利评论的方式进行表达，尽管文章内容看似耸人听闻，观点却被一一印证。他认为文章《别让王健林跑了》只是匹夫忧国、针砭时弊，在被国内外媒体大量转载后，最终倒逼万达王健林宣布“把主要投资放在国内”，实现了媒体监督的社会效用。按照向隽的观点来看，他只是行使了公民言论出版自由的权利，此番言论理应受《宪法》保护。

我国法律中对谣言（虚假信息）的法律界定都强调了主观故意性，即若传播者非故意捏造事实则不应追究刑责。《刑法修正案（九）》遵循了全球通行的“实际恶意原则”，即只要行为人不是出于实际上的主观恶意，误信误传了谣言，那么他就“有过”而“无罪”。但在万达集团看来，这篇文章属于典型的谣言，给集团和王健林带来了很大的损失，集团也因此对“迪蒙智慧交通”提起了反谣言诉讼。在本案例中，“迪蒙智慧交通”方所持的观点和万达集团的观点似乎都持之有据，是应该保护公民言论自由，还是认定为主观故意的网络造谣诽谤，由此引发的争议不断和对网络谣言的法律认定困难必将影响司法判断与量刑。

【延伸阅读】

一、造谣与诽谤的法律区别

《中华人民共和国刑法》第一百零五条认定“造谣”“诽谤”均可能构成“颠覆国家政权罪、煽动颠覆国家政权罪”。《刑法》第二百四十六条对“侮辱罪”“诽谤罪”做出认定，“以暴力或者其他方法公然侮辱他人或者捏造事实诽谤他人，情节严重的，处三年以下有期徒刑、拘役、管制或者剥夺政治权利。前款罪，告诉的才处理，但是严重危害社会秩序和国家利益的除外”。

在《刑法》第一百零五条中，“造谣”“诽谤”并列，说明两者在行为表现上类似，且在一定情况下可以相互转换。但“造谣”与“诽谤”是可以区分的：首先，从犯罪客体看，网络造谣行为侵害的客体是社会公共秩序以及国家安全；诽谤罪侵害的客体是他人的人格尊严、名誉权。其次，从犯罪对象看，网络造谣行为侵害的对象是国家和社会；诽谤罪的犯罪对象是自然人。最后，从诉讼程序上看，网络造谣一般情况下适用的是公诉；而诽谤罪适用自诉，在特定情况下适用公诉。

网络造谣和网络诽谤也有可能相互转化。当诽谤的对象是国家政权、社会主义制度时，“诽谤”可转化为“造谣”；同时，在信息网络上捏造事实诽谤他人，严重危害社会公共秩序和国家安全时，诽谤就适用于公诉，这时的网络诽谤在一定程度上也等同于网络造谣。

二、《最高人民法院、最高人民检察院关于办理利用信息网络实施诽谤等刑事案件适用法律若干问题的解释》节选

第一条 具有下列情形之一的，应当认定为刑法第二百四十六条第一款规定的“捏造事实诽谤他人”：（一）捏造损害他人名誉的事实，在信息网络上散布，或者组织、指使人员在信息网络上散布的；（二）将信息网络上涉及他人的原始信息内容篡改为损害他人名誉的事实，在信息网络上散布，或者组织、指使人员在信息网络上散布的；明知是捏造的损害他人名誉的事实，在信息网络上散布，情节恶劣的，以“捏造事实诽谤他人”论。

第二条 利用信息网络诽谤他人，具有下列情形之一的，应当认定为刑法第二百四十六条第一款规定的“情节严重”：（一）同一诽谤信息实际被点击、浏览次数达到五千次以上，或者被转发次数达到五百次以上的；（二）造成被害人或者其近亲属精神失常、自残、自杀等严重后果的；（三）二年内曾因诽谤受过行政处罚，又诽谤他人的；（四）其他情节严重的情形。

第三条 利用信息网络诽谤他人，具有下列情形之一的，应当认定为刑法第二百四十六条第二款规定的“严重危害社会秩序和国家利益”：（一）引发群体性事件的；（二）引发公共秩序混乱的；（三）引发民族、宗教冲突的；（四）诽谤多人，造成恶劣社会影响的；（五）损害国家形象，严重危害国家利益的；（六）造成恶劣国际影响的；（七）其他严重危害社会秩序和国家利益的情形。

第四条 一年内多次实施利用信息网络诽谤他人行为未经处理，诽谤信息实际被点击、浏览、转发次数累计计算构成犯罪的，应当依法定罪处罚。

第五条 利用信息网络辱骂、恐吓他人，情节恶劣，破坏社会秩序的，依照刑法第二百九十三条第一款第（二）项的规定，以寻衅滋事罪定罪处罚。

编造虚假信息，或者明知是编造的虚假信息，在信息网络上散布，或者组织、指使人员在信息网络上散布，起哄闹事，造成公共秩序严重混乱的，依照刑法第二百九十三条第一款第（四）项的规定，以寻衅滋事罪定罪处罚。

第六条 以在信息网络上发布、删除等方式处理网络信息为由，威胁、要挟他人，索取公私财物，数额较大，或者多次实施上述行为的，依照刑法第二百七十四条的规定，以敲诈勒索罪定罪处罚。

第七条 违反国家规定，以营利为目的，通过信息网络有偿提供删除信息服务，或者明知是虚假信息，通过信息网络有偿提供发布信息等服务，扰乱市场秩

序，具有下列情形之一的，属于非法经营行为“情节严重”，依照刑法第二百二十五条第（四）项的规定，以非法经营罪定罪处罚：（一）个人非法经营数额在五万元以上，或者违法所得数额在二万元以上的；（二）单位非法经营数额在十五万元以上，或者违法所得数额在五万元以上的。实施前款规定的行为，数额达到前款规定的数额五倍以上的，应当认定为刑法第二百二十五条规定的“情节特别严重”。

第八条　明知他人利用信息网络实施诽谤、寻衅滋事、敲诈勒索、非法经营等犯罪，为其提供资金、场所、技术支持等帮助的，以共同犯罪论处。

第九条　利用信息网络实施诽谤、寻衅滋事、敲诈勒索、非法经营犯罪，同时又构成刑法第二百二十一条规定的损害商业信誉、商品声誉罪，第二百七十八条规定的煽动暴力抗拒法律实施罪，第二百九十一条之一规定的编造、故意传播虚假恐怖信息罪等犯罪的，依照处罚较重的规定定罪处罚。

【思考与讨论】

1. 个人无意转发了网络谣言内容是否构成违法犯罪？
2. 在网络中是否可以随心所欲地发布任何言论？

后　记

相比传统教学方法，案例教学有如下特点：以焦点或问题为导向，本质上关注解释现实生活与经验，力图促进学生专业知识和行为技能的发展。在案例教学课堂上，教师不再是知识的权威，其角色转变为论题选择者以及话题讨论引导者，学生成为主角，通过围绕案例的解读与讨论，将思维训练和技能培养融为一体，从而达到专业上的提升。本书所选案例均为在网络媒介发展史上曾产生过重要影响的经典案例，其从不同角度、不同侧面反映了互联网环境下媒介传播伦理与法规的相关议题，期望能为进行相关学习的读者带来一定帮助。

作为教学改革探索和实践的成果，本书案例的挑选与解读是由河北大学新闻传播学院师生合作共同完成的。彭焕萍、宋伟龙负责全书的框架搭建、选题把关、写作指导和修改，参与选题讨论及文本撰写的有 2015 级新闻学硕士生曹思宁（伦理篇案例 3、4、5 和法规篇案例 3、10）、李小品（伦理篇案例 6、7、8 和法规篇案例 11）、徐亚琳（伦理篇案例 12 和法规篇案例 7、8）、高水（伦理篇案例 11 和法规篇案例 5），2015 级新闻与传播硕士生雷鹏远（伦理篇案例 1、2 和法规篇案例 1、9）、荣全喜（伦理篇案例 9、10 和法规篇案例 6、13）、甘泉（法规篇案例 2、4、12、14），2017 级新闻学硕士生张佳怡（法规篇案例 15），2018 级新闻学硕士生刘芮辰（伦理篇案例 14）、宋雨惠（伦理篇案例 13），2018 级新闻与传播硕士生张晴（伦理篇案例 15）。彭焕萍、李小品进行了最后的统稿、修改和校订工作。

在书稿即将付梓之际，身为作者的我们心中既有期许又难免忐忑。文虽有止，思则未央。非常希望本书能引发读者对网络媒介伦理与法规议题的深层思考，也真诚欢迎各位同仁与挚友对本书提出宝贵意见和建议。

本书编写组

2020 年 3 月